事件名词和词类类型

吴怀成 著

学林出版社

本研究获得以下基金项目资助：

国家社科基金青年项目(项目编号：13CYY005)

博士后科学基金第 57 批面上资助(项目编号：2015M571214)

中央财政支持地方高校发展专项资金(项目编号：YC‑XK‑13202)

自　序

本书是笔者博士研究课题的继续。当年博士论文选题也是受到沈家煊先生提出的汉语词类"名动包含"说影响，觉得汉语词类研究已经一百多年了，为何至今争议不断呢？经过和导师吴为善教授讨论，博士论文确定为"现代汉语动词指称化的层级分布及其类型学思考"（已由学林出版社于2014年出版，出版时书名为《现代汉语动词的指称化研究》）。当时我们对汉语动词做主宾语时的看法还是相对保守，认为是动词的指称化，但是有层级差异，可以分为具体事件指称化、类事件指称化和物化事件指称化。博士毕业以后仍然觉得该课题还有值得进一步研究的必要，于是申请国家社科项目并获得资助。

2013年国家课题获批以后，本人当时既高兴又担忧。高兴说明学界对本人前期研究成果的认可，担忧是因为本人没有任何主持国家级课题方面的经验，担心无法保质保量完成这么大的任务。但是本人还是顶住压力，认真收集材料，积极参与学术讨论，克服各种困难，终于在2016年初完成课题定稿并上交结项材料。经过一年时间的评审，课题顺利通过验收。在该课题的研究成果即将出版之际，下面简要说明一下成果内容。

本书共由五个部分组成：上篇为理论背景与研究意义、中篇为事件名词的类型学特征、下篇为词类类型学、续篇为词类分化的证据和余论。除了上篇和余论，本书重点讨论了事件名词的类型学特征、世界语言的词类系统和词类分化假说及其证据。

关于事件名词的类型学特征，我们在前人研究的基础上，总结归纳了四个关于事件名词的共性特征和三个关于事件名词的类型学差异。四个共性特征为：一、事件指称构式是一个寄生物，各种语言不会专门为事件指称构式进行形式编码；二、主宾格语言的施事容易属格化，作对格语言的受事容易属格化；三、各种语言的事件指称构式具有一个蕴含层级：如果一个语言拥有词汇层面的事件指称构式，那么这种语言也有短语层面和小句层面的事件指称构式，反之则不然，如果一种语言拥有短语层面的事件指称构式，那么这种语言也具有小句层面的事件指称构式，反之则不然；四、各种语言的事件指称构式在语用功能和句法功能上具有一致性,语用上指称事件,句法上充当句子的论元。三个事件名词的类型学差异为:一、事件名词不具有跨语言共性,即有的语言没有事件名词;二、事件名词不都是由动词派生而来的;三、有的语言的事件名词具有名动混合性特征。

关于词类类型学,我们在综述国内外关于词类研究成果的基础上,明确提出世界语言的词类系统根据指物词和指事词在充当指称语和陈述语时的形态——句法表现,可以分为弹性词类系统、去弹性词类系统和刚性词类系统。

最后,我们还提出了词类系统的形成假说:名词具有初始性,动词是从名词中分化出来的,并从上古汉语词类、符号语词类、混合语词类、儿童语言习得、语言的演化等不同角度找到一些有力的证据予以支持。

通过本书的研究,我们希望对汉语词类研究提供一个新的参考。汉语词类研究之所以存在这样那样的争议,其根本原因还是由于汉语缺乏严格意义上的形态变化,与印欧语存在根本上的差异,用印欧语眼光来研究汉语词类,自然会出现所谓的汉语词类问题。我们提出的汉语属于弹性词类系统的语言,与沈家煊先生的"名动包含"说没有本质上的差异,汉语名词动词没有发生严格的分化,因此动词仍然属于名词范畴。印欧语语法体系是建立在名动分立和主谓结构基础之上的,以此为基础来构建汉语语法体系,必然会出现这样那样的问题。这也就是所谓的汉语语法研究的印欧语眼光(徐通锵语)。沈家煊先生提出的"名动包含"说和"对言语法"实际上已经打破汉语语法研究的印欧语眼光。前辈们的研究是对我们后辈们的鞭策,本人将继续向前辈们学习,在汉语语言学研究道路上负重前行。

吴怀成

2020 年 4 月于上海对外经贸大学博雅楼

目　　录

自序 …………………………………………………………………………… 1

上篇　研究背景及意义

第一章　绪论 ………………………………………………………………… 3
 1.1　研究综述和选题意义 ………………………………………………… 3
 1.2　本书的研究目标 ……………………………………………………… 5
 1.3　本书的语料问题 ……………………………………………………… 6

第二章　理论背景 …………………………………………………………… 9
 2.1　形式主义和认知功能主义 …………………………………………… 9
 2.2　基于使用的语法理论 ……………………………………………… 10
 2.3　弹性具有普遍性 …………………………………………………… 14
 2.4　小结 ………………………………………………………………… 15

中篇　事件名词的类型学特征

第三章　事件名词的以往研究 …………………………………………… 19
 3.1　关于名词化的研究 ………………………………………………… 19
 3.2　关于事件名词的研究 ……………………………………………… 26
 3.3　小结 ………………………………………………………………… 36

第四章　事件名词从何而来 ……………………………………………… 37
 4.1　施事名词与事件名词的差异 ……………………………………… 37
 4.2　事件名词的标记类型 ……………………………………………… 41
 4.3　事件名词不具有语言共性 ………………………………………… 47
 4.4　小结 ………………………………………………………………… 50

第五章	事件名词的类型学特征	52
5.1	形式共性与功能共性	52
5.2	事件名词与语言类型	56
5.3	事件名词的类型学特征	65
5.4	小结	69

下篇　词类类型学

第六章	词类研究的历程	73
6.1	国外词类研究简史	74
6.2	国内词类研究简史	93
6.3	小结	98

第七章	词类争议之一——南岛语系的名词主义	100
7.1	何为名词主义	100
7.2	汤加语的名词和动词	101
7.3	他加禄语的名词和动词	104
7.4	南岛语系词类与汉语词类之比较	108
7.5	小结	112

第八章	词类争议之二——北美土著语的动词主义	114
8.1	何为动词主义	114
8.2	萨利希语的名词和动词	117
8.3	易洛魁语的名词和动词	121
8.4	北美土著语词类与汉语词类之比较	128
8.5	小结	131

第九章	世界语言词类系统的类型	132
9.1	世界语言词类系统的差异	132
9.2	如何看待词类的共性主义	136
9.3	词类范畴的形成与事件名词	139
9.4	小结	141

续篇　词类分化的证据

第十章	古汉语证据：古汉语"者"和古汉语词类	145

   10.1   古汉语的词类研究综述 ·············· 145

   10.2   上古汉语"者"字的功能 ·············· 152

   10.3   如何看待上古汉语的词类问题 ·············· 161

   10.4   小结 ·············· 164

第十一章　符号语、混合语和语言习得方面的证据 ·············· 166

   11.1   符号语的词类 ·············· 166

   11.2   混合语的词类 ·············· 169

   11.3   名词动词的习得顺序 ·············· 172

   11.4   小结 ·············· 177

第十二章　从语言演化看词类分化 ·············· 178

   12.1   语言产生的三个假说 ·············· 178

   12.2   语言的发展：语法的形成 ·············· 181

   12.3   名词初始性再思考 ·············· 188

   12.4   小结 ·············· 190

余　　论

第十三章　主要观点与研究展望 ·············· 193

   13.1   本书的主要观点 ·············· 193

   13.2   未来研究展望 ·············· 195

参考文献 ·············· 197

上 篇

研究背景及意义

第一章 绪 论

1.1 研究综述和选题意义[①]

1.1.1 研究综述

本书是语法理论最基础性的研究课题之一,因为它是动词和名词之间的界面研究,是认清词类范畴的一个最佳视角。众所周知,词类范畴之所以非常重要,那是因为它是讲语法的需要。研究任何语言的语法,都必须从其词类讲起,而讲词类就必须搞清楚词类范畴的本质是什么。可惜的是,词类问题不仅困扰着国外学者,而且也极大地困扰着国内的学者。国外关于词类划分的标准问题一直在发生改变,大致经历了三个阶段:一、以语义为标准的阶段;二、以形式为标准的阶段;三、以话语功能(语用)为标准的阶段。国外传统语法划分词类的标准是语义标准,即名词表示物体,动词表示行为,形容词表示性质。而反对意义标准的人提出的例子是像 movement(移动)这样的名词并不是表示物体,因此意义标准有问题。结构主义语言学划分语言单位的方法就是根据语言单位在句子中的分布。Schachter(1985)提出的划分词类的标准就属于结构主义的研究方法。以话语功能(语用)为标准最初是 Hopper 和 Thompson(1984)提出来的,Croft(1991、2001)进一步发展了该标准。为了避免"聚总派"和"分异派"存在的问题,Croft(1991、2001)发展了自己的以构式为基础的(construction-based)"共性—类型词类理论"。词类问题是重要而又复杂的问题,但这个问题一直没有很好地解决。传统语法划分词类的根据是形态[②]。汉语没有严格意义的形态变化,给词分类困难很大(陈亚川、郑懿德 2000:13)。因此,如何给汉语划分词类成了一个长期争议的问题。汉语词类研究也在不断的争论中取得了一些有建设性的成果。总的来说,我们认为主要经历了以下三个阶段:

一、1953—1955 年的词类问题大讨论。

二、20 世纪 80 年代的词类问题讨论,以 1991 年出版的《语法研究和探索》(五)为标志。

[①] 本章 1.1 和 1.2 节内容来自国家课题的活页论证。

[②] 传统语法给词分类时,意义(概念的类别)、形态(语法范畴和它在词本身的表现)、功能(结构关系)都提到了(吕叔湘 1984/2002:236)。在形态发达的印欧语中,更加突出形态在词类划分中的重要性,而对于英语这种形态不发达的印欧语,语义标准在传统语法中就显得更加重要,因此说传统语法的词类划分标准是语义和形态并不矛盾。

三、21世纪词类问题讨论，以2010年在香港城市大学召开的"第十六次现代汉语语法学术讨论会"为标志。

同时，关于汉语词类的总的看法，学界主要有三种基本观点：一是类有定职，词无定类（简称"依句辨品"说），以黎锦熙为代表；二是词有定类，类无定职（简称"词类多功能"说），以朱德熙为代表；三是汉语的动词是名词的一个子集，以沈家煊为代表（吴怀成2014：117）。

在汉语学界，争议最大的就是如何处理那些既可以做谓语也可以做主宾语的双音节动词问题。早期认为做谓语是动词，做主宾语就发生了名词化或名物化了；后期认为汉语词类具有多功能性，双音节动词不仅可以做谓语，而且也可以做主宾语；而目前学界又有学者提出，汉语的动词也是名词，因此做主宾语是其本身固有的属性。总之，以上三种汉语词类观既有一定的合理性，也存在一定的问题。说汉语动词做主宾语时发生名词化或名物化是用印欧语的眼光研究汉语，由于汉语缺乏形态标记，因此缺乏说服力，但是这种观点仍然看到了动词充当不同句法成分时存在的差异。说汉语本身具有多功能性，似乎摆脱了印欧语的眼光，但是由于出现了"类无定职"，就使人对划分词类的意义产生怀疑，既然词类与其句法功能不能一一对应，那划分词类的必要性就会大打折扣。说汉语动词也是名词这一观点更为激进，尽管这种观点并不否认名词和动词之间确实存在一定的差异，可以在大名词内再分小类，但是这种观点并没有对汉语词类为什么会这样做出合理的解释[①]。我们认为从类型学角度研究动词指称化[②]，看看世界其他语言动词在做主宾语时有什么共同特点，可以为动词名词划界找到更加合理的依据并做出合理的解释。

目前国外从类型学角度研究动词的名词化或指称化问题已经取得了一定的成果。Comrie(1976)是较早从类型学角度研究动词指称化的有代表性的文章之一。继Comrie(1976)之后，Comrie & Thompson(1985)、Koptjevskaja-Tamm(1993)和Malchukov(2006)也从类型学角度讨论了动词指称化。因此，我们只要借鉴这种研究成果，把动词名词化问题与词类问题相结合，扩大语言材料的收集和整理，按照类型学研究的做法，使各语系语种的抽样合理化，然后集中分析各种语言的动词在充当主宾语时的句法表现及其归类问题，就可以对词类问题有一个清楚的认识。也就是说，我们集中分析世界各种语言事件名词的编码方式，找出事件名词的类型学共性特征，以此反观词类问题，便可以对词类本质有一个正确认识。

本书所说的事件名词实际上在语义上具有动词性，在功能上具有指称性，因此它是动词和名词之间的界面研究，在国外叫作词汇名词化，不同于动词短语名词化和小句名词化。实际上就是指动词指称该动词所陈述的事件本身这种语言现象，也不同于动词指称事件的参与者，如施事名词化、受事名词化或工具名词化等。尽

---

① 随着近几年沈先生用多篇论文对该观点加以论证，其合理性也越发明确。
② 这里的"指称化"与本书中篇部分所说的"指称化"意义不同，指传统语法所说的名词化或名物化，本书中篇部分的"指称化"指词项实现为或落实为指称语的过程。也可参见7.3.2节的脚注。

管国内外有不少语言类型学家对词类问题有过深入的研究,也有一些类型学家对动词的名词化有过深入的研究,但是将二者结合起来研究的成果几乎没有,本书就是想在这方面做一个有益的尝试,进而找出语言类型与事件名词编码方式之间的内在联系。

1.1.2 选题意义

本书的理论价值在于它可以深化人们对词类本质问题的认识,解决汉语词类划分上的经院式的争议,为汉语词性标注和计算机识别做理论铺垫。本书的研究意义在于它可以使人们认清语言范畴的共性和差异,即语言间的共性就是每种语言的编码方式都离不开人的认知方式,每种语言都有表达指称和陈述功能的词语;语言间的差异就是语言范畴具有语言特异性(language-specific),词类范畴也不例外,词类范畴的差异体现在不同语言的句法化程度上。

1.2 本书的研究目标

1.2.1 本书的研究内容、基本观点、研究思路、研究方法

本书的研究内容就是以世界语言的事件名词为研究对象,大量收集和整理世界语言中事件名词,看看事件名词与动词和名词之间有什么区别和联系,最终确定词类与语言类型之间的关系,深化人们对词类问题的本质认识。本书的基本观点是不同语言的词类范畴具有特异性,词类范畴的定义也应该坚持认知功能标准,不同语言的词类范畴差异体现在它们的句法化的程度上。本书的研究思路和方法是按照语言类型学研究的传统做法,大量搜集不同语言的语言材料,适当照顾语言的语系分布和地理分布,然后通过系统的整理和归纳,概括不同语言之间词类范畴的共性和差异,并试图从认知和功能角度做出解释。

1.2.2 本书拟突破的重点

本书拟突破的重点就是要在语言类型与事件名词的编码方式之间确定一个内在的联系。其中有一个概念极其重要,即"句法化"。句法化就是指依据词在句子中的分布不同赋予词以不同的表现形式。这一概念在国内外研究中已经出现,但是至今没有明确的界定。我们使用这个概念就是想表明:对于句法化程度高的语言,其动词用于指称功能时往往会有形态变化,而对于句法化程度低的语言,其动词用于指称功能时往往不会有形态变化。但是,在确定一个词到底是不是事件名词,我们会坚持认知功能主义语言观,从形式和功能对应的角度加以界定。那就是从形式上看,它是一个词汇,从功能上看,它是具有指称功能,用于指称事件。而对于事件名词本身在形态上有没有变化来说,不是什么十分重要的问题,不管这个事

件名词在形态上与其来源动词一样不一样,只要它以词汇的形式具有指称功能,那么它就是事件名词。同时,我们在考察句法化程度高低时,还会从共时和历时两个角度进行。共时上,我们不仅考察不同地理分布的语言和不同谱系的语言,而且我们还会考察一些洋泾浜语和克里奥尔语的事件名词使用情况;历时上,我们会考察一些历史悠久的语言,看这种语言的事件名词在古代是以什么形式表现的,与现代的表现形式是否一致或是否发生什么变化。

1.2.3 本书的创新之处

本书的创新之处在于找出不同语言之间词类范畴差异的真正原因和深层次动因。这个真正原因是不同语言的句法化程度不同;这个深层次动因是人的认知上的相似性动因和经济性动因二者互动的结果。本书拟突破的难点就是打破以往人们对词类本质的认识观。从传统上看,尽管词类划分标准经历了不同程度的变化,但是对于词类本质的认识似乎停留在"句法分布"这一层面上。然而,从目前看,不光词类本质到底是什么存在一定的争议,就连词到底是什么也存在一定的争议,如美洲地区的一些复综语,其一个词往往就是一个句子。但是不管怎么说,不管什么语言,也不管什么词类,所有的词都是一种符号,因此从元语言层面来说,说一种语言的词都是名词是没有任何问题的,因为语言符号本身具有指称性,不管名词、动词还是其他词类的词。语言符号的产生是用于交际的,因此词类的分化是在使用中产生的。从这个角度来看,动词用作指称时尽管可以叫作名词化,但是一个词用作谓语时我们也可以叫作"去名词化",也就是说,任何语言都是先产生名词,然后在使用中分化出动词和其他词类,当分化出来的动词用于指称时,其要不要在形态上与用于陈述时的形式相区别,则取决于该语言的句法化程度。以上关于词类演化和词类本质的思考,则是我们多年研究的一点看法,需要通过本书的研究进一步加以证明和阐释。我们的观点一旦成立,将是对以往研究的一个全面的否定,其难度是可想而知的。

1.3 本书的语料问题

1.3.1 类型学研究对语料的处理方法及问题

类型学研究首先面临的问题就是语料的收集与整理问题。Croft(2009:34-36)指出,类型学研究的语料往往有三个来源:对本族语使用者的诱发调查、文本语料和描写语法。不管语料来源于哪里,都会存在一定的问题,就对本族语使用者的诱发调查而言,被调查人可能并未提供实际用法,而提供的是对这些用法不成体系的感知,这种感知带有对语言形式或对调查人的社会态度,此外,语言学界对信息的诱发具有选择性,与某种语言现象有关的重要信息未必能被精确地诱导出来。

而就文本语料而言,大部分文本语料是叙述性的,有的本来是文学或宗教作品,面对面交谈的文本材料相当稀少。而就描写语法而言,描写语法在综合性方面各有差异,并且其细节的缺乏也给类型学家带来了问题,尤其是要研究的是一些相当深奥的现象的时候。但是不管怎样,任何一个类型学家都不可能对每种语言样本都熟悉,使用二手材料是不可避免的问题。

除了语料的来源问题以外,还有一个问题也是每位类型学家所面临的问题,即所选取的语言样本的代表性问题。一个普遍可接受的要求是语言样本应该选自十分不同的语言家族和语言区域(Stassen 1997:7-8)。也就是说语言样本应该尽可能地远离语言谱系偏见和语言区域偏见。当然,语言的谱系分类和区域分类至今仍然是一个有争议的问题。但是在如何选用好的语言样本方面,前辈学者已经提出了一些自己的建议(Dryer1989; Rijkhof 等 1993)。Hengeveld & Valstar(2010)在讨论词类问题时选用的语言样本有以下几个方面特点:1. 充分照顾到语言的地域分布,各个大洲都有语言点的选取;2. 各语系语言点的选取数量不平衡,有的语系选取的语言点较多,如美洲印第安语系多达 7 个语言点,而阿尔泰语系只有一个语言点;3. 语言点的选取过分偏重孤立语言(language isolate)①的选取,多达十几种语言,如 Basque 语和 Burushaski 语等;4. 该语言样本没有充分考虑当前世界上常用的主要语言,如日语、韩语等;5. 该语言样本还选取了一些已经死亡了的语言,甚至还选取了克里奥尔语。总之,该语言样本虽然在地域分布方面考虑得比较全面,但是在语言点的选取上仍然不是没有缺点,如各语系语言点选取数量不平衡、过分选取孤立语言等。这些问题,在本研究中将予以重视并且予以纠正。

1.3.2 本书的语言样本

本书在选取语言样本时,尽量坚持被选语言在谱系分类和地域分布的均衡性。同时我们会以当今世界主要语言和活着的语言为主要选取对象,对孤立语言适当予以考虑,但是对已经死亡的语言和混合语,我们区别予以对待。已经死亡的语言,我们将不再作为本研究的语言样本,而混合语虽然不放在我们的语言样本中,但是在讨论相关问题和现象的时候,我们也会参考混合语的一些语言材料来支持本书的观点。由于语言材料的搜集是一项艰巨的任务,语言点的选取与研究者的偏好都有一定的关系,因此要做到语言样本的选取具有十分的科学性也很难,这也是语言类型学研究中普遍存在的问题。所以我们的研究也同样存在这样的问题。总而言之,我们对该问题十分重视并尽量予以克服。下表是本研究所选取的语言样本。世界主要语言参考了 Comrie(2009),语言的谱系和区域分类参考了 Stassen(1997)。

---

① 孤立语言是指没有明显的证据证明该语言与其他语言具有亲属关系,或者说没有证据证明它与其他语言是从同一个原始母语遗传下来的。

表 1.1　本研究的语言样本

语　系	语族(支)	语　言
印欧(2)	德语(1)	1. 德语
	斯拉夫(1)	2. 波兰语
高加索(1)	西北部	3. 阿布哈兹语
乌拉尔(1)	土耳其	4. 土耳其语
Chukotka-Kamchatkan(1)		5. Chukchi 语(俄国西伯利亚东部)
德拉维(1)	南部	6. 泰米尔语(印度、斯里兰卡、马来西亚等地)
汉藏(1)	缅彝	7. 缅甸语
东南亚(1)	苗瑶	8. 苗语
南岛(2)	菲律宾	9. 他加禄语
	波利尼西亚	10. 汤加语
巴布亚(1)		11. Abui 语(印度尼西亚东部阿洛岛)
澳大利亚(1)	Gunwinyguan	12. Gurr-goni 语(澳大利亚北部)
马克若—大苏语(1)	易洛魁	13. 切罗基语(美国东北部)
犹特—阿兹特卡(1)		14. Numic 语(美国南部)
赤道(1)	Arawakan	15. Tariana(南美洲中部)
非亚(1)	库希特	16. 索马里语
尼罗—撒哈拉(1)	东苏丹	17. Nubian 语(苏丹东部)
尼日尔—科尔多凡(2)	大西洋—刚果	18. Eton 语(喀麦隆)
	班图	19. Bena 语(坦桑尼亚)
Ket(孤立语)(1)		20. Ket 语(俄国西伯利亚)

　　表 1.1 语言样本中的语言从数量上看虽然只有 20 种语言,但是从语言谱系上看,这 20 种语言几乎代表了各种谱系的语言,而且从区域上看,它们分别属于各个大洲,这正好体现语言样本的选取要注意谱系和区域的均衡性。

　　当然本书的语料来源并非仅仅取自以上 20 种语言,在论述过程中,我们还会使用前辈时贤作品中的一些语料,必要时我们还会使用一些古代语料、混合语语料以及符号语语料等对我们所阐述的观点加以佐证。

第二章 理 论 背 景

不同的学者对待语言研究的总体看法是不一样的,因为当今社会语言学派林立,但是总的来说,人们对语言研究基本上有两种大的倾向,即形式主义倾向和认知功能主义倾向。形式主义的典型代表为 Chomsky 及其继任者,认知功能主义既包括功能主义,也包括认知主义,功能主义的范围比较广,包括功能语法、语法化理论和语言类型学,认知主义内部也大致分为四个方面的研究领域,如隐喻转喻理论、范畴化理论、构式语法理论和概念整合理论等。本书作者坚持"认知——功能——类型"主义语言观,以"基于使用的"(usage-based)语法理论为指导,参考其他社会科学方面的研究成果,对世界语言的事件名词和词类类型进行描写和解释。

2.1 形式主义和认知功能主义

2.1.1 形式主义

克罗夫特(2009:2-5)在讨论语言类型学的第三个定义[①](即,类型学代表了一种研究的路子或理论框架)时指出,人们把这种类型学的观点称作"格林伯格学派"(Greenbergian)的理论路子,区别于"乔姆斯基学派"(Chomskyan),并且指出,前者是对人类学相对论的反动,后者是对行为心理学的反动,因此前者是经验主义(empiricist)语言研究的路子,后者是理性主义(rationalist)语言研究的路子。根据 Croft(1995a)的自足性(self-containedness)概念,可以从句法和语法与自足性之间的关系上对形式主义与认知功能主义加以区别(Siewierska 2011)。

也就是说,形式主义认为句法和语法都是自足性的,尽管有些形式主义者确实意识到,在语言的演变过程中,语法往往会受到外部因素的影响,因而结构和功能之间是有联系的。但是他们不认为外部因素会影响到共时的语法形式,更不要提在句法描写中扮演角色。认知功能主义语言学家则认为句法和语法都不是自足性的,因此他们试图从共时和历时层面辨认那些影响语法的认知因素和话语因素。功能主义侧重于话语因素对语法或句法的影响,而认知主义则侧重于认知因素对语法或句法的影响。

形式主义与认知功能主义的另一个显著区别是,它提出了一个"天赋语法说",

---

① 语言类型学的第一种定义是指对不同语言的结构类型进行分类,19 世纪和 20 世纪初的形态分类就是这种意义上的类型学,语言类型学的第二种定义指的是研究系统性的跨语言结构规律和模式,这种研究发现的规律和模式通常称作语言共性(克罗夫特 2009:1-2)。

即人类的大脑中有一个天生的语法"装置",因而人类习得语言,不需要一句一句地去学习,只要激活了这套"装置",儿童便可以容易地掌握一门语言。形式主义的"天赋语法说"可以解决语言习得中的"刺激匮乏"问题,但是这一观点是既无法证实也无法证伪的假设。

2.1.2 认知功能主义

众所周知,认知功能主义包含的内容十分广泛,总的来说包括功能主义和认知主义。Siewierska(2011)认为功能主义源于布拉格学派,而西方把功能主义的方法应用于句法研究则始于 Halliday(1967/1968)、Martinet(1960、1962)和 Dik(1968)等。在功能主义阵营里面,还有一些功能主义学者,他们否定结构和语法的任意性,认为所有结构都有其功能基础,语法基本上可以还原于话语。这些功能主义者被称作"极端功能主义"(Nichols 1984),主要包括 Thompson(1987)、Hopper(1987)、Givón(1979、1984、1990)。Siewierska(2011)指出,认知功能主义包括各种分支领域,如文本语言学、心理语言学和社会语言学等,但是很少有学者提出一个真正的语法模型,并且认为 Halliday 的系统功能语法(SFG)、Dik 的功能语法(FG)和 Van Valin 的角色指称语法(RRG)是比较成熟的语法模型。

Siewierska(2011)认为,在认知语法研究方面,Langacker 的认知语法、Goldberg 的认知构式语法和 Croft 的激进构式语法具有一定的代表性。

克罗夫特(2009:2-3)认为,功能—类型学理论在 20 世纪 70 年代被人们普遍认识,初始时期的重要人物包括 Givón、Haiman、Comrie、Hopper 以及 Thompson。从这里可以看出,类型学家实际上是属于功能主义的语言研究路子的。

如果说功能语法研究话语因素对语法产生的影响,认知语法研究人的认知能力对语法产生的影响,类型学通过跨语言比较找出人类语言的共性和差异,那么它们的研究可以说还是共时平面的语言研究;如果联系到语言的演变,联系到语言的使用、人类的认知能力对语言演变和语法形成的影响,那么语法化理论、词汇化理论以及主观化理论等都可以归入功能主义的框架之内。因此,与其说功能主义、认知功能主义或功能类型主义,还不如说"认知——功能——类型"主义。"认知——功能——类型"主义不仅从认知、语言的使用和语言的类型变异等角度描写语言的现实状况(共时研究),也从这些角度解释语法的形成、演变以及共性和差异(历时研究)。我们认为功能主义从语言的外部对语言现象的解释更具有说服力,因此我们是持功能主义立场的。

2.2 基于使用的语法理论

Newmeyer(2003)认为认知语言学和功能语言学之间的界线从来就不十分清晰,并认为一些认知语言学家和功能语言学家都持基于使用的(usage-based)模型。

如 Langacker(1987:494)用基于使用的模型(usage-based model)指称那些拒绝把语言知识和语言使用截然分开的研究方法。基于使用的语法理论的核心观点就是语法来源于语用法,即语法来源于语言的使用。

2.2.1　基于使用的语法理论的提出与发展

对于语言使用和语言内部结构之间的区分可以追溯到索绪尔对语言(LANGUE)和言语(PAROLE)的区分,该观点得到了 Chomsky 的继承,Chomsky 的生成语法区分语言能力(competence)和语言运用(performance)并且认为语言运用对理解语法关系不大(Bybee 2006a)。Bybee(2006a)指出,在刚刚过去的几十年里,一些功能主义语言学家追求另一种研究目标,即他们不把语言结构的研究与语言使用的研究隔离开来,如 Greenberg(1966)、Givón(1979)、Hopper & Thompson(1980)、Bybee(1985)等。近期的一些认知语言学家也有这种研究取向,因此他们都可以归于基于使用的语法理论之名下。由此可见,坚持"认知——功能——类型"主义语言观与坚持基于使用的语法观是不矛盾的,可以这么说,大多数"认知——功能——类型"主义语言学家都是持基于使用的语法观的。基于使用的语法模型最初是由 Langacker(1987:494)提出的(Newmeyer 2003),后来得到了许多语言学家的拥护。《语言的基于使用的模型》(Usage-Based Models of Language)一书的出版便是一个标志。

Bybee(2006a)用以下几个方面的语言事实证明人们常常记忆和储存构式的是特定范例:

1. 说话者对特定的词语组配(prefabs)无论是意义还是形式都很熟悉。
2. 特殊的音系磨损归于特定的高频使用的短语。
3. 新构式是从特定的旧有的一般构式中创造出来的。
4. 在语法化中,音系、语义和结构的演变都出现于极端高频的构式中。
5. 构式的特定高频范例主宰着构式中词项范畴的形成。
6. 构式的高频范例抵制在能产构式基础上的演变。

总之,语法是在具体使用的实例基础上建构的,这些实例把词项与构式相连接。语法就是通过范例的范畴化进而通过图式化和重复而常规化和固化形成的。Bybee(2006a)可以说是对基于使用的语法理论的证明和拥护,标志着该语法理论模型逐渐走向成熟。

Bybee 是基于使用的语法理论的践行者,她的著作都坚持这一语法观,如《使用频率与语言组织》(Bybee 2006b)、《语言、使用和认知》(Bybee 2010)等。

基于使用的语法观强调语法来源于语用法,即语法是从语言的使用中浮现的(emergent),也就是强调语法是对人类语言经验的概念化和建构。总之,基于使用的语法观是对生成语法的语法观(先验语法观)的一种反动,本质上是经验主义的。

2.2.2　基于使用的语法观与词类研究

我们是坚持基于使用的语法观的。认知心理学在讨论知觉加工时指出,知觉过程包括相互联系的两种加工:自下而上加工和自上而下加工。自下而上加工是指由外部刺激开始的加工,通常是说先对较小的知觉单元进行分析,然后再转向较大的知觉单元,经过一系列连续阶段的加工而达到对感觉刺激的解释。与此相反,自上而下加工时由有关知觉对象的一般知识开始的加工。由此可以形成期望或对知觉对象的假设。这种期望或假设制约着加工的所有的阶段或水平,从调整特征觉察器直到引导对细节的注意等(王甦、汪安圣 1992:38)。简单地说,两种加工模式就是人类认识事物的两种不同方式,即从局部到整体和从整体到局部。基于使用的语法观与知觉的自下而上的加工模式相似,强调语法是从词语的使用组配中图式化和固化而来的。但是它并不否认自上而下的加工模式在人类认知中的作用,语法规则一旦形成,它会自觉不自觉地制约着说话人。众所周知,一元二次方程的基本形式是 $ax^2+bx+c=0\,(a\neq 0)$,但是其中的一次项和常数项都可以省略的。实际上一元二次方程的基本形式就是从众多变式中概括出来的,但是一旦概括出来就可以指导人们对一元二次方程的认识。对于语言现象来说道理也是一样的。我们可以从下面这些句子中概括出汉语的基本语序是 SVO 语序:

> 他吃过饭了。
> 校长去北京了。
> 我们打败了敌人。
> 他们在上课呢。
> ……

同样,在我们概括出汉语的基本语序后,又可以用它来指导我们的对外汉语教学,告诉了留学生汉语的基本语序是 SVO,他们就可以用所学的词汇造出合格的汉语句子来。

基于使用的语法观对于语言的句法研究来说已经取得了丰硕的成果(见上面的 2.2.1 节),如 Goldberg(1995)在讨论双及物构式、致使移动构式等时指出,语法结构实际上就是人类对现实生活情景的一种编码。但是用基于使用的语法观讨论词汇范畴的文章至今还没有见到。这可能与词汇范畴本身的特点有关,因为虽然词法规则有时候与语法规则有相同的地方(汉语词的构造模式与词组的构造模式基本一致),但是也有不同的地方,语法强调语言单位的组合性,而词法未必都能体现这种组合性,有些单纯词(单语素词)本身根本没有组合性,其形意连接更多地体现出语言的任意性的一面。词类的本质是语法范畴(吴怀成 2014a、b),但是在给词分类时,我们往往还会参考词的语义和语用(吴怀成 2011a)。因此我们认为,词类的产生也离不开语言的使用,离开语言的使用来讨论词类是没有任何意义的。名词在句法上充当主宾语,语用上是指称语,语义上表示人和事物名称的词语,动词在句法上充当谓语,语用上是陈述语,语义上表示动作行为名称的词语。当名词用作陈述语,动词用作指称语时,怎么使用,要不要变形等又是由人们的语言习惯所决定的,从这一点上看,基于使用的语法观同样可以指导我们对词类问题的研究。关于句法、语义、语用在制约词类形成中的作用和关系,我们认为,语用是动因,句法是根本,语义是基础,一个词用作指称语还是陈述语,取决于说话者的交际需要,一旦用作指称语还是陈述语确定以后,它的句法位置和分布也基本上确定了(主宾语还是谓语),而一个词到底能不能用作指称语或陈述语,往往会受到该词的语义制约。因此,以往关于词类的分类标准,往往只强调某一个方面(语义、句法或语用),所以会遇到这样那样的问题和困难。我们认为,在研究词类问题时,句法、语义、语用等因素都应该考虑。综上所述和参考 Hengeveld(1992a),我们给名词和动词的定义[①]是:

名词:表示人和事物名称的词语,无标记地用作指称语和主宾语。

动词:表示动作行为名称的词语,无标记地用作陈述语和谓语。

表示人和事物名称的词语,我们简称指物词(object-denoting words),表示动作行为名称的词语,我们简称指事词(event-denoting words),指物词和指事词在用作指称语还是陈述语时,也就是充当主宾语还是谓语时,要不要形态标记是我们判断不同语言的词类类型的重要标准。如果一种语言,指物词和指事词可以自由地充当指称语和陈述语,也就是可以自由地充当主宾语和谓语,我们就说这种语言是弹性(flexible)词类语言,也可以说是名词动词不分的语言或者说是只有名词的语言。如果一种语言,指物词可以无标记地充当指称语和陈述语,指事词可以无标记地充当陈述语,但是有标记地充当指称语,我们就说这种语言是去弹性(deflexible)词类语言,也可以说这种语言的动词正在慢慢地从名词中分化出来。如果一种语言,指物词只能充当指称语,指事词只能充当陈述语,指物词可以有标记地充当陈述语,指事词可以有标记的充当指称语,我们就说这种语言是刚性(rigid)词类语言,也可以说这种语言的动词已经完全从名词中分化出来,成为一个独立的词类,即有名词动词区分的语言。这三种不同类型的语言我们都能够从世界语言中找到实例,这也是本书所要力求证明的。这三种语言的词类系统差异可参见吴怀成(2014b)。

[①] 本书对词类的研究主要关注名词和动词在世界语言中的表现,这是词类研究中最基本的问题,关于其他词类,我们在研究中只是附带提及。另外,需要提醒大家的是,本书在行文中提到的名词、动词是指一般意义上的名词、动词,这是照顾研究的延续性,如果指本书定义的名词、动词,我们会有明确的交代,而且我们定义名词、动词时所指的标记是严格意义上的形态标记,不涉及句法层面。实际上,不管词汇本身有没有形态标记,只要到了句法层面,它们充当指陈语还是陈述语都是很明确的。

2.3 弹性具有普遍性

本书关于词类的研究有一个出发点,即承认世界上存在弹性词类的语言,本书后面将有论证,但是在没有正式讨论词类问题之前,我们想首先讨论弹性问题。所谓的弹性,就是一种形式具有多种功能,形式可以是各种形式,如物体、符号等,功能指的是物体、符号等所充任的功用或它们在某些方面所发挥的作用。举个简单的例子,即对于一个小乌龟来说,我们作为宠物喂养,就发挥了它的欣赏作用,如果拿它来垫桌腿,那么它就起到了稳固桌子的作用。这并不代表乌龟天生就具有欣赏功能或固定桌子的功能,而是人赋予了它具有这些功能。这些功能来源于人们的现实需要,也就是基于人们的使用(usage-based)。弹性是人类社会中普遍存在的现象。如多义词,一个词具有多种意义;多义句式,一个句式具有多义性,如"NP$_{受}$ + VP$_t$ + QM"句式的多义性(城堡攻占了三座,城堡攻破了三次,城堡攻打了三天)(吴为善 2012)。不仅语言符号具有弹性,世界上具有弹性的现象不胜枚举。下面我们再举一些其他具有弹性的自然现象和社会现象方面的例子。

2.3.1 自然现象

自然界中有各种各样的现象表明弹性具有普遍性。真菌(蘑菇和霉菌等)据说同时具有植物和动物的属性,早期被认为是植物,现在被认为是不同于植物、动物和细菌的另一种生物。根据最近天文学对行星的重新定义,有一种行星叫作冰矮行星,它同时具有矮行星和海王星的特点(Lier and Rijkhoff 2013)。另外,在动物学中,有一种腔肠动物,它们有口,没有肛门,消化后的残渣仍由口排出。它的口有摄食和排遗的功能(刘凌云、郑美光 1997:89)。生物学中还有一个名词叫作泄殖腔,也叫"共泄腔",动物的消化管、输尿管和生殖管最末端汇合处的空腔,有排粪、尿和生殖等功能。蛔虫、轮虫、部分软骨鱼及两栖类、单孔类哺乳动物、鸟类和爬行类都具有这种器官,而圆口类、全头类(银鲛)、硬骨鱼和有胎盘哺乳类则是肠管单独以肛门开口于外,排泄与生殖管道汇入泄殖窦(urogenital sinus),以泄殖孔开口体外。

上面谈到的自然现象都是一个物体具有多种特征和功能,正好体现了认知语言学的范畴观,即范畴与范畴之间没有明显的界限,相互之间是一个非离散性的连续统。对于一个东西,同时具有 A 和 B 的特征或功能,我们把它叫作 A,叫作 B,抑或叫作 C,这也许只是一个名称而已,关键我们首先要承认它具有弹性,这才是根本。

2.3.2 社会现象

不仅自然界中存在大量的自然现象表明弹性具有普遍性,而且人类社会中同样存在许多社会现象表明弹性的普遍存在。首先举个简单的例子。众所周知,对于一个男人来说,相对于他的父母亲来说,他是一个儿子,相对于自己的儿女来说,他是父亲,相对于妻子来说,他是丈夫,相对于单位来说,他是一名职工……也就是说,一个人的社会角色的定位,会随着参照体的不同而发生变化,这也表明一个人的社会角色是不固定的,明显具有弹性,可以身兼多职。

讲到身兼多职,我们还可以列举很多社会现象具有这种特征。一个官员可以身兼多种职务,一个副市长可以身兼公安局局长,一个省长可以身兼人大常委会主任。一个学生可以兼职打工。一个大学教师既是教学人员也是科研人员。当一个人同时具有身份 A 和身份 B 的时候,我们把他叫作 A,叫作 B,抑或是叫作 C,这也许还是个名称问题,关键还是要认清弹性是一种普遍存在的现象,是事物的一种属性。

在社会职业发生分工之前,一个人可以做多种事情,他同时可能既是一名官员,也可能是一名教育者,如孔子。古代可能没有专业的教师、律师、建筑师,但这并不代表古代没有人从事教育、从事纠纷调解、从事房屋建造。总而言之,职业的分化可能是社会发展的产物,但是不管社会怎么发展,一个能力很强的人同样可以从事多种行业,这也表明弹性可以与刚性并存。

2.4 小　　结

语言研究有两种取向,一种是形式主义取向,一种是认知——功能——类型取向。本书作者的研究取向属于后者。由于认知——功能——类型主义属于经验主义,因此认知——功能——类型主义语言研究者基本上是认同基于使用的语法理论或持基于使用的语法观,本书的作者也不例外。基于使用的语法理论的核心是语法来源于语用法,语法是人类长期使用语言的一种结果,语法构式是对人们生活经验或场景的编码。词类的本质是句法范畴,但是它与语用、语义不可割裂开来,是一体两面。指称语在句子中往往就是充当主宾语,陈述语在句子中往往就是谓语,而什么样的词可以充当指称语和陈述语,又往往受制于词的语义,词义是人们概念化的产物,也可以说词是否可以充当指称语和陈述语也受制于人的认知。在人们的心目中,事物和事件是普遍存在的概念,因此可以概念化为指物词(object-denoting words)和指事词(event-denoting words),指物词和指事词的基础就是认知语义,这是人类语言的共性,是跨语言比较的基础(Haspelmath 2010a)。但是对于这些指物词和指事词,在充当指称语和陈述语时,不同的语言可能采用不同的策略。有的语言可能无须任何词法标记,指物词和指事词都可以自由充当指称语和陈述语(弹性词类系统的语言),而有的语言则要求指物词只能充当指称语,指事词只能充当陈述语,指物词充当陈述语需要词形变换,指事词充当指称语亦然(刚性词类系统语言),还有一些语言,它们的指物词可以无标记地充当指称语和陈述语,但是指事词充当陈述语是无标记的,而指事词充当指称语则是有标记的(去弹性词类系统语言)。

　　从本章的讨论可知,在自然界和人类社会中存在大量的自然现象和社会现象具有弹性或具有多功能性,如果语言现象具有弹性,也不是什么稀奇古怪的事情。而为什么语言现象具有弹性,我们认为是语言经济性的一种体现,能用一个符号表示两种意义或两种功能,就没有必要创造两个符号来表示。而不同的意义或功能用两个语言符号来表示,则体现出语言的相似性,这是语言精细化的结果,也是语言表达意义需要清晰准确的需要。因此弹性词类系统的语言和刚性词类系统的语言存在都是正常的现象,而根据认知语言学的范畴化理论,介于二者之间的语言(去弹性词类系统的语言)的产生也就不足为奇了。

中 篇

事件名词的类型学特征

第三章 事件名词的以往研究

我们在第一章第1.1.1节中已经指出,本书所说的事件名词实际上在语义上具有动词性,在功能上具有指称性,因此它是动词和名词之间的界面研究,在国外叫作词汇名词化,不同于动词短语名词化和小句名词化。但是根据Koptjevskaja-Tamm(1993、2005)关于名词化的类型学研究,世界上可能有一些语言根本没有词汇名词化,如汉语和北美的印第安语。而根据吴怀成(2014:128),现代汉语中的很多双音节动词完全可以处理为事件名词,这也符合沈家煊先生近年来提出的汉语词类新观点,即汉语名动包含理论。本章将对以往关于事件名词的研究做一个系统的梳理,为后面章节的讨论做一个铺垫。

3.1 关于名词化的研究

名词化的研究无论在国外还是在国内一直都是一个热点问题,主要原因还是它涉及词类的转变与派生问题,尤其遇到一些所谓的混合范畴(即有些结构既有动词性特征也有名词性特征,如分词名词化,下文会详细讨论,此处不赘)时,到底属于什么范畴,争议非常大(Alexiadou 2010a、b)。对于一些派生名词(derived nominals)来说,也就是我们所谓的事件名词,对于形态发达的语言而言,国外学者中有人认为是在词法领域生成的(词汇主义假设,Lexicalist Hypothesis),也有学者认为是在句法领域生成的,而对于汉语这种缺乏严格意义上的形态的语言来说,到底有没有名词化一直存在争议。因为事件名词的研究以往主要都是放在名词化研究这一大背景下进行的,因此我们有必要先对名词化的研究做一个全面的梳理,然后再对国内外关于事件名词的研究做一个全面的梳理,这样可以对事件名词有一个更加深刻的认识和了解。

3.1.1 国外相关研究

吴怀成(2014:16)指出,名词化现象的研究一直是国外语言研究的热点问题,从叶斯柏森(Jesperson)的《句法分析》到乔姆斯基(Chomsky)的转换生成语法,再到韩礼德(Halliday)的系统功能语法,再到认知语言学和类型学,不同的语言流派和语法体系都对该现象做过不同程度的研究。下面我们就分别对各个不同语言流派关于名词化研究的基本观点加以介绍。

一、叶斯柏森的观点
Jesperson(1984)是在层级(Rank)理论的框架下讨论名词化的,这一理论早在

1913年就被提出来了,并不断用来解释英语名词化现象。根据范文芳、汪明杰(2003)和刘国辉、陆建茹(2004),最早研究名词化现象的是叶斯柏森,在他的《分析句法》中他把名词化称为"主谓实体词",并把"主谓实体词"又分为"动词性"和"谓词性"两种,前者实际上是通常所说的动词的名词化,后者实际上是通常所说的形容词的名词化。叶氏把名词化过程所带来的句法变化叫作"级转移"。例如:

(1) a. We noticed that the doctor(1) was really(4)astonishingly(3) clever(2).
　　b. We noticed the doctor's(2) really(3) astonishing(2) cleverness(1).

上面例句中的数字实际上是指句法成分的层级,从这些数字可以看出,(1b)中的句法成分与(1a)相比,均发生了变化,这便是名词化所带来的"级转移",如(1a)中的clever从2级位置上升到(1b)中的1级位置(吴怀成2014:16)。

二、乔姆斯基的观点

Chomsky(1970)关于名词化的观点属于词汇主义假说(Comrie 1976),他从下面几组例子开始谈起的。

(2) a. John is eager to please.
　　b. John has refused the offer.
　　c. John criticized the book.

(3) a. John's being eager to please
　　b. John's refusing the offer
　　c. John's criticizing the book

(4) a. John's eagerness to please
　　b. John's refusal of the offer
　　c. John's criticism of the book

从上面的例子可以看出,对应于例(2)中的一组句子,英语有两种名词化形式,一种是分词名词化形式(gerundive nominals),如例(3),另一种是派生名词化形式(derived nominals),如例(4)。乔氏的词汇主义假设关于英语名词化的观点主要是:① 分词名词化形式是动词性的,而派生名词化形式是名词性的,和一般的普通名词一样;② 派生名词化形式不可能是通过转换规则从相应的句子形式[如例(2)]转换而来的,而是在词库中生成的。关于分词名词化形式和派生名词化形式的差异,从下面的例子可以看出。

(5) a. *John's stupid refusing the offer
　　b. John's refusing the offer stupidly
　　c. John's not refusing the offer
　　d. John's having refused the offer

(6) a. the stupid refusal of the offer

b. * the refusal stupidly of the offer

c. * the not refusal of the offer

d. * the have refusal of the offer

例(5)说明分词名词化形式还具有动词性,可以带副词状语、可以用 not 否定、还可以有完成时,而例(6)说明派生名词化形式只具有名词性,只能带形容词定语。乔氏关于派生名词化形式只能由词库生成的理由是派生名词化形式具有特异性,不具有能产性,例如 laughter 一词中的-ter 可能是英语中唯一一个动词 laugh 的名词化后缀,其他动词都不能通过加-ter 进行名词化。

Alexiadou(2010a、b)指出,在乔氏提出词汇主义假设以后,生成语法领域关于英语名词化形式到底是词库生成的还是句法生成的,一直存在争议,而且至今没有定论,尤其对那些混合特征的名词化形式,例如:

(7) the teacher's examining of the students

例(7)中 examining 表面看是分词名词化形式,但是它也可以像派生名词化形式那样,带有一些名词性,如名词所有格和介词 of 引导的短语都可以修饰它。这种混合性质的名词化形式非常有趣,在句法上的要求越来越严格,即要么保留动词性特征要么保留名词性特征,例如:

(8) a. The writing of this book was a difficult job.

b. Writing this job was a difficult job.

(9) a. * The writing this book was a difficult job.

b. * writing of this book was a diffcult job.

上面例(8a)中,writing 前面有定冠词,则其必须用属格介词 of 来联系其宾语 this book,例(8b)中,writing 前面没有定冠词,则其不可使用属格介词 of 来联系其宾语 book。如果不遵循上述要求,则句子会被判定为不合法,如例(9)。英语名词化的上述要求,其实质是,要从形式上严格区别不同层次的名词化,即短语层面的名词化和词汇层面的名词化。然而,上述句法要求也不是天生就是这样的,根据(Aitchison2001:101),这一句法要求至少在 18 世纪和 19 世纪还没有正式形成[1],例如:

(10) The writing the verbs ... on this slate will be a very useful exercise. (1829)

(11) She is fallen to eating of chalk. (1712)

上面的例(10)和(11)至少可以说明两个问题:一是动词指称化结构之所以表现出动词和名词的混合性质,是因为其语义上表示动作行为而语用上表示事件这

---

[1] 例句后面括号内是例句出现的年代。

一形式意义不一致的原因造成的;二是由于句法上的精密化要求,也可以说由于语用法的进一步句法化,英语才逐渐要求不同层次的名词化需要从形式上加以区别,最终导致现代英语淘汰了上面例(10)和(11)中的名词化形式。但是,尽管如此,英语中仍然有一些结构表现出动名混合的性质。例如①:

(12) The enemy destroy the city rapidly.
(13) the enemy's rapid destruction of the city
(14) ? the enemy's destruction of the city rapidly
(15) The enemy('s) destroying the city rapidly surprised everyone.

上面例(14)和(15)明显体现出动词名词化形式的混合性质。

三、兰盖克的观点

次第扫描(sequential scanning)和总括扫描(summary scanning)是 Langacker(1991:24)对动词名词化研究时提出的两个术语。次第扫描指的是动词强调的是一个过程,而动词的名词化形式强调的则是把这个过程当作一个整体。可以图示如下:

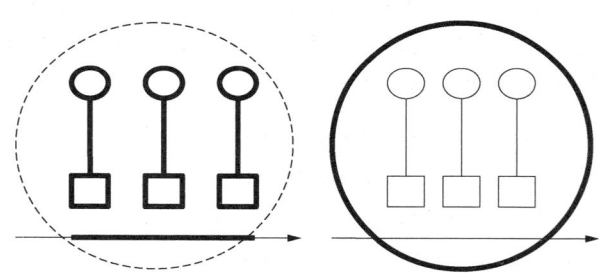

图 3.1　次第扫描与总括扫描示意图

以动词"爆炸"为例,如果是次第扫描,它代表的"爆炸"过程就是由时间序列上一组"爆炸"状态构成(点火、燃烧、爆炸、爆炸目标被毁),强调的是一种关系。上图中的左图只显示了这一过程的三个时间上的分布状态,用小圆圈、线段和小正方形表示的,下面的黑线代表次第扫描,强调动词"爆炸"是一个凸显时间的行为过程。如果动词"爆炸"发生名词化,人们将不再关注这一过程中的各个状态和环节,而把这个过程作为一个整体来看待,因此用一个大的粗圆圈表示这个整体,上图右图表示名词化凸显的是一个行为活动的整体。

四、Comrie 和 Thompson 的观点

Comrie 和 Thompson(1985/2007)主要是讨论词汇名词化的,他们认为名词化就是"把某种东西变为名词"(turn something into a noun),并把词汇名词化分为两大类:一类是名词化为行为或状态名词,一类是名词化为论元名词,包括施

---

① 例(12)—(15)引自 Comrie & Thompson(1985)。

事名词、工具名词、方式名词、处所名词、客体名词和原因名词等。他们通过大量不同语言的例子重点讨论了行为名词(action nominal)的句法,认为行为名词在句法上的表现有的像对应的句子的句法表现,有的像普通名词短语的句法表现,这一观点与 Comrie(1976)的观点基本一致[具体可参见吴怀成(2014:17-24)的相关讨论]。

以上几位学者关于名词化的研究实际上分别代表了传统语法、生成语法和认知—功能—类型语法对名词化研究的一般看法,也体现了不同时期不同学派对名词化研究的关注。

3.1.2 国内相关研究

关于出现在汉语主宾语位置上的动词有没有发生名词化,在汉语学界一直存在争议,也可以说是汉语词类难题,这种争议到现在为止已经有将近上百年的历史了,但是还是没有彻底解决,这也是本书最终想解决的问题。吴怀成(2014:1-5)把汉语动词名词化或名物化研究分为两个大的历史时期:21世纪以前关于动词的指称化研究和21世纪以后关于动词的指称化研究①。具体研究情况如下。

一、21世纪以前关于动词的指称化研究

21世纪以前关于汉语动词的指称化研究无疑会受到国外语言学理论的影响,因此争议不断。这一时期关于动词的指称化研究可以再分为两个阶段,以1981年为分水岭(姚汉铭1987)。

(一)名词化说与对名词化说的质疑

较早对汉语动词作主宾语现象的看法是名词化说。名词化说认为汉语动词作主宾语时已经发生了名词化,主要代表是黎锦熙、刘世儒(1960:7)和史振晔(1960:423)等。首先对名词化说产生质疑的是朱德熙等(1961),在《关于动词形容词"名物化"的问题》一文中,他们把名词化说及其类似观点统称为"名物化论",予以全面系统的批驳。然而诚如张高远(2008:18)所说,朱文的批评主要是针对"名词化"的,实际上并没有否定"事物化",其后来的观点也有所改变,甚至公开承认"名物化"这种提法(朱德熙1984:9),还肯定虚化动词后面的动词(如"进行观察"中的"观察")具有名词性,称之为"名动词"(朱德熙1985b)。与名动词观点相近,另一种处理方式是把充当主宾语中心成分的动词和形容词分析成"动名词"和"形名词"(吕叔湘1979:40,施关淦1981)。

---

① 吴怀成(2014)使用动词的"指称化"代替"名词化"或"名物化"实际上是考虑到这个问题是一个有争议性的问题,说汉语动词有"名词化"或"名物化"可能会带来争议,说汉语动词具有指称性,应该没有人会否定,所以当时就使用了"指称化"一说,但是随着研究的深入,本书现在更倾向接受沈家煊先生的"名动包含"理论,也就是说汉语动词具有指称性是动词本身所固有的属性,根本没有发生"指称化"这种人为想象的过程。

（二）关于动词指称化研究的百家争鸣

1981年以后，不少学者吸取西方语言学理论，保留名物化理论合理之处的同时，对"名物化"问题进行了新的探索，形成了新的"'名物化'说"，根据郭锐（2002：166）和张高远（2008：18-19）的概括，可以分为如下几种类型。一是把语义平面和句法平面区分开，认为"名物化"是语义平面的（胡裕树、范晓1994）；二是回避术语上的是非，对"名物化"一说不置可否，但强调主宾语位置上及定语后面的动词、形容词发生了性质上的变化，即谓词性减弱、名词性增强（张伯江1993，张伯江、方梅1996），从而证明了主宾语位置上的谓词由陈述功能向指称功能转化，获得了指称性（张伯江、方梅1996：213-215）；三是认为主宾语位置上和定语后面的动词、形容词有些已经名词化，有些虽然还是谓词，但是谓词性减弱，向名词方向转化（杨成凯1991a）；四是从向心结构的中心语与结构整体性"矛盾"来论证主宾语位置上和定语后面的动词形容词已经名词化或名物化，肯定布龙菲尔德向心结构理论适合汉语而无须修改（施关淦1988）；五是结合主宾语位置，从动词、形容词兼有陈述和指称功能之角度解释名物化现象（李宇明1986，项梦冰1991）；六是根据形式语法学理论中的"中心词理论"，将"NP 的 VP"中的修饰语（领属语）"NP 的"或结构助词"的"视为具有[+N]性的中心语，因此以它们为中心词的整个偏正结构都是[+N]性的（程工1999）。

二、21世纪以后关于动词的指称化研究

进入21世纪以来，关于汉语的词类问题方面的争论依旧存在，集中体现在两个方面：一是以动词为中心的偏正结构中动词的性质到底是什么，亦即到底有没有名词化；二是处于主宾语位置的动词性成分到底如何看待。

（一）以动词为中心的名词性偏正结构研究

熊仲儒（2001）认为"NP 的 VP"中，如果把动词性成分附加一个"零成分"，就既可以解释词类不变，又可以论证向心结构理论。如把"技术的进步"中的"进步"看成是一个由动词"进步"和零成分"φ"组合而成的名词性短语"φ-进步"，就可以把它解释成向心结构。

郭锐（2002：171）认为，所谓"名物化"实际是指称化。他们认为，表述功能分为内在（固有）层面和外在（临时）层面，相应于此，词性也有词汇层面和句法层面之分。"这本书的出版"中"出版"的指称化是外在层面的，从词性角度看，就是句法层面的名词化。因此，"出版"虽然词汇层面的词性仍是动词性的，但句法层面的词性是名词性的，"这本书的出版"整体的名词性与中心语"出版"的句法层面的词性是一致的，这样并不违背向心结构理论。而主宾语位置上的动词、形容词的"名物化"也是外在层面的指称化，即句法层面的名词化。其词汇层面的词性仍是动词性、形容词性的。（可参见吴怀成2014：3-4）"名物化"的实质有两种情况。

陆俭明（2003）依据以乔姆斯基为代表的形式语法学理论中的"中心词理论"，认为"NP+的+VP"结构实际上是由主谓词组中间插入"的"所形成的名词性结

构,即"的"是该结构的核心。

沈家煊(2008、2009a、2009b)认为汉语的动词是汉语名词的一个子集,并认为这样处理就能走出第二个困境[①],"这本书的出版"问题就迎刃而解:"出版"是动词也是名词,不需要什么"名词化",所以不违背"简约原则";以名词为中心语扩展得到名词性短语,所以也不违背"扩展规约"。

高航(2009)认为"这本书的出版"和"这本书的迟迟不出版"中的两个"出版"位于不同的层面上,作为一般认知能力的概念物化在两个短语中作用于不同的概念组织层面上,前者只对光杆动词"出版"起作用,使其发生名词化,后者是对动词短语"迟迟不出版"起作用,使其整体发生名词化。

(二)主宾语位置上动词性成分的地位问题

最近关于主宾语位置上动词性成分的地位研究集中体现在石定栩先生的系列论文上(石定栩 2003、2005、2007、2009a、2009b)。其核心观点是用朱德熙先生提出的"什么"和"怎么样"无法准确地鉴别主宾语位置上的动词性成分到底是表示指称还是表示陈述。例如:

(16) a. 修理汽车是很劳累的工作。
　　　b. 汽车修理是很劳累的工作。
(17) a. 在野外修理汽车是很劳累的工作。
　　　b. 不断修理汽车是很劳累的工作。
　　　c. 不断在野外修理汽车是很劳累的工作。
(18) a. *在野外汽车修理是很劳累的工作。
　　　b. *不断汽车修理是很劳累的工作。
　　　c. *不断在野外汽车修理是很劳累的工作。
(19) a. 在野外的汽车修理是很劳累的工作。
　　　b. 长期的汽车修理是很劳累的工作。
　　　c. 长期在野外的汽车修理是很劳累的工作。

一般来说,能够受状语修饰的是动词性成分,能够受定语修饰的是名词性成分,用郭锐(2002)的话来说,就是前者具有"陈述"性的表述功能,后者具有"指称"性的表述功能。因此,(16a)中的主语应该是"陈述"性的,(16b)中的主语应该是"指称"性的。如果用"什么"和"怎么样"的对立真的能够区分这两种动词性主语,那么(16a)应该可以用"怎么样"提问,(16b)应该可以用"什么"提问。不过,(16a)和(16b)都只能用"什么"来提问,因为下面对(20b)"什么"的回答可以是(16a)也可以是(16b),但用"怎么样"提问的(20a)却不能说(石定栩 2005)。

---

① 第二个困境指的是满足"简约原则"就违背"扩展规约",满足"扩展规约"就违背"简约原则",简单地说就是"这本书的出版"整体的名词性和中心语的动词性不一致的矛盾问题,详细讨论见沈家煊(2009a)。

(20) a. *怎么样是很劳累的工作?
   b. 什么是很劳累的工作?

类似的例子还有:

(21) a. 我们必须注意原料储备。
   b. 我们必须注意储备原料。
(22) a. 古墓挖掘是考古专业的基本功。
   b. 挖掘古墓是考古专业的基本功。

因此,石先生建议用"名物化"和"名词化"来区分这两类动词性成分充当的主宾语。"陈述"性的主宾语是动词性成分的"名物化","指称"性的主宾语是动词性成分的"名词化"(石定栩 2003、2005)。

3.2 关于事件名词的研究

我们前面已经提到,事件名词在以往的研究中大多数是放在名词化研究这一大背景下进行的,但是国内外一些学者也开始使用"事件名词"来指称这一语言现象,本节我们简要介绍一下国内外关于事件名词的一些相关研究。

3.2.1 国外相关研究

尽管国外学者研究事件名词时大多数都是以名词化为研究对象,但是也有一些学者研究名词化现象时明确使用"事件名词"(event noun)这一术语了,毕竟动词往往用来陈述事件的,而其名词化形式则是用来指称事件的,事件名词与名词化形式是同一种语言现象的不同称呼而已。国外最早使用事件名词这一术语可能是在语言哲学领域,万德勒(2008:206-247)虽然没有直接使用事件名词,但是其明确指出动词的名词化形式可以指称事件。就我们所知,Grimshaw(1990)和 Zucchi(1993)都明确使用事件名词来讨论名词化现象的。下面我们就分别对这两位学者关于事件名词的研究做一个简要的介绍。

(一) Grimshaw(1990)关于事件名词的研究

Grimshaw(1990)第三章叫作名词化(nominalization),专门讨论名词和其事件结构的,她明确指出派生名词(即事件名词)是不同质的,可以分为三个小类:复杂事件名词(complex event nominals)、简单事件名词(simple event nominals)和结果名词(result nominals)(Alexiadou 2010)。Grimshaw 认为只有复杂事件名词才有像动词那样的论元结构,而简单事件名词和结果名词都没有论元结构。例如:

(23) a. The examination took a long time.
   b. (*) The instructor's examination took a long time.
   c. The instructor's examination of the papers took a long time.

d. The instructor examined *(the papers).

(24) a. *The instructor's intentional/deliberate examination took a long time.

b. The instructor's intentional/deliberate examination of the papers took a long time.

上面的例(23a)作为结果名词①"检查",表达"这个检查花了很长时间",句子合法,但是例(23b)有两种解读,一种解读会导致句子合法,另一种解读会导致句子不合法。如果(23b)把 instructor 解读为领属成分,即"对这个教师的检查",全句意为"对这个教师的检查花了很长时间",句子合法,如果把 instructor 解读为动作的施事,即"这个教师的检查",全句意为"这个教师检查花了很长时间"②,句子不合法。但是如果把 instructor 解读为施事,就需要在 examination 后面跟上一个介词短语,如 of the papers,全句意为"这个教师对这些试卷的检查",例(23c)就是合法的句子了。例(23d)表明动词 examine 是必须带论元的,否则句子不成立。例(24a)表明形容词 intentional/deliberate(有意的/故意的)可以帮助把 instructor 解读为施事,因此如果没有介词短语来满足整个句子的论元结构,则句子不合法,一旦加上介词短语 of the papers,句子又成为合法的了,如例(24b)。总之,复杂事件名词和简单事件名词、结果名词的区别就是复杂事件名词必须像动词一样有完整的论元结构,简单事件名词和结果名词则不用这样。简单事件名词与结果名词的区别是简单事件名词仍然有"事件性"解读,而结果名词则是行为的一种结果,因此 Haspelmath and Andrea(2010:254)把结果名词叫作具体名词(concrete noun)。下面例(25)是一组简单事件名词的例子,例(26)则是一组结果名词的例子。

(25) a. The examinations took a long time.

b. We are witnessing a new development.

c. The destruction was awful to see.

(26) a. The examination is on your desk.

b. They studied the assignment.

c. Our government is a democratic one.

总而言之,尽管 Grimshaw(1990)还是在名词化框架下讨论事件名词的,但是她明确把这种派生的名词(derived nominals)叫作事件名词还是具有进步意义的。

(二) Zucchi(1993)关于事件名词的研究

Zucchi(1993)首先指出,英语中有很多意义和分布相同的名词性短语[例

---

① 实际上例(23a)中的 examination 是简单事件名词,Grimshaw 可能有误。
② 注意,汉语的翻译似乎符合汉语的语法,例(23b)前一种解读我们翻译为"对这个教师的检查",以示与"这个教师的检查"有区别,实际上"这个教师的检查"中"这个教师"在英语中解读为施事不合法,但是汉语反而更倾向于解读为施事,所以我们认为在汉语中似乎没问题。

(27)],而且这些名词短语在说英语的人心中都感觉与下面例(28)的句子有一定的联系。

(27) a. John's performance of the song.
　　 b. John's performing of the song.
　　 c. John's performing the song.
　　 d. The fact that John performs the song.

(28) John performs the song.

Zucchi(1993)主要捍卫两个主要观点。第一个观点是,要想对例(27)中的名词短语提供足够的语义解释,人们必须区分话语中有三种不同的实体:事件(events)、命题(propositions)和事态(states of affairs)。他主张例(27)中的名词短语无论在指称三种不同的实体方面还是在选择谓语方面都有很大的差异。作者还指出万德勒把例(27)中的名词短语分为两类:命题性实体(propositional entities)和事件性实体(event-like entities)。作者就是想对万德勒的区分进行清楚的阐释并把其观点整合到一个统一的名词化理论之中。第二个所捍卫的观点涉及名词化操作的本质问题,即如何从动词创造出指示事件(event-denoting)的名词。

该作者通过大量的语言事实证明派生名词(27a)和 ing 名词(27b)都可以清楚地表示事件,不像万德勒和其他学者认为的那样,它们既可以表示事件也可以表示命题,即它们在语义解读上没有模糊性。而分词名词(27c)往往表示的是一种事态,而且事态与事实(27d)(作者有时又叫作命题)既有区别也有联系,事实有真假之分,可以被人们相信或否定,而事态则可以被人们担心或期待,事实又是事态的一个子集。该文还谈到了事件的有界和无界问题,认为不同的名词性结构在句法上的差异与谓语的选择性有关,即有的谓语选择事件做宾语(如 is gradual),而有的谓语则可以选择命题做宾语(如 is informed),例如:

(29) a. John is informed of the collapse of the Germans.
　　 b. John is informed of the collapsing of the Germans.
　　 c. John is informed that the Germans collapsed.
(30) a. The collapse of the Germans was gradual.
　　 b. The collapsing of the Germans was gradual.
　　 c. *That the Germans collapsed was gradual.

总之,国外学者在讨论事件名词的时候,主要是讨论不同事件名词的句法分布及其语义解读问题,以及有的事件名词(如分词名词)表现出一定的名动混合特征,仍然没有脱离名词化研究的范畴,很少有人会联系词类问题研究事件名词的重要性。因为在西方学者眼里,名词和动词是两个不证自明的语法范畴,尽管他们看到了一些事件名词具有名动混合的特征,并且试图给出一个统一的解释,如 Zucchi

(1993)在最后一章用意大利语的动词不定式来证明意大利语的动词不定式在最高节点上表现出名词性特征,但是它的内部却具有动词性特征,也就是说名词短语的内部包含动词短语。这种统一的解释虽然没有上升到词类范畴的讨论,但是它可以给我们一定的启示:动词性成分本身就具有指称性,不管其有没有名词化,有没有形式标记,这是一个不真的事实。通过下一章的讨论我们可以看到事件名词的来源可能很不一样,有的语言需要一个形态化操作(名词化),而有的语言则不需要这种形态化操作,动词性成分可以直接当作名词性成分使用,也就是说陈述语可以直接当作指称语。正是因为名词化现象是研究名词和动词之间关系的一个接口,所以本书在讨论词类问题之前,有必要把这一现象做一个深入的探讨。

3.2.2 国内相关研究

随着研究的不断深入,尽管对汉语是否有名词化、名物化以及指称化现象仍然存在争议,但是国内确实有一些学者开始关注事件名词的研究,这也可以为我们的词类讨论带来一定的启示。正如韩蕾(2010a)所说,事件名词是现代汉语名词的特殊次类,理论语言学界与应用语言学界在坚持形式和意义相结合原则的基础上,对该类名词做了一些有价值的探讨,但在范畴性语义认定、鉴别框架论证、成员范围划定等方面都存在一些不足。我们根据韩蕾(2004、2006、2007、2010a、2010b)近年来的研究,把汉语事件名词研究分为两个阶段:第一个阶段为零星的研究阶段,第二个阶段为系统研究阶段,主要指韩蕾的研究,也包括近年来的其他与事件名词相关的研究。

(一) 汉语事件名词零星研究阶段

韩蕾(2010a)指出,无论是理论语言学界和应用语言学界,之前都有零星的关于汉语事件名词的研究,本书这里主要介绍一下汉语理论语言学界关于事件名词研究的几个有代表性的文献,它们分别是马庆株(1995),储泽祥(2000),邵敬敏、刘焱(2001),刘顺(2004)和吴春相(2005)。

马庆株(1995)认为,指称和陈述是词的范畴性语义成分。典型的体词和谓词分别与指称义和陈述义相联系,位于连续统的两端。非典型的体词和谓词在连续统的中间,包括陈述义名词和指称义动词。他首先考察名词与方位词的组合,方位词按语义有表空间方位、表时间方位、待定三类:

A:左/右/东/西/里面/以外……
B:以前/以后/当儿
C:前/后/上/下/中……

A类是表示空间方位的方位词,B类是表示时间方位的方位词,C类表示空间方位还是时间方位与前面搭配的词语有关。一般名词只能后附表示空间方位的A类方位词,不能后附表示时间方位的B类方位词,如果后附C类方位词也只能表示空间方位,如:门里边/门前、楼外面/楼后、桥西/桥下等。这类名词有指称义,没有过程义。既有指称义又有过程义的动词,后附 B 类方位词和 C 类方位只表示时间方位,如:战争以前/战争前、手术以后/手术后、暴雨以前/暴雨前等。

另外,马先生还讨论了一些数量结构修饰有过程义和指称义的名词问题,如:

一次会议/战争/车祸/事故/手术
一场雨/病/战争

最后,马先生还讨论了表示自指义的动词如果划归名词,也不是没有根据的,把它们留在动词类中的原因是考虑到兼类面不宜太宽。这些自指义的动词具有指称义主要表现在它们可以受名词修饰和充当形式动词的宾语。

(31) 汉语学习、语言研究、方言调查、社会实践、图片展览
(32) 进行安置/演习/加工;加以解释/回避/管理

总之,马先生的文章虽然还没有正式提出"事件名词"这一概念,但是他认识到汉语中很多动词具有指称义这一现象本身就具有一定的进步意义,这也许是韩蕾(2010a)在关于事件名词的研究综述中提到这篇文章的原因。

储泽祥(2000)主要讨论一般名词的时间适应性。他把时间性分为内在时间性和外在时间性。前者指事物存在的时限或使用的期限;后者指事物在外部世界时间流逝过程中的时间表现。内在时间是相对的,必须在外在时间里才能实现;外在时间是绝对的,包容内在时间。按照对时间流程定位和分段的不同,有三组鉴别式:

Ⅰ式:N+期间;
Ⅱ式:N+前/后/以前/以后/之前/之后;
Ⅲ式:N+时期/时代(包括"N+时候""N+年代""N+阶段、时光"等相关格式)。

根据以上鉴别式,储先生把名词分为 5 类:A 类只能进入Ⅱ式,如"病、会、假期、车祸、事故、午饭"等。B 类只能进入Ⅲ式,如"唐太宗、五四运动"等。C 类指可以进入上面三式中的任意两式中的名词,如"手术、宴会"只可进入Ⅰ、Ⅱ式,"初中、大学"只可进入Ⅰ、Ⅲ式。D 类可以进入Ⅰ、Ⅱ、Ⅲ式,如"革命、战争、运动"等。E 类名词以上三个鉴别式都不能进入。综上,储文总结出名词时间适应性由强到弱的等级差序列为:① 类别上:D 类>C 类>A 类>B 类>E 类。② 语义上:活动、事件或现象名词>表人或表物的名词、实体的>虚泛的、人文的>自然的、区别特征性的>非区别特征性的、内向定位的>外向分段的。

储文也不是专门讨论事件名词的文章,但是他已经指出 D 类名词有的是表示事件的名词,且它们的时间适应性表现最强,也同样是一种进步,至少表明有些具有指称义的动词可以作为事件名词来看待。

邵敬敏、刘焱(2001)认为典型的静态名词和典型的动态动词之间存在连续统,

有部分名词的语义内涵包含有动态性,是动态名词。区分静态名词和动态名词的最基本方法是看能否受动量词修饰,相当多的汉语名词都可以进入"一＋动量词＋N"框架,构成自由运用(即自由做主语、宾语、定语)的偏正短语,这就是动量动态名词。其中,部分动量动态名词还能进入"N＋前(之前、以前)/后(之后、以后)"组合,是时间动态名词。少数时间动态名词还能再进一步进入"N正在进行之中"框架,是进行动态名词。其中静态性和动态性之间是此消彼长的关系,可以用数字分为5个等级,如下图所示:

静态	100	75	50	25	0
	A	B	C	D	E
动态	0	25	50	75	100

图 3.2　静态性和动态性消长关系图

上图中 A 点是典型的静态名词,E 点是典型的动词。中间的过渡带则是动态名词,其中,动量动态名词处于 B 点,静态 75%,动态 25%;时间动态名词处于 C 点,静态、动态各 50%;进行动态名词处于 D 点,静态 25%,动态 75%。

邵敬敏、刘焱(2001)尽管没有提出"事件名词"这一概念,但是他们的确看到了汉语动词和名词之间并非对立的关系,"动态名词"的提出对汉语词类问题的研究具有一定的启示性。

刘顺(2004)认为普通名词的时间性特征体现为内在时间性和外在时间性两个方面。内在时间性是指名词所表示的事物具有可以随时间而展开的可能的内部过程,这个过程包含起点、续段、终点三个要素;外在时间性指事物在外部世界的时间流逝过程中的时间表现。换句话说,内在时间性考虑的是名词所指事物的内部过程,外在时间性考虑的是名词所指事物与外部时间过程的关系。内在时间性名词的时间性体现在其词义结构中,外在时间性名词的时间性不是体现在它的词义结构中,而是体现在外部世界的时间流程中,通过外部世界的时间流逝而表现出时间性。刘文中的外在时间性名词主要指具有顺序义的名词和地点名词等在外部世界的时间流逝中临时获得的时间性,例如:

(33) 老宗真不简单,已经教授了。
(34) 过了苏州,下一站就是上海了。

上面两例中的"教授"和"上海"本无时间性,但是在"讲师——副教授——教授"这个序列当中"教授"就临时具有了时间性,在"南京——苏州——上海"这个序列当中"上海"也临时具有了时间性,这是外部世界时间流逝带来的。刘文中所指的内在时间性名词,内部包含一个时间结构,这个时间结构由起点、续段和终点组成,如"会议、事件、火灾、车祸、假期"等。这些名词总包含着开始、持续和结束三个不同的阶段,开始和结束体现为时点特征,持续体现为时段特征,可图示如下:

```
        个体
  ┌──────────────┐
开始      持续      结束
```
图 3.3　内在时间性名词的时间性结构图

刘顺指出,从语义类别上看,内在时间性名词大致可以分为四类:表示事件的,表示人类的活动、行为的,表示自然现象的,表示时间的。由此可见,刘文中讨论的具有内在时间性的名词有的是事件名词,但是并非具有内在时间性的名词都是事件名词。

吴春相(2005)注意到,名词的不同义项决定词语的不同类别归属。例如,"会"在《现代汉语词典》中共有 11 个义项,可是仅"有一定目的的集会"这一个义项才是事件名词。在句法上,事件名词是既可受名量词修饰,也可受动量词修饰的可量名词。从认知语义上,事件名词的时间量可分为 5 个方面:

1. 有/无时量事件名词。根据事件名词前能否受表示"时间的多少或长短"的时段词语修饰,如可以说"一夜的雨","雨"就是有时量事件名词,而不能说"一夜的霜","霜"就是无时量事件名词。

2. 显性/隐性时间量事件名词。有时量事件名词的核心语素如果是专门表示时间的,就是显性时间量事件名词,否则是隐性时间量事件名词。如"寒假、婚期、蜜月"等是显性时间量事件名词,而"战争、会议"等则是隐性时间量事件名词。

3. 确量/约量事件名词。有时量事件名词,有的能受"数词+时间名词""数词+名量词+时间名词"等客观的确量时间词语修饰,是确量事件名词。有的只能受时间副词、"数词+动量词"等主观的模糊量时间词语修饰,是约量事件名词。如可以说"三天的风",因此"风"是确量事件名词,而"梦"是不可观察的事件,属于约量事件名词。

4. 述人/非述人时间量事件名词。这一区分主要根据句子的主语是不是由指人的名词充当的。

(35) 下个月我要去上海开一个很长的会。
(36) 下了一夜的雨。

例(35)中的"会"做宾语时,主语指的是人"我",所以"会"是述人时间量事件名词,而例(36)中的"雨"说的是自然现象,属于非述人时间量事件名词。

5. 可控/非可控时间量事件名词。在述人的事件名词中,有的名词表示的事件能够人为控制,即可以控制事件何时发生、何时结束,是可控时间量事件名词。如例(37)。有的名词表示的事件不能够人为控制,即不可以控制事件何时发生、何时结束;或者是虽然可以控制何时发生、却不能够控制何时结束,是非可控时间量事件名词。如例(38)。

(37) 我要去上两个小时的课。
(38) *我们要进行三年的战争。

总之,通过对汉语事件名词零星研究阶段的几位学者研究成果的介绍,我们可以看出,在这一阶段中,除了吴春相先生使用"事件名词"讨论名词体现出的时间量问题外,其他学者都没有明确提出事件名词这一概念,要么在讨论词类问题时提及一些动词具有指称义,体现出一定的时间性(马庆株 1995,邵敬敏、刘焱 2001),要么认为有些汉语名词含有一定的时间性因素(储泽祥 2000、刘顺 2004)。由此可以看出,汉语事件名词的研究还处于起步阶段,关于事件名词的界定、范围、句法语义特征等都有待进一步的深入研究。

(二) 汉语事件名词系统研究阶段

关于这一阶段的汉语事件名词研究,我们主要介绍韩蕾(2004、2006、2007、2010a、2010b)、陆丙甫(2012)和吴怀成(2014)等研究成果。

韩蕾(2004)主要讨论了两个问题:一个问题是事件名词的句法分布,另一个问题是事件名词的认知语义基础。关于事件名词的句法分布,韩文先确定事件名词的原型成员,然后再分别讨论事件名词与量词的搭配情况、与方位词的搭配情况以及与动词的搭配情况。韩文认为的原型的事件名词为:

自然现象:"雨／雪／风／霜／雾"类。
天灾人祸:"灾／难／害／祸"类、"乱／变"类、"病／疫／伤"类。
社会活动:"战／斗／仗"类、"会／展"类、"礼／典／仪／式"类、"课"类、手术。
日常活动:"饭／餐"类。
体育运动:"赛"类。
时间过程:"期"类(如"保险期""假期""汛期"等)。

关于事件名词的认知语义基础,韩文分别从实体性、空间性和致使性角度讨论了事件名词的事物性,又分别从时间性、过程性和动态性角度讨论了事件名词的动作性。

韩蕾(2006)也讨论了两个问题:一个问题是事件名词与谓词的搭配问题,另一个问题是事件名词所在句式及篇章环境问题。关于第一个问题,韩文指出,事件名词与动词搭配的规律是:

动作动词＞状态动词＞变化动词

这个搭配规律表明,事件名词本身的动作性有差异,一般情况下,动作性弱的事件名词倾向于与动作动词搭配,动作性强的事件名词倾向于与变化动词搭配,基本上遵循语义守恒规律。

关于第二个问题,韩文指出,事件名词常常进入致使句、评价句和过程句中,而且它们进入这三种句式也有一个优先等级,即:

致使句＞评价句＞过程句

也就是说,事件名词优先进入致使句中,充当致使因,即充当促发结果事件的使因事件。事件名词进入评价句做主语,谓语动词表达对事件内容、性质、地位的心理感觉、价值评价。事件名词进入过程句做主语,谓语动词主要描写事件发展过程中开始、持续和终结的某一阶段。例如:

(39) 一阵狂风,也许把他吹散,一场暴雨,也许把他浇瘫。(老舍《火葬》)
(40) 今天这场雷阵雨,堪称第一场喜雨。(陈建功、赵大年《皇城根》)
(41) 天上乌云疾走,地上人车乱窜,一场雨顿刻就要下来。(王朔《无人喝采》)

韩文最后指出,事件名词的优势篇章功能是构成背景句,而非前景句。

韩蕾(2007)主要讨论事件名词与量词的选择关系,以"雨"为例,韩文中把事件名词与量词之间选择搭配概括为以下优先等级:

a. 动量词＞时量词＞名量词
b. 附加计时动量词＞临时计时动量词＞稳定计时动量词
c. 中时时量词＞长时时量词＞短时时量词
d. 成形名量词＞种类名量词＞度量名量词＞临时名量词

韩蕾(2010a)主要是对以往关于事件名词研究的一个综述,从理论语言学界的研究、应用语言学界的研究和现有研究的得失三个方面展开讨论的,此处不赘。

韩蕾(2010b)主要讨论了三个问题:第一个问题是讨论事件名词独立立类的必要性,第二个问题是讨论事件名词的形式鉴别框架,第三个问题是非原型成员的范畴归属。对于第一个问题,韩蕾指出,无论从理论依据上看,还是从现实需要上看,事件名词都具有单独立类的必要性。对于第二个问题,韩蕾认为鉴别事件名词的框架应该具有可操作性、自然性和普遍性,并给出了鉴别事件名词的形式框架如下:

a. 数词＋动量词＋；
b. ＋后；
c. ＋中。

对于第三个问题,韩文中讨论了三个小问题:首先讨论了低认同率名词的归类操作,也就是说非原型的事件名词在进入上述三个形式鉴别框架时,有一定的表现差异,有的可能只能进入某一个鉴别框架,有的可能只能进入其中两个鉴别框架等；然后讨论了事件名词与名词次类的纠结,如与时间名词、指人名词、专有名词等之间都存在一定的纠结,最后讨论了事件名词与动词的纠结,韩文指出,事件名词与动词之间存在兼类问题。

陆丙甫(2012)讨论英语和汉语两种语言中主要"事件名词"[①]的语义特征。陆

[①] 陆先生把事件名词定义为"表示动作、行为、事件之'过程'的名词",韩蕾(2010)指出,汉语学界有时候把事件名词称作过程名词、动态名词和时间性名词等。

先生首先发现了一条规律是:越是复杂的事件,越容易编码为具有名词性的兼类动词甚至专职的事件名词,或者说,表达越是复杂的事件的词,其名词性也越强。这既可以通过英语的 act 和 action 的差异得到证明,也可以通过下表汉语的例子得到证明。

	单音节动词	一般双音节动词	兼类名动词	专职事件名词
例子	猜、想、打	打算、猜想、打仗	规划、假设、战斗	手术、仪式、战争

然后,陆先生运用"整体性"对复杂事件名词倾向于编码为名词性进行了解释。同时还对一些反例进行了解释,即一些简单行为和事件词语,如汉语的"喷嚏、哈欠"和英语的"sneeze、yawn、dream"等之所以可以编码为名词,可能与这些词语都是"非自主性"的动作有关,它们算作事件名词也只能属于事件名词的边缘成员。最后的结论是:① 在事件意义名词性编码方面,两种语言的共同点是,最容易落实为名词的都是复杂事件;表现之一是这些词往往容易落实为专职的名词;② 英汉两种语言在事件名词编码表现出的差异是,复杂事件在汉语中落实为专职名词的数量远少于英语,它们在汉语中主要落实为兼类词;③ 两种语言在编码非自主现象时,汉语落实为专职名词,英语落实为动名兼类;④ 两种语言在编码简单动作时,英语落实为动名兼类(如 kick、shout、smile),而汉语这类词不容易直接落实为名词。

吴怀成(2014)主要是从动词指称化的角度讨论汉语动词的指称用法的,其主要结论是:① 现代汉语动词指称化具有层级性,根据指称化过程中动词性特征的丧失情况和名词性特征的获得情况,动词的指称化可以分为三个阶段:具体事件指称化、类事件指称化和物化事件指称化。② 在动词指称化的这三个阶段中,动词的指称性越来越强,陈述性越来越弱,该文把动词在这三个阶段表示的意义分别叫作具体事件指称义、类事件指称义和物化事件指称义。③ 汉语单双音节动词的指称化表现很不一样:单音节动词基本上可以发生具体事件指称化,单独很难发生类事件指称化,单音节动词要发生类事件指称化,必须和宾语论元共现或需要特定格式辅助,单音节动词只有少数几个可以发生物化事件指称化;双音节动词可以发生具体事件指称化,在发生类事件指称化时也比单音节动词自由,有很多双音节动词可以发生物化事件指称化。④ 该文认为动词指称化的动因是人们交际中指事性的需要;而动词指称化的机制则是认知隐喻和转喻以及语用类推。⑤ 汉语动词指称化符合类型学关于动词指称化方面的共性特征,即动词指称化结构或者使用小句的构造形式或者使用普通名词短语的构造形式,汉语动词指称化,根据其结构形式,可以分为以下几个类型:小句型、"指量词/数量词+动词"型、属格—宾格型、属格型、"虚义动词+动词"型和融合型等。⑥ 不同语体对汉语动词的指称化也会产生一定的影响,其中汉语口语中,动词很少发生指称化,而在书面语体,尤其是在政论文体或科技文体中,动词指称化用法使用较为普遍。⑦汉语动词与名词之间的划界难的根本原因是因为汉语缺乏形态标记,对于物化事件指称化的动词,其他语言往往使用形态标记表明它们已经发生了功能转类,而汉语由于缺乏形态标记,造成其有没有发生功能转类方面的长期争议。该文坚持词类的本质是语法范畴,根据该文关于动词指称化的研究和国内外关于词类研究的相关成果,该文认为完全可以把那些发生物化事件指称化的双音节动词处理为事件名词,而无须担心兼类词数量过大。

吴怀成(2014)把大量的双音节动词处理为事件名词与陆丙甫(2012)的观点是一致的,即复杂事件在汉语中落实为专职名词的数量远少于英语,它们在汉语中主要落实为兼类词。

从上面的讨论可以看出,韩蕾先生认为的事件名词主要是陆丙甫先生认为的那些落实为专职名词的事件名词,而没有把朱德熙(1982、1985a、1985b)所谓的"名动词"包括进来,陆丙甫先生虽然承认汉语中的一些事件名词与动词之间存在兼类,但是没有讨论这些事件名词是如何来的。吴怀成(2014)认为朱德熙先生所谓的"名动词"都可以处理为事件名词,但是却认为是由动词指称化而来,这与传统的名词化或名物化观点相似。本书认为汉语中典型的事件名词并不是那些落实为专职的名词形式的事件名词(如战争、手术、仪式等),而是那些兼有动词性的事件名词(如调查、研究、规划等),而且认为这些事件名词并非是动词名词化、名物化或指称化而来,而是它们本身就是名词,它们的动词性是去名词化(de-nominalize)的结果,这与沈家煊先生近年来的研究一致,即汉语的动词也是名词,是动态名词,汉语中根本没有所谓的"名词化、名物化或指称化"。

3.3 小　　结

本章对事件名词的国内外研究做了一个较为详尽的介绍。从国外研究来看,事件名词的讨论大多集中在动词的名词化研究领域,但是也有一些学者明确提出事件名词这一术语,如 Grimshaw(1990)、Zucchi(1993)等。然而国外关于事件名词的讨论始终没有与词类研究联系起来,仅限于事件名词的论元结构与其相对应的句子论元结构之间的关系方面以及事件名词的语义解读等。而从国内研究来看,早期主要是关于汉语有没有名词化、名物化或指称化方面的争议,接着虽然有关于事件名词的提法或研究,但是这些研究的范围有的过于宽泛,把一些本来不属于事件名词的词汇也包括了进来;有的过于保守,始终不愿接纳一些双音节动词天然可以充当事件名词的事实。可喜的是,汉语学界已经有学者注意到汉语事件名词与汉语词类研究具有密切的关系。本书也是在这一方面的一个大胆的尝试。

第四章　事件名词从何而来

从本章的题目就可以看出,本章主要想探讨事件名词的来源问题。受西方语言理论影响的学者可能会觉得这个问题没有值得讨论的意义,因为在他们看来,事件名词毫无疑问是由动词名词化而来的。然而事实上事情并没有像他们想象的那么简单,不仅事件名词的来源对于不同的语言来说可能不一样,而且有的语言可能根本就没有什么事件名词可言。因此,我们认为探索事件名词的来源问题不仅有意义,而且意义重大,因为它牵涉到不同语言的词类系统问题。

因为事件名词在形态发达的语言中都是由动词名词化而来的,因此我们有必要从名词化的角度讨论一下事件名词的来源。因为名词化有不同层级的名词化(详见下一章的讨论),而事件名词与词汇名词化关系紧密,所以我们这里所说的名词化主要指词汇层面的名词化。

4.1　施事名词与事件名词的差异

所谓的施事名词就是指这个名词表示的是一个动作的发出者,即施事,如英语的 teacher 是动作 teach 的发出者,我们就说 teacher 是一个施事名词。所谓的事件名词就是指这个名词指称动词所表示的事件本身,如 education 指称动词 educate 所表示的事件本身。由动词名词化为施事名词就叫作施事名词化,由动词名词化为事件名词就叫作事件名词化。Comrie & Thompson(1985/2007)把由动词名词化而来的名词分为两类,一类表示行为活动的名称,一类表示论元的名称,其中表示论元名称的名词化不仅包括施事名词化,还包括工具名词化、方式名词化、处所名词化、客体名词化和原因名词化等。他们的表示行为活动名称的名词化对应于我们的事件名词化,他们的表示论元名称的名词化严格地说应该叫作事物名词化,其中表示施事名称的名词化就是本书所说的施事名词化。

4.1.1　前人的相关研究

Baker and Vinokurova(2009)通过对 78 种语言有关施事名词的调查发现,施事名词一般具有名词性特征,基本上不再保留任何动词性特征,和普通名词在句法上表现差不多,而事件名词则大都保留一定的动词性特征,有的事件名词含有混合性特征,即它们兼有动词性特征和名词性特征。例如:

(1) Chris found the wallet in the stairwell.(克里斯在楼梯间找到了钱包。)
(2) The finding of the wallet took all afternoon.(找到这个钱包花了一下午

(3) The finder of the wallet returned it to the front desk.（找到这个钱包的人把它归还于前台。）

　　(4) Finding the wallet (so quickly) was a big relief.（很快找到这个钱包是一个大的安慰。）

　　上面例(1)是一个句子,谓语动词是 find。例(2)中的 finding 是事件名词,由例(1)中的谓语动词名词化而来,但是因为其前面带上了定冠词 the 和后置的介词短语定语 of the wallet,和普通名词无异。例(3)中的 finder 是施事名词,也是由例(1)中的谓语动词名词化而来,由于其前面带上了定冠词 the 和后置的介词短语定语 of the wallet,同样和普通名词一样。但是例(4)中的 finding 也属于事件名词化,但是由于其可以带宾语 the wallet 和副词状语 so quickly,其保留了许多动词性特征。我们将在下一章进一步讨论事件名词及其类型学特征,从而明白并非所有语言都有所谓的词汇形式的事件名词,但是所有语言都有相应的表达手段来表示类似于英语中的事件名词。

　　Baker and Vinokurova(2009)详细讨论了 Sakha 语（一种土耳其语）[①]的施事名词和事件名词的差异。他们认为这种语言的施事名词除了可以保留带宾语这个动词性特征外,其他动词性特征都不再保留。例如:

　　(5) Tobuukap-tar　　terilte-ni　　salaj-al-lar.
　　　　Tobuukap-复数　　公司-宾格　　经营-体标记-复数.主语一致
　　　　"Tobukovs 一家经营这个公司。"

　　(6) a. Terilte-ni　　ücügejdik　　salaj-yy　　　　　iilehit-ter
　　　　　 公司-宾格　　很好　　　　经营-事件名词化标记　工人-复数
　　　　　 xamnas-tar-yn　　　　　　iirdet-ie.
　　　　　 薪水-复数-第三人称.属格.宾格　增加-将来时.三单.主谓一致
　　　　　 "公司经营得很好就会增加工人们的工资。"

　　　　b. Terilte-ni　　(*ücügejdik)　　salaj-aaccy
　　　　　 公司-宾格　　很好　　　　经营-施事名词化标记
　　　　　 kel-le.
　　　　　 来-过去时.三单.主语一致
　　　　　 "那个经营公司(*很好)的人来了。"

　　(7) a. Misha　　onno-manna　　bar-ytalaa-hyn-a
　　　　　 Misha　　这里-那里　　走-反复体-事件名词化标记-三单.属格
　　　　　 miigin　　kyyhyr-ta.
　　　　　 我.宾格　生气-过去时.三单.主语一致

[①] 该语言区域位于西伯利亚北部,尽管离土耳其很远,但是其语言特征属于土耳其语,基本语序是主—宾—谓,名词短语标记主格—宾格—与格,动词在人称和数上与主语一致。

第四章　事件名词从何而来

　　"Misha 的来来回回到处走动使我很生气。"
　b. *Bar-ytalaa-ccy　　　　　　　kel-le.
　　　走-反复体-施事名词化标记　　来-过去时.三单.主语一致
　　　"那个反复走动的人来了。"

（8）a. tolor-um-uu
　　　执行-否定-事件名词化标记
　b. *Suruj-um-aaccy　　　　　　kel-le.
　　　写-否定-施事名词化标记　　来-过去时.三单.主语一致
　　　"不写者来了。"

　　例(5)是 Sakha 语的一个典型的及物小句。例(6)—例(8)是这种语言的事件名词和施事名词在句法上表现出的差异。从上面的讨论可以看出，Sakha 语的事件名词可以保留副词状语、体标记和否定词等动词性特征，而施事名词则除了可以带宾语外，都无法保留这些动词性特征。

　　Baker and Vinokurova(2009)还进一步讨论了真正的施事名词与无核心(headless)的关系小句之间的差异，他们指出 Mapudungu 语(一种智利土著语)有两个后缀-fe 和-lu，它们可以构成相当于英语-er 类施事名词。例如：

（9）küdau-fe(工人)、tralkatu-fe(猎人)、ülkantu-fe(歌手)
（10）la-ya-lu
　　　死-非现实态-小品词
　　　"这个即将要死的人"

　　我们认为上面的例(9)和例(10)指出了一个非常重要的信息，即不同的语言施事名词化的手段可能不一样，而且同一种语言的施事名词化也可能采取多种手段。下面是一些汉语的例子。

（11）读者、教师、画家、工人、歌手、设计员
（12）读书人、淘粪工、拾荒者
（13）开车的、打球的、走路的
（14）看书的人、看了两天书的人、整天不看书的人
（15）指挥、导演、编辑、主持

　　上面例(11)是汉语常见的词汇形式的施事名词，它们的构成方式各不相同，也就是说汉语中构成施事名词的构词词缀十分丰富，即使是英语，施事名词也不是都由-er 构成，也有由-or 构成的，如 inventor、educator 等。例(12)有点像前面讨论的 Sakha 语，施事名词还保留宾语，它们同样不能保留其他动词性特征，如"经常读书人、反复读书人、不读书人"都不能说。例(13)中汉语的"的"则有点像 Mapudungu 语的-lu，它也可以构成一些无核心的表施事的结构。例(14)是汉语中所谓的定语

从句修饰一个核心名词结构,这种结构在其他语言中也经常存在,如英语、日语等。例(15)表明汉语中还有一些动词可以直接转指动作的发出者,即施事。

从上面对汉语的讨论可以明确以下几点问题:① 表达像英语的-er类施事名词的手段在不同的语言中可能表现很不一样,有的使用词汇形式、有的使用无核心的小句形式、有的使用有核心的小句形式,甚至还有的直接用动词转指施事;② 同一种语言可能存在多种手段来表达英语-er类施事名词;③ 谈论动作的发出者,即施事,是一种交际动因使然,因此不同的语言尽管可以用不同的形式手段来表达施事,但是这都是由共同的交际动因决定的,再次表明语言的共性是功能共性,即表达或交际功能方面存在共性,没有形式上的共性。

因为本书主要是讨论事件名词及其与词类类型之间的关系,因此,关于施事名词或表达施事的结构类型,尤其是跨语言方面的比较等,值得今后做进一步的深入研究,本书不再做过多的讨论。

4.1.2 本书的研究

我们根据1.3.2节的语言样本,比较了20种语言在施事名词和事件名词构成方面的差异,具体情况请参见吴怀成(2014b)。

绝大多数语言中的施事名词和事件名词都是通过动词加上名词化词缀构成的,这样的语言有15种,占语言样本总数的75%。但是有4种语言的施事名词是动词通过添加词缀的方式构成的,而它们的事件名词则直接由动词构成,无须添加词缀,这4种语言分别是苗语、他加禄语、汤加语和Ket语,占语言样本总数的20%。在20种语言样本中只有1种语言,其施事名词和事件名词都可以直接由动词构成,这种语言是阿布依语,只占语言样本总数的5%。汉语和阿布依语很相似,汉语的施事名词和事件名词都可以由动词直接构成[①],如编辑、导演、讨论、打击等。

因为名词化是研究名词和动词的一个接口,因此我们想从该现象入手来窥探不同语言的词类表现形式。根据吴怀成(2014b),我们发现一条单向蕴含共性:一种语言如果用形态区分事件名词和它的来源动词,那么它也必然用形态区分施事名词和它的来源动词,反之则不然。可以用表4.1显示:

表4.1 施事名词和事件名词之间的蕴含关系

用形态标记区分事件名词和其来源动词	用形态标记区分施事名词和其来源动词	语言	例词	
			施事名词	事件名词
+	+	德语	prüfer(考官)	kombinierung(合并)
		英语	educator	education

---

① 汉语中也有一些通过加后缀"者"构成的施事名词,如学者、作者、读者、听者等,因此我们说汉语的施事名词和事件名词都可以由动词原形构成,但不能说全部由动词原形构成。

第四章　事件名词从何而来　　　　　　　　　　　　　　　　　　　　41

续　表

用形态标记区分事件名词和其来源动词	用形态标记区分施事名词和其来源动词	语言	例词	
			施事名词	事件名词
—	+	Ket语	sìdaqat-s（教师）	(b-)tàd((我的)打击)
		Mundari语	susun-ta-n = iq（正在跳舞的人）	dub（坐）
+	—	—	无	无
—	—	阿布依语	kafering（战士）	tulusa（写）
		汉语	编辑	讨论

通过上表可以看出，汉语的显著特征是：无论施事名词还是事件名词都与其来源动词同形。这一现象足以说明汉语的词类与其他语言的词类具有明显的差异。正是基于语言事实，沈家煊先生提出了汉语词类的大名词观。对于像汉语和阿布依语这样的语言，由于施事名词和事件名词都与动词同形，如果还叫作施事名词化和事件名词化恐怕不太合适，与其叫它名词化，还不如叫它去名词化（denominalization）[①]。

我们的研究与上一节 Baker and Vinokurova(2009)的研究差异在于，我们主要想通过词汇层面的施事名词和事件名词的差异比较来明确这样一个问题：由于施事名词在语义上指称动作的发出者，即人物，因此其与普通名词很相似，它们则更倾向于通过形式手段来与其来源动词相区别，而事件名词由于是用来指称动作、行为或事件本身的，因此它们更有可能与动词同形，如我们调查的 20 种语言中有 25% 的语言，其事件名词与动词同形。Baker and Vinokurova(2009)的研究主要是从施事名词和事件名词在句法表现上的差异证明，施事名词在句法表现上与普通名词表现一样，而事件名词在句法表现上则更多地保留了一些动词性特征。实际上的确如此，很多语言可以说根本没有词汇层面的事件名词，表达与英语事件名词相似的名词性结构，很多语言都使用动名混合结构，这种结构在 Koptjevskaja-Tamm(1993)中叫作行为名词结构（action nominal construction）。

4.2　事件名词的标记类型

从 20 种语言样本（吴怀成 2014b）可知，有形式标记的事件名词，其形式标记

[①] 我们认为指称是任何语言符号产生的原始动因，因而指称语的产生应该早于陈述语，陈述语是从指称语中分化出来的，两个指称语在对举的环境中，后一个可以理解为陈述语，如"他，我哥哥；她，我姐姐"。这也与动词是去名词化的产物这一思想相一致，而本书还用"名词化"一说是为了照顾前人的说法，使研究保持前后连贯性。

也存在差异,如德语使用后缀构成事件名词,而 Eton 语则使用前缀构成事件名词。下面我们先对名词化的标记类型做一个全面的介绍,再看看本书所举的事件名词的标记类型如何。

4.2.1　Gerner(2012)的研究

Gerner(2012)详细讨论了名词化的类型问题。该文从形态、句法、语义、语用以及历时演变角度对名词化作了一个系统的归纳。由于其关于名词化的语用问题和历时演变问题与本研究的关系不大,我们这里只简单介绍一下其所讨论的名词化的形态、句法和语义问题。

一、关于名词化的形态问题

Gerner(2012)从零形式名词化(zero-nominalization)、以动词性形态输入的名词化(encoding the verbal input)和以名词性形态输出的名词化(encoding the nominal output)三个角度讨论了名词化的构成问题。

(一) 零形式名词化

该文认为汉语普通话属于零形式的名词化,例如:

(16) 他不吃西瓜太可惜了。
(17) 我盼望你快一点毕业。

(二) 以动词性形态输入的名词化

以这种形态手段构成的名词化又可以分为四个小类:① 通过自由语素的方式构成的名词化;② 通过词缀的方式构成的名词化[包括前缀(prefix)、中缀(infix)、框缀(circumfix)和后缀(suffix)];③ 通过互补语素(suppletion)的方式构成的名词化;④ 通过重叠(reduplication)的方式构成的名词化。

(三) 以名词性形态输出的名词化

Gerner(2012)介绍了五种名词性修饰成分充当名词化标记的情况,分别为格语素(case morphemes)、领属连接词(possessive linkers)、量词(classifiers)、复数语素(plural morphemes)和限定词(determiners)。

二、关于名词化的句法问题

名词化一方面会对动词短语向名词短语转化施加一定的限制,另一方面名词化成分往往会像名词短语一样在句子中充当一定的句法功能。Gerner(2012)也从动词性输入和名词性输出两个角度讨论名词化的句法问题的。

(一) 动词性输入的句法表现

该文主要介绍了四种不同层面的名词化:动词名词化、动词短语名词化、非限定小句的名词化和限定小句的名词化。

1. 动词名词化标记

动词名词化主要指有些语言的名词化主要作用于动词词根,形成一些词汇化

第四章　事件名词从何而来

形式的名词,如 Nuosu 语(藏缅语系:中国)有三种形式的动词名词化,形成三种不同性质的名词:行为名词、质量或程度名词和方式名词。如下表所示:

表 4.2　Nuosu 语三种不同性质的词汇名词化

动　词	-lu(行为名词)	-jjux(质量或程度名词)	-tie(方式名词)
mgu(爱)	mgu-lu(爱,名词)	mgu-jjux(爱的程度)	mgu-tie(爱的表达)
ju(管理)	ju-lu(管理行为)	ju-jjux(管理程度)	ju-tie(管理方式)
hmat(教)	hmat-lu(教学)	hmat-jjux(教学质量)	hmat-tie(教学方式)
chyp(编织)	chyp-lu(编织行为)	chyp-jjux(编织质量)	chyp-tie(编织方式)
bbur(写)	bbur-lu(写作)	bbur-jjux(写作质量)	bbur-tie(写作方式)

2. 动词短语名词化

动词短语名词化指动词和它的补足语或附加语一起名词化,这种名词化中,动词的外部论元通常编码为名词化事件的领有者。例如:

(18) Nuosu 语(藏缅语系:中国)

　　cyp　　　　nry　　ndo-**ddu**
　　三单.属格　酒　　喝-名标
　　"他的饮酒"

3. 非限定小句名词化

(19) Magar 语(藏缅:尼泊尔)

　　ŋa-e　　　　ŋa-o　　　boi-e　　　　phinfi-**cʌ**　　cho
　　一单-作格　一单-属格　妈妈-作格　做-名标　　　米饭
　　rʌ　　dal　　　jak = le-aŋ.
　　和　　小扁豆　喜欢 = 非完成-第一人称代词
　　"我喜欢妈妈做的米饭和小扁豆。"

4. 限定小句名词化

限定小句名词化指整个句子的名词化,名词化小句内部可以带时、体、态等动词性特征,这与上面的动词短语名词化和非限定小句名词化是不同的。

(20) Budai Rukai 语(澳亚语系:台湾)

　　malisi　　ka　　saɭabu　　ka　　**ta-kan-anə-ŋa-li**
　　生气　　主格　人名　　　斜格　非将来-吃-完成-一单.属格
　　"Salabu 对我已经吃了饭这件事很生气。"

(二) 名词性输出的句法表现

这里主要介绍名词化结构充当句法成分时,要么充当一个镶嵌的小句,镶嵌于一个更大的句子中，要么自己独立成为一个句子。

名词化结构作为镶嵌小句时，有两种情况：一种是作为名词的修饰语（adnominal），另一种是作为动词的补足语（pronominal）。例如：

(21) Numhpuk Singpho 语（藏缅语系：印度）
  a kawhtaq ni grim **re** măgui wa.
  感叹词 族姓名 复数 捉 名标 大象 定指
  "是啊，那只被 Kotha 人捉住的大象。"

(22) Magar 语（藏缅语系：尼泊尔）
  ŋa ŋar ghoyoɦ-**ke** pʌr-di＝le
  一单 田地 耕-名标   情态(必须)-借词＝非完成
  "我必须把田地翻耕一下。"

作为名词修饰语的名词化结构实际上就是我们常说的定语从句，而作为动词补足语的名词化结构实际上就是我们常说的宾语从句。

名词化结构独立成句的情况，该文也主要谈到两种情况：一种情况是名词化结构直接修饰名词，构成一个名词性短语，这个名词性短语可以直接作为感叹句使用（adnominal）（例 23）；另一种情况是名词化的结构直接独立成句（pronominal）（例 24—27）。

(23) Malagasy 语（澳亚语系：马达加斯加）
  izany boky vakiany
  定指 书   读.被动.三单
  "他读的这种书！"

(24) Budai Rukai 语（澳亚语系：台湾）
  lisi-**anə**-li   （inianə）
  生气-名标-一单.属格 三单.斜格
  "我非常生气(对他)[字面义＝我的生气(对他)]。"

(25) Dolakha Newar 语（藏缅语系：尼泊尔）
  mansu lal＝na syen-**gu** ka.
  人名＝作格   教-主格 陈述语气
  "Mansu Lal 教我们(那首歌)。"

(26) 广东话（汉语系：中国）
  Peter zung1ji3 sik6 lau41lin4 **ge3**.
  人名 喜欢 吃 榴梿   名标
  "Peter 喜欢吃榴梿。"

(27) 潮州方言（汉语系：中国）

  ua^{53} si$^{35-21}$ tio$^{55-11}$ziu^{33} lai$^{55-11}$ **kai$^{55-11}$**.

  一单 系词 潮州   来   名标

  "我是从潮州来的。"

三、关于名词化的语义问题

  Gerner(2012)认为从语义角度上看，动词的名词化主要可以分为三种类型：1. 名词化结构表示动作的参与者(participants)；2. 名词化结构表示事件的非物质属性(nonphysical properties)；3. 名词化结构表示动作表达的事态(situation)。第一种类型即 Comrie & Thompson (1985/2007)所谓的表示论元名称的名词化，第二种类型主要指以"方式、原因、目的"等为中心语的定语从句，如"我来这的原因"，第三种类型又分为状态名词化和事件名词化两个小类。

  Gerner(2012)是在 Yap、Grunow-Hårsta、Wrona(2011)的基础上对名词化作一个较为全面的评述。本书主要介绍了 Gerner(2012)关于名词化的形态、句法和语义三个方面。从名词化的语义角度看，名词化可以表示事件的参与者、事件的属性和事件本身，基本上没有超出 Comrie & Thompson(1985/2007)所讨论的范围，其与 Comrie & Thompson(1985/2007)的主要差异在于，Comrie & Thompson(1985/2007)的讨论主要指词汇层面的名词化，一般不涉及短语层面和小句层面的名词化，而 Gerner(2012)所讨论的参与者名词化不限于词汇层面的名词化，这与前面 4.1.1 节讨论施事名词化的结论是一致的，即表达像英语的-er 类施事名词的手段在不同的语言中可能表现很不一样，有的使用词汇形式、有的使用无核心的小句形式、有的使用有核心的小句形式，甚至还有的直接用动词转指施事。从名词化的形态角度看，Gerner(2012)主要讨论了两个方面的问题：一个是名词化的构成问题，即名词化可以通过各种手段构成，如零形式、自由语素、词缀、互补语素和重叠形式等；一个是名词化结构具备很多名词性特征，如可以带格标记、领属语素、量词、名词复数和指示词等。从名词化的句法角度看，Gerner(2012)主要讨论了两个问题：一个是不同层面的名词化问题，即名词化可以有词汇层面的名词化、短语层面的名词化和小句层面的名词化(吴怀成 2014：93–94)；一个是关于名词化结构充当的句法功能问题，名词化结构具有名词性特征，因此在句子中主要充当从句，如定语从句和宾语从句等。总之，Gerner(2012)是一篇全面系统阐述名词化问题的代表性文章，可以加深人们对名词化问题的理解，促进该问题的进一步深入研究。但是这篇文章也有一些问题值得商榷：1. 该文和 Yap、Grunow-Hårsta、Wrona(2011)一书一样，把名词化结构与定语从句混在一起讨论，会使问题复杂化，尽管名词化标记和定语从句的标记在历时上可能存在一定的联系，但是它们毕竟属于不同性质的小句；2. 对非限定小句名词化和动词短语名词化没有做任何界定，不利于人们的理解，实际上非限定小句跟动词短语是处于同一层面的名词化；

3. 有些例句引用的未必恰当,这也是类型学研究中普遍存在的问题,因为材料大多都是二手材料,研究者未必真正理解这些二手材料,如上面的例(26)和例(27),广东话末尾的"ge3"和潮州话末尾的"kai$^{55\text{-}11}$"并不是名词化标记,而应该理解为语气词;4. 参与者名词化和事件名词化的讨论过于简单,实际上无论参与者名词化还是事件名词化都只是从语义角度上说的,它们的名词化手段都存在很大的差异,有的语言可能同时存在多种名词化方式,也有的语言可能根本没有词汇形式的名词化,关于这一点,我们将在第五章做进一步的讨论。

4.2.2 本书的研究

通过上小节的讨论我们可以知道,名词化的方式或手段在不同的语言中表现可能很不一样,存在巨大的差异。因为本书主要是讨论事件名词的类型学特征的,所以这里我们将对 20 种语言样本中事件名词的标记做进一步的分类,不再讨论参与者名词化的标记问题。

在 20 种语言样本中,除了 5 种语言的事件名词与其来源动词同形外,其他 15 种语言的事件名词也是通过添加名词化词缀构成的。我们可以把事件名词与其来源动词同形的名词化叫作无标记形式或零形式名词化。但是我们要明白,这只是相对于其他有名词化标记的名词化而言的,也许这种语言的事件名词根本没有什么名词化操作,汉语就是这样的语言,按照沈家煊先生的大名词观,汉语的动词也是名词,是一种动态名词,因此汉语的事件名词本身就是名词的一个次类,倒是它的动词用法反而是去名词化的结果,即在语言交际中逐渐分化而成。既然这里讨论名词化的标记问题,我们暂时还是把事件名词与动词同形的情况称作无标记名词化。具体情况如下表:

表 4.3 事件名词化的标记类型

标 记 类 型	次 类	语种数
无标记事件名词		5
有标记事件名词	加前缀	2
	加后缀	13

从上表可以看出,事件名词化总的来说可以分为两大类型:一种是无标记的事件名词化,一种是有标记的事件名词化。其中有标记的事件名词化主要是通过添加后缀构成的,只有少数语言是通过添加前缀构成的。本书的事件名词的标记类型没有 Gerner(2012)在讨论名词化的形态时所说的那么复杂,主要原因在于 Gerner(2012)讨论的名词化不仅包括事件名词化,而且包括参与者名词化(即施事名词化、受事名词化、工具名词化、处所名词化等),不仅包括词汇层面的名词化,而且还包括短语层面的名词化和小句层面的名词化,甚至还把关系从句的标记与名

词化的标记混同。我们认为事件名词化的标记类型相对于参与者名词化的标记类型而言，其相对简单是可以解释的，这可以从语义象似性来解释，事件名词与其来源动词，语义相似度高，倾向使用简单的形态标记或不用形态标记；参与者名词与其来源动词，词义相似度低，倾向使用复杂的形态标记。因为事件名词指称的事件与其来源动词陈述的事件在语义上没有什么差异，只是一个用于指称一个用于陈述罢了，而施事名词等事件参与者名词与其来源动词在语义上差异很大，如"读"与"读者"，施事名词等已经与普通的名词相差无几，而与表示陈述的来源动词则相去甚远，这也许是朱德熙(1983)把名词化分为自指的名词化和转指的名词化的原因吧。而且这里讨论的事件名词化主要指词汇层面的名词化，其标记类型相对简单也是可以理解的。实际上，很多语言可能根本没有词汇层面的事件名词(Koptjevskaja-Tamm 1993、2005)，这也是下一节和下一章要讨论的内容。

4.3 事件名词不具有语言共性

我们之所以提出事件名词不具有语言共性，主要基于两个原因：一个是从事件名词来源上看，有的语言的事件名词是通过动词加词缀的方式构成的，而有的事件名词与其来源动词(准确地说是与其相对应的动词)同形；另一个原因是有的语言可能根本没有事件名词，而有的语言的事件名词其句法表现具有名词和动词的混合性质。我们认为如果一种语言的事件名词与其相对应的动词同形，这时还说它是通过零形式名词化而来的恐怕不妥，这时只能承认名动同形这一语言事实，就本书研究看，我们反而认为动词是从名词中分化而来的，从语言演变的角度看，名词是第一性的，动词是第二性的(本书续篇会专门讨论这个问题的，此处不赘)。对于事件名词有形式标记的语言来说，它们的词类范畴的分化程度相对较高，动词已经完全从名词中分化出来，所以指称事件的名词与陈述事件的动词要有形式上的区分，而对于事件名词无形式标记的语言来说，它们的词类范畴的分化程度相对较低或者说根本没有发生分化，所以名词和动词同形。正是这种原因，所以事件名词才不具有语言共性。第一个原因，我们在前面的两个小节中已经阐释过了，下面我们主要讨论第二个原因。

4.3.1 事件名词的混合性质①

根据 Koptjevskaja-Tamm(1993、2005)，像英语 John's running 和 the enemy's detruction of the city 这样的结构叫作行为名词结构(action nominal constructions)，这种行为名词结构包含一个行为名词作为结构核心和行为名词所

---

① 这些具有混合性质的事件名词能不能算作真正的名词还值得讨论，因此吴怀成(2014：20)把与事件名词功能相同的结构统称为指称化结构，外国文献中也有不同的称呼，如行为名词结构、名词化结构、行为名词、动词性名词、动名词、名词化、马斯达尔、非限定形式以及复杂事件名词等。

指事件的参与者作为行为名词的修饰语。这种行为名词就是本书所谓的事件名词。根据 Comrie(1976)、Comrie & Thompson(1985/2007)、Koptjevskaja-Tamm(1993、2005)和吴怀成(2014),行为名词结构在不同的语言中表现很不一样,根据它们的内部结构与普通名词短语和小句的相似程度,它们可以形成一个非离散的连续统,在连续统的一端,有的语言的行为名词结构在句法表现上与普通名词短语无异(noun-like),而有的语言的行为名词结构在句法表现上与小句无异(clause-like)。中间部分就是本书所说的具有名动混合性质的事件名词。例如:

(28) Meadow Mari 语(乌拉尔语系:俄国)
　　möj-ön　　　pis'ma-m　　voz-öm-em
　　一单-属格　　信-宾格　　　写-名标-一单.属格
　　"我的写这封信"

(29) Selkup 语(乌拉尔语系:西伯利亚)
　　Mat　　　　　ašša　　　tɛnymy-s-ak　　　[tjmńa-n-y
　　一单-主格　　否定　　　知道-过去-一单　哥哥-属格-一单.属格
　　ima-p　　　　qo-ptä-ø-ty]
　　媳妇-宾格　　找-名标-主格-三单.属格
　　"我不知道我哥哥找了个媳妇。"

(30) 俄语(斯拉夫语系:俄国)
　　ispoln-enij-e　　　　sonat-y　　　　pianist-om
　　表演-名标-主格　　　奏鸣曲-属格　　钢琴家-工具格
　　"由钢琴家演奏的这首奏鸣曲"

上面例(28)—例(30)中的事件名词"写""找"和"表演"都有名词化标记,但是具有一定的动名混合特征,"我的""哥哥的"和"奏鸣曲"分别是它们的名词性定语,这是它们名词性的表现,而"信""媳妇"和"钢琴家"带上宾格和工具格,则是它们动词性的表现。这足以证明事件名词并非都成为地地道道的名词,不具有语言共性。

如果说具有名动混合特征的事件名词属于事件名词的边缘成员,具有名词特征的事件名词属于事件名词的核心成员,那么有的语言恐怕真的没有事件名词,只能有类似事件名词表达功能的事件指称构式而已。

4.3.2　相当于事件名词的事件指称构式[①]

Koptjevskaja-Tamm(2005)考察了 168 种语言的行为名词结构,发现除了 42

[①]　后文我们使用事件指称构式代替 Koptjevskaja-Tamm 所谓的行为名词结构,因为小句型、属格-宾格型和作格-属格型行为名词结构中的核心语能不能算作典型的事件名词恐怕有争议,说成事件指称构式应该没有问题,因为我们的事件指称构式是从语用或语义角度定义的,与 Koptjevskaja-Tamm 的定义不同,下一章还有讨论,此处不赘。

种语言没有行为名词结构外,其余语言的行为名词结构可以分为七类:小句型、属格—宾格型、作格—属格型、双重属格型、其他型、混合型、施事受事不可同现型[另见 Koptjevskaja-Tamm(1993)和吴怀成(2014)的相关讨论],如下表所示:

表 4.4　行为名词结构的类型

行为名词结构的类型	语言数量
小句型	25
属格—宾格型	29
作格—属格型	21
双重属格型	7
其他型	6
混合型	14
施事受事不可同现型	24
无行为名词	42
总计	168

上面的小句型行为名词结构是指行为名词结构在内部句法上保留小句的内部句法表现,就是我们通常所说的小句名词化。属格——宾格型行为名词结构和作格——属格型行为名词结构在内部句法上同时具有名词性特征和动词性特征,属于上一小节讨论的混合性质的事件名词。双重属格型行为名词结构在内部句法上和普通名词短语一样,施事受事都以属格的形式出现(如 the enemy's detruction of the city)。混合型行为名词结构指的是一种语言内部不是只有上表中一种行为名词结构类型,可能具有多种行为名词结构类型,英语和汉语都属于混合型(吴怀成 2014)。无行为名词的语言指这种语言没有行为名词结构,我们对这种说法表示怀疑,Koptjevskaja-Tamm(1993)认为北美一些印第安语和汉语都属于无行为名词结构的语言,而我们认为汉语的一些双音节动词完全可以处理为事件名词。例如:

(31) 这次调查花了我一年的时间。
(32) 我们应该对申报的课题进行认认真真的研究。

其他型和施事受事不可同现型指一些不常见的行为名词结构和施事受事同时出现受到限制的行为名词结构,例如:

(33) 查莫罗语(南岛语系:密克罗尼西亚)
　　　i　　ginimen　Juan　　ni　　tuba
　　　定指　喝-名标　人名　　旁格　饮料名
　　"Juan 的喝 tuba"

(34) 约鲁巴语(尼日—刚果语系：尼日利亚)
　　rírà　　　tí　　　Olú　　ra　　aso
　　买-名标　关系化标记　人名　买　裙子
　　"Olú 的买裙子(字面义＝Olú 买裙子的这种买的行为)"

上面的例(33)中,动词"喝"带有名词化标记,Juan 相当于这个行为名词的主语,tuba 相当于这个行为名词的宾语,但是却带了旁格标记而不是宾格标记,而且整个行为名词结构前面还有一个名词性词语所带的限定词。例(34)为了避免施事受事同时出现在行为名词结构中,先用一个小句表达一个事件,再用关系化手段把行为名词与这个事件连接起来,一起指称这种行为名词所表示的事件。

对于上面两例中的"喝"和"买"能否算作行为名词或事件名词,以及由它们构成的结构能否算作行为名词结构,恐怕仍然存在争议,但是认为它们是相当于事件名词的事件指称构式,应该没有什么问题。

通过这一小节的讨论可以知道：1. 不仅施事名词的构成可能有多种手段,而且事件名词的构成可能也存在多种手段；2. 事件名词不具有语言共性,不同的语言可能使用不同的行为名词结构,同一种语言也可能使用多种行为名词结构；3. 没有行为名词结构这一说法值得商榷,可以说一种语言没有行为名词或事件名词,但是不能说这种语言没有表达相似功能的结构或构式。

4.4　小　　结

本章我们主要讨论了三个问题：1. 施事名词与事件名词的差异问题；2. 事件名词的标记类型；3. 事件名词不具有语言共性问题。关于施事名词与事件名词的差异,我们认为施事名词大多采用一定的形态手段与其来源动词相区别,而事件名词则既有用形态手段标记其与相对应的动词不同的情况,也有不用任何形式标记来区分其与相对应的动词不一样的情况。我们还发现,施事名词化的手段可以分为三种情况：一种是动词加词缀的方式,一种是用无核心小句的形式,还有一种是用有核心的小句形式。前一种方式可以构成施事名词,而后两种方式则可以构成施事名词化结构或施事指称构式。而且不同的语言在表达施事时,可能采用的表达手段不一样,同一种语言也可以采用多种手段来表达施事。关于事件名词的标记类型问题,总的来说可以分为两种情况：无标记形式和有标记形式。有标记形式的事件名词,其标记形式也相对简单,主要采用添加后缀和前缀的方式。我们认为事件名词化的标记类型相对于参与者名词化的标记类型而言,其相对简单是可以解释的,这可以从语义象似性来解释,语义相似度越高的名词化越容易使用简单的形态或不使用形态来标记事件名词与其相对应的动词之间的差异,语义相似度越低的名词化越容易使用复杂的形态来标记参与者名词与其对应动词的差异。关于事件名词不具有语言共性问题,本书主要讨论了行为名词结构的类型,认为事件名词和施事名词一样,其构成手段可以有多种方式,有的语言的事件名词更像普通名词,有的语言可能没有事件名词,但是它们可以采用别的结构方式来表达类似于英语、汉语的事件名词所表达的句法语义功能。

从本章的讨论还可以看出,对于形态发达的语言来说,事件名词可以看作是由动词名词化而来的;而对于形态不发达和欠发达的语言来说,事件名词和动词同形,很难说是从动词名词化而来;对于根本没有事件名词的语言来说,更不用去讨论事件名词的来源了。总之,不同语言的事件名词之所以存在如此大的差异,可能与不同语言的词类系统存在差异有关。

第五章 事件名词的类型学特征

要讨论事件名词的类型学特征,首先就要对事件名词进行跨语言的比较,找出它们的共性特征与类型差异。然而通过上一章的讨论可知,有的语言可能根本没有事件名词,那么我们该如何确定跨语言比较的对象呢？本章将首先讨论跨语言比较对象的确定方法,然后讨论事件名词与语言类型之间的关系,最后我们将总结出事件名词的类型学特征。

5.1 形式共性与功能共性

通过上一章的讨论,我们可以知道,事件名词不具有语言共性,那么我们还能不能讨论事件名词的类型学特征呢？我们认为可以的,因为跨语言比较需要有一个共同的比较对象,尽管这个比较对象在不同语言中表现形式可能不一样,但是它们往往具有相同的表达功能。就事件名词而言,就是指那些用来指称事件的名词,在句子中通常充当主宾语。如果一种语言没有事件名词,那么每种语言都应该有指称事件的表达式,这种指称事件的表达式当然可以与有事件名词的语言中的事件名词放在一起加以比较。所以,我们在讨论事件名词的类型学特征之前,有必要讨论一下跨语言比较的对象问题。

5.1.1 形式共性

研究语言的共性,从 20 世纪中后期以来一直存在两种研究范式,一种是以 Chomsky 为代表的生成语法的研究范式,一种是以 Greenberg 为代表的类型学研究范式(Comrie 1989：1-5,Croft 2003：4-6)。前者属于我们第二章第二节所说的形式主义语言研究路子,后者属于"认知——功能——类型"主义语言研究路子。

Comrie(1989：15)指出,在生成语言学关于语言共性的研究中有一个重要的区分,即形式共性和实质共性。形式共性是指对语法规则的形式说明,有必要在人类语言的语法规则中区分必要特性、可能特性和不可能特性。举例来说,任何语言都不可能存在这样一条语法规则,即通过对任意长的语言符号序列做回文颠倒来构成疑问句,如 this is a house that John built 这句话的疑问句不可能是由下面的符号序列组成,即 built John that house a is this。实质共性是指设定为语言共性的那些广义的范畴,例如在句法领域,它们也许包括像名词、名词短语、主语、直接宾语、主要动词这些范畴。Chomsky 在他的标准理论(Standard Theory)时期,他的 UG(Universal Grammar)思想(即共性语法思想)还不成熟,他在《句法理论面面观》(Aspects of the Theory of Syntax)一书的第一章最早简述 UG 思想,而且在这一时期明确阐述了形式共性和实质共性的区别。实质共性的例子为音系的区别性特征和每种语言潜在所选的一些句法范畴项目,形式共性的例子则是一些规则,如改写、转换和词汇插入,以及这些规则的具体应用(Mairal & Gil 2006)。

本书所说的形式共性与上述的形式共性不同,它更像上述的实质共性,也就是说,我们说的形式共性不是对语法规则的形式说明而是指上述的实质共性是不是真的具有跨语言的共性特征。生成语法的原则与参数理论(Principles and Parameters Theory)认为,尽管世界上各种语言的表面形式千差万别(参数不同),但是它们的深层结构是一样的(原则一样)。生成语法认为一些句法范畴如名词、动词、主语、宾语等都是不证自明的,然而事实上这些基本范畴是跨语言比较时主要产生问题的范畴。Croft(2001)专门讨论这些语言理论的中心范畴在跨语言定义中存在的问题,它们分别是名词、动词和形容词,主语和宾语,中心语和修饰语,论元和附着成分,主句和小句等范畴,并进一步发展出自己的构式语法理论。一方面,这些范畴没有明显的功能上的(语义、语用或两者兼具)定义,另一方面一旦我们通过语义、语用手段确定了这些范畴,会发现这些语法范畴以及由其定义的范畴在不同语言里的确有相当大的结构差异。下面的例子引自 Croft(2003:17),我们可以看到一个关于主语的形式定义所出现的问题。

(1) 车臣-印古什语(东北高加索语系:俄罗斯)
 a. bier -ø d- ielxa(类标记标引"孩子")
   孩子 主格 类标记 哭
  "孩子在哭。"
 b. a:z yz kiniška -ø d- ieš(类标记标引"书")
   我(施格) 这 书   主格 类标记 看
  "我在看这本书。"
 c. suona yz kiniška -ø d- iez(类标记标引"书")
   我(与格) 这 书   主格 类标记 喜欢
  "我喜欢这本书。"

Croft(2003:17)指出,我们对"主语"的直觉概念是建立在英语主语基础上的,具体地说,是建立在英语动词所表示的事件与主语所表示的参与者之间的语义关系上的。经过对更具异域性语言的考察,我们会发现利用某些格标记或一致关系形式所确定的所谓"主语"与英语并不对应,或者说英语主语与其他语言的主语并不一致。如上面例(1),如果我们把动词标引的主格名词短语确定为主语(1a),则第二个句子(1b)和第三个句子(1c)中的"这本书"则成了主语,如果我们把施格或与格名词短语或两者都视为主语,则第一个句子就没有主语(1a)。这个问题无论怎么处理,我们都必须考虑主语同动词之间的实际语义关系。上面的例子也告诉我们,用一种语言的内部形式所定义的"主语"(如英语)无法应用于其他语言(如车臣——印古什语),而且要对某一种语言的"主语"下定义,也不能全部以其内部形式为标准,否则这样的定义恐怕难以让人接受,如以主格为标准来定义车臣——印古什语的主语,让例(1b)和(1c)中的"这本书"作为主语,恐怕也很难让人接受。

因此,我们认为依据形式标准给语法范畴下定义只能具有语言的特异性(language-specific 或 language-particular),不具有语言共性。要对语法范畴下一个具有普遍意义的定义,我们有时候不得不采用语言的外部定义,或者说从功能角度对语法范畴下定义。总而言之,语言之间没有形式共性。

5.1.2 功能共性

既然世界语言在形式上千差万别,我们不可能从形式上找到语言之间的共性,即语言之间没有形式共性,那么语言之间还有没有其他共性呢?我们认为虽然世界语言之间没有形式共性,但是它们之间至少存在两种共性:交际共性和认知共性。交际共性是指从语言的交际功能上看,任何语言都能够满足本民族的交际,尽管语言的音系和语法形式不同,但是它们的交际功能是一样的,具体表现为不同语言都有满足不同交际功能的语言表达式,如各种语言都有问候语或寒暄语,各种语言都有询问时间、地点的表达式,各种语言都有亲属称谓语等。交际共性是以语言的表达功能为导向的,所以我们又称之为功能共性。认知共性是指任何语言的表达式的产生和发展都受制于人的认知能力,当前的认知语言学属于解释性的语言学,主要探讨人的认知能力对语言结构和意义所产生的影响。我们认为当前语言学界尽管有多种派别和多种理论,但是总的来说可以分为两大类:描写的语言学和解释的语言学。共时的描写(描写语法或各种语言的所谓的参考语法等)和历时的描写(历史语言学、人类语言学、语法发生学以及所谓的语法化理论、词汇化理论等)都属于描写的语言学。认知语言学和语用学则属于解释的语言学,语用是动因,认知是机制。共时描写和历时描写概括出来的语言共性,最终还要从语用动因和认知机制上找到合理的答案。各种语言的表面形式的差异是由语言的任意性决定的,而各种语言的语音系统、词汇系统和语法系统又不是杂乱无章的,都在一定的可控范围之内,既有一定的稳定性又有一定的变异性。语言的演变通常都能够从认知上找到答案,基本上是由语言的象似性、经济性和类推性决定的。关于描写语言学和解释语言学以及它们之间的相互关系等,本书不做讨论,下面我们还回到功能共性这一问题上来。

功能共性告诉我们,在进行跨语言比较时,我们可以以某一交际功能为导向确定比较的范畴,这种以功能为导向的比较范畴如果有共同的语义基础,我们也可以以语义为导向确定比较范畴,这正是当前一些语言类型学家所提倡的(Koptjevskaja-Tamm, Vanhove & Koch 2007, Haspelmath 2010a)。如我们可以进行跨语言的致使范畴比较,也可以进行跨语言的疑问范畴比较等,因为致使(一个施事发出一个作用力作用于某一对象进而使被作用对象产生一定的影响或结果)和疑问(每个民族的人们都会对某一现象或别人说的话产生质疑)具有跨民族的共性。按照构式语法理论的情景编码假设,即与基本句子类型对应的构式把与人类经验有关的基本事件类型编码为这些构式的中心意义,我们可以知道"某人引起某事""某人经历某事""某物移动""某物处于某种状态中""某物对某人有某种影响"等等情景具有跨民族共性(Goldberg 1995:39)。相同的生活情景具有跨民族共性,因此由于交际动因的驱使,不同民族的语言编码这一相同情景的表达功能具有共性(即表达功能上具有共性,简称功能共性),尽管不同民族的语言形式可以完全不一样。下面我们以指人疑问代词的复数形式为例来说明对跨语言比较或类型学研究对比较对象或研究对象的定义必须从交际功能的角度或语用的角度下定义(当然如果表达这些交际功能的表达式具有共同的语义基础时,也可以从语义的角度下定义)。

该文对指人疑问代词复数形式所下的定义也是从表达功能的角度做出的,尽管英语指人疑问代词的单复数都用"who"和汉语普通话指人疑问代词的单复数都用"谁",但是很多方言和语言都有表达复数的需要,这是语用动因,在这一语用动因的驱使下,根据语言象似性原理,意义复杂则形式复杂,所以不同语言便为该表达功能编码出各种各样的表达方式(见表5.1)。同理,如果仅以加缀式(如谁——谁们)作为指人疑问代词的复数形式,则很多语言就会排除在外,这样做明显是不合理的。

表5.1 指人疑问代词复数形式的表达式类型表

指人疑问代词复数形式的构成类型		语言数	比率
词法型	加缀式	35	43.2%
	异缀式	13	16%
	重叠式	4	4.9%
	异根式	6	7.4%
	小　计	58	71.6%
句法型	前加式	1	1.2%
	后加式	9	11.1%
	重叠式	7	8.6%
	多种式	3	3.7%
	小　计	20	24.7%
词句法型		2	2.5%
核心标注型		1	1.2%
总　计		81	100%

从上面的例子可以看出，要对某一研究对象进行跨语言研究或做类型学研究，在给这一研究对象下定义时，参照研究对象的外部性能是不可避免的(Croft 2003：17)，这是由语言的功能共性决定的：相同的生活情景决定了相同的交际功能，相同的交际功能驱使不同的语言为该交际功能编码出以该交际功能为基础的表达式或构式。

5.2 事件名词与语言类型

从上一节的讨论可以知道，对事件名词做类型学研究，首先也要给事件名词下一个功能上的定义，而 Koptjevskaja-Tamm(1993)并非这么做的。Koptjevskaja-Tamm(1993)的定义是延续 Comrie(1976)对行为名词(action nominals)所做的定义：由动词或动名词派生而来的表示一般的行为或过程意义的名词。这种名词可以像非派生名词那样有屈折变化或带上前置词(preposition)或后置词(postposition)，并且显示出一定的能产性(Koptjevskaja-Tamm 2003)。根据上面这个定义，必然会推出汉语是没有事件名词的语言，因为汉语的事件名词不是由动词名词化而来的(非派生的)，而是汉语的事件名词本来就是名词，其动词功能是从名词功能中分化出来的。Koptjevskaja-Tamm(1993、2003、2005)都坚持认为世界上有一些语言是没有事件名词的，这一点从她对事件名词的定义便可以理解。然而正如 Croft(1995b)所言，世界上所有语言几乎必然拥有一些构式用来对事件/事实/命题进行编码，但是它们并不总是包括行为名词结构(action nominal constructions)。Koptjevskaja-Tamm 的定义是一个范畴的派生的结构性定义，并不是一个语义或语用功能上的定义(Croft 1995b,吴怀成 2014：20)，也就是说她的定义是建立在其他语法范畴的定义基础上的，如动词、名词、词汇、小句等，把这些语法范畴的跨语言定义当作是想当然的事情了。如果像名词、动词等基本语法范畴的定义存在问题，那么 Koptjevskaja-Tamm 的定义就一定存在问题。如果对事件名词做一个语义或语用功能上的定义，那么它将包括所有对事件/事实/命题的编码形式，如不定式、同动词、分词、小句名词化和依存动词形式等，像这样的研究范围就太过庞大了，所以 Koptjevskaja-Tamm 对研究问题的界定是合理的(Croft1995b)。但是如果不对事件名词做一个语义或语用功能上的定义，必然会排除一些语言于研究范围之外，如除了认为汉语无事件名词外，Koptjevskaja-Tamm(2003)还认为一些北美印第安语和一些大洋洲语言没有事件名词。难道这些语言中就没有指称事件的表达式吗？如果它们不是以事件名词的形式指称事件，那么它们会用什么形式来指称事件呢？根据我们上一节提到的功能共性，我们认为任何语言都有指称事件的表达式或构式，这是基于人们交际中对于指称事件的需要而产生的，可以叫作事件指称构式(event-denoting construction)，事件指称构式不仅包括事件名词(词汇层面的)，也包括所谓的不定式或动词的非谓语形式

第五章　事件名词的类型学特征

(短语层面的)和小句(即小句充当论元)①。下面我们讨论事件名词与语言的结构类型、语言的谱系分类及语言的地域分布之间的关系时,我们并非只讨论有事件名词的语言,实际上也讨论没有事件名词的语言,也就是说,我们实际上是讨论事件指称构式与语言的结构类型、语言的谱系分类及语言的地域分布之间的关系。

5.2.1　事件名词与语言的结构类型

语言的结构类型是指根据词的形态表现对语言所做的分类,早期的语言类型学研究主要就是指对语言的结构类型进行的研究,因此也叫作语言的形态类型。最早研究语言的结构类型的学者是德国人洪堡特,根据词的形态表现把语言分为孤立语(Isolating languages)、黏着语(Agglutinating /agglutinative languages)和屈折语(Flectional /inflecting /fusional languages)。后来萨皮尔(1921：59 - 156 /2003：108 - 131)发展了语言的结构类型,提出根据形态可以把语言分为分析语(Anlytic languages)、综合语(Synthetic languages)和多重综合语(Polysynthetic languages),其中的综合语又可以分为黏着型(agglutinative)和融合型(fusional)(科姆里 2010：46 - 56,Bynon 2004)。

常常提到的孤立语就是汉语和越南语这样无严格意义上的形态变化的语言。需要指出的是孤立语并非只分布于东南亚或东亚,其他地区也存在孤立语,如 Mandinka 语(Pavey 2010：313)。Dalabon 语和 Tariana 语是多重综合语的例子(Pavey 2010：313 - 314)。

黏着与融合之间的差异可以用下图表示②:

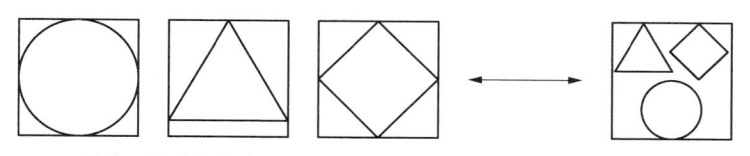

黏着：每个语素表示一个意义　　　　融合：一个语素表示若干意义

图 5.1　黏着型语素和融合型语素表义差异图

匈牙利语是黏着型语言,如例(9),西班牙语是融合型语言,如例(10)(Pavey 2010：314 - 315)。

(2) 匈牙利语(乌拉尔语系：匈牙利)③

barát-	ság-	a-	i-	di-	tól
朋友-	关系-	连接词-	复数-	你的-	从

---

①　这里我们不再使用词汇层面的名词化、短语层面的名词化和小句层面的名词化,只是指出词汇、短语和小句都可以指称事件,成为一个事件指称构式,根据名动包含理论,谓词性成分本身就具有指称性(沈家煊 2013),根本没有所谓的名词化,至少汉语可以这么说,其他形态丰富的语言之所以有名词化一说,是因为动词已经从名词中分化出来了。
②　一个方框代表一个语素,方框中不同的图形代表不同的意义。
③　Pavey 提醒读者根据例(2),判断一下匈牙利语是孤立语还是多重综合语。

"来自你的友谊"

（3）西班牙语（罗曼语系：西班牙）

hablְ-ó

说-陈述语气.第三人称.单数.过去时.完成体

"他说了话。"

Pavey（2010：315）指出，同一种语言也可能具有不同的形态类型。例如：

（4）英语（罗曼语系：英国）

    a. mis-under-stand-ing（黏着型）

    b. sing/sang/sung（融合型：动词义+过去时）

从上面的讨论可以看出，语言从结构类型上看有两极：分析型（孤立语）和多重综合语。处于两极之间的则是综合语，黏着型和融合型只是根据综合语的语素在表义方式上（如图5.1所示）的差异所做的内部分类。因此从结构类型角度给语言分类，可以分为三类：孤立语、综合语和多重综合语，也可以分为四类：孤立语、黏着语、融合语和多重综合语。如下图所示：

（黏着型、融合型）

孤立语 ←——————— 综合语 ———————→ 多重综合语

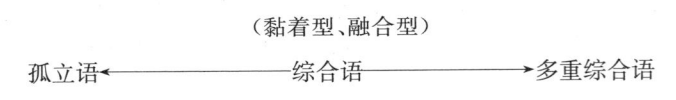

图5.2　语言的结构类型图

很有趣的是，在 Koptjevskaja-Tamm（1993、2003、2005）的相关研究中，被认为没有事件名词的语言正好处于图5.2的两极，即孤立语和多重综合语。而孤立语和多重综合语正好又是词类范畴极具争议的语言（这是本书的下篇重点讨论的问题，此处不赘），由此可见，词类范畴的类型差异与语言的结构类型不无关系。

我们前文已经指出，没有事件名词的语言并不是说这种语言没有事件指称构式，而即使有事件名词的语言，它们的事件名词也未必都是通过名词化过程（形态变化）而形成的。吴怀成（2014）的研究表明，汉语不仅具有事件名词，而且还有其他不同的事件指称构式。例如：

（5）<u>这次恐怖袭击</u>一共炸死了100多个平民。

（6）<u>打击极端恐怖主义</u>是我国的一贯立场。

（7）<u>他能够参加这次会议</u>当然是件好事。

上面的例（5）中的"袭击"是事件名词，例（6）中的"打击极端恐怖主义"属于短语层面的事件指称构式，而例（7）中的"他能够参加这次会议"则是小句层面的事件指称构式。汉语的事件名词与形态发达的语言相比，最大的差异就是它可以兼做陈述语（动词）。

北美印第安语即使没有事件名词，也并不代表它没有事件指称构式。例如

(Jelinek & Demers 1994)：

(8) Salish 语（北美土著语：美国）①
 a. si'it＝ø   kʷə nə-s-leŋ-n-oŋəs
  真的＝3.对格 指示词 一单.属格-从属标记-看-及物标记-1/2宾格
  "我看见你是真的。"
 b. 'əw xčɩ-t-ø＝sən   kʷə 'ən-s-leŋ-n- oŋəs
  连接词 知道-及物标记-3.对格 指示词 二单.属格-从属标记-看
                 -及物标记-1/2宾格
  "我知道你看到了我。"

  从上面的例(8)可以看出，Salish 语的事件指称构式应该属于小句层面的事件指称构式。Koptjevskaja-Tamm（1993、2003、2005）关于行为名词的定义尽管是派生的结构性定义，但是其中的小句型（行为名词的结构类型中的一个小类）实际上就是小句层面的事件指称构式。这样一来，无论什么语言都有事件指称构式，只是不同语言的事件指称构式在句法表现上不同而已，有的选择更像小句（clause-like）的构式，有的选择更像普通名词（noun-like）的构式，有的则选择名动混合性质的构式（Comrie 1976，Koptjevskaja-Tamm 1993：255，吴怀成 2014：20）。不仅如此，而且同一种语言可能还具有多种结构类型的事件指称构式（吴怀成 2014：23），如上面的例(5)—例(7)。

  下面我们再来看看事件名词与语言结构类型之间是否有一定的关系。汉语属于孤立语，英语属于综合语，Salish 语属于多重综合语，它们都有小句层面的事件指称构式。汉语和 Salish 语都没有双重属格型事件指称构式（行为名词的结构类型中的一个小类，如英语的 the enemy's destruction of the city），而英语则有这种类型的事件指称构式。Koptjevskaja-Tamm（1993：88）指出，高度分析型语言和核心标注（head-marking）语言偏好小句层面的事件指称构式（原文指偏好小句名词化，笔者注）。

  由此可见，小句层面的事件指称构式是每种结构类型的语言所共有的，词汇层面的事件指称构式和短语层面的事件构式不具有语言共性。因此，事件名词与语言的结构类型只具有一定的关联性。多重综合语无事件名词，孤立语和综合语语（包括黏着语和融合语）都有事件名词，但是二者表现不一样，孤立语的事件名词不是由动词名词化而来，而综合语的事件名词往往是由动词名词化而来。

5.2.2 事件名词与语言的谱系分类

  世界语言按照谱系早期认为大致可以分为九大语系以及其他一些语群和语言：汉藏语系、印欧语系、乌拉尔语系、阿尔泰语系、闪——含语系、高加索语系、达罗毗荼语系、马来—玻利尼西亚语系、南亚语系（叶蜚声、徐通锵 1997：189）。但是

---

① 外国语言例子下面的字面注释中，1、2、3 分别代表第一人称、第二人称和第三人称，后文注释相同。

现在随着对语言亲属关系研究的进一步深入,关于语言的谱系分类仍然存在一定的争议(Ketzner 2002)。

  类型学研究存在的问题,我们在前文已经提到过,就是获得的语言材料大多都是二手材料,要么来自某一语言的参考语法,要么来自关于某一语言的研究性论文,由于不同研究者的研究兴趣或研究取向不同,有的语言现象根本没有相关描写或者描写得不够详尽,还有一些小语言,至今恐怕还没有一部完整的语法专著,因此在类型学研究中,语种的取样可能参差不齐。由于研究者喜欢找一些研究较深入的语言的材料或找一些容易获得的相关研究材料,最终的语言样本很难在语言的谱系分类和地域分布上取得平衡。因此才会导致 Koptjevskaja-Tamm(1993、2005)认为有些语言没有事件名词,其根本原因是她要么没有找到这些语言关于事件指称构式的描写,要么对相关语言材料的理解有误。Koptjevskaja-Tamm 认为汉语和北美印第安语没有事件名词①,而结果是,汉语不仅有事件名词,而且还有不同层面的事件指称构式(吴怀成 2014),北美印第安语尽管没有事件名词,但是它有小句层面的事件指称构式。Koptjevskaja-Tamm(1993)把名词化结构(行为名词结构)分为以下八种类型:小句型、属格—宾格型、作格—属格型、名词型、混合型、融合型、关系型和论元消退型。我们认为混合型、融合型、关系型和论元消退型等类型的划分存在一定的问题。首先,混合型是指只要这种语言中存在上述八种类型中的两种或两种以上的行为名词结构,这种语言就属于混合型语言,吴怀成(2014:91)根据 Koptjevskaja-Tamm 对混合型的定义认为汉语也属于混合型语言。因为混合型的划分与其他类型的划分不在一个层次上,所以这种类型划分不科学不合理,应该予以排除。而融合型是指像英语 bear-trapping、rubbish-ridding 等行为名词结构,我们认为这种类型的行为名词结构属于复合构词的范畴,与英语的 bedroom 和 blackboard 性质一样,因为在英语中,V + ing 形式已经被看作名词形式(动名词),其与其他名词一起复合造词没有什么问题,因为英语中 N + N 可以用于复合造词。因为汉语的双音节动词本来就是名词,所以汉语中也大量存在这种类型的行为名词结构,如"语法研究、政治协商、垃圾清理"等等。因此,这种融合型行为名词结构实际上属于名词型行为名词结构,是名词型行为名词结构的一种具体表现而已,所以这种类型的行为名词结构也应该予以排除。下面再来看看何为关系型和论元消退型的行为名词结构。关系型的行为名词结构指的是及物动词名词化以后,其原来的两个论元在行为名词结构中的表现是这样的:受事论元以属格的形式与行为名词结合,施事论元与一个虚义动词"做"构成小句来修饰前面的行为名词。这种行为名词结构中含有一个定语从句,如同对行为名词进行了一次关系化操作,故名关系型。也就是说,像英语的 X's V + ing of Y 这种行为名词

---

  ① 我们猜测,Koptjevskaja-Tamm 认为汉语没有事件名词可能受传统关于名词化研究观念的影响,认为事件名词都是由动词派生而来的,汉语没有这样的派生过程(名词化),因此就认为汉语没有事件名词。

结构,这种语言采取 V + ing of Y that X do 这种形式。例如:

(9) Hausa 语(非亚语系:乍得)
  karɓ-a-n   kuɗi da   ya   yi
  拿-名标-属格 钱   关系词 3.男性.完成 做
  "他做的拿钱(这件事)"

  这种类型的行为名词结构实际上是小句型行为名词结构和名词型行为名词结构的混合型,既有小句型行为名词结构的特征(如关系小句内部结构与一般小句的内部结构一致),也有名词型行为名词结构的特征(如前面的行为名词"拿"与"钱"之间是通过属格连接起来的)。这种类型的行为名词结构本质上与属格—宾格型和作格—属格型的行为名词结构是一样的,可以算作一类,但是必须认清其与属格—宾格型和作格—属格型的同质性。论元消退型行为名词结构指的是及物动词名词化以后,其原来的两个论元不可能同时出现,必须隐退一个,Koptjevskaja-Tamm(1993:195-196)所举的例子是古亚洲语系的 Chukchi 语的例子。如下所示:

(10) Chukchi 语(古亚洲语系:俄国东西伯利亚)
  a. t-ʔenqetə-rkən   [tʔə-gərg-eta miməl]
   一单.主语-否定.想-现在时 倒-名标-与格 水:对格
   "我不想把水倒出来。"
  b. čeywətku-lʔ-in   təm-tko-gərg-ən[①]
   打猎-小品词-属格   杀-AP-名标-对格
   "猎人的杀(某个东西)或猎人的被杀"

  我们认为根据论元是否出现列出一类行为名词结构的类型没有道理,根据例(10)中的行为名词"倒"和"杀"的句法表现,一个带上与格,一个带上属格,与普通名词在句法上表现一致,还是应该归入名词型行为名词结构这一类。

  通过上述讨论可以看出,行为名词结构的主要类型应该包括三大类:小句型、名词型和混合型(小句型和名词型的混合)[②],我们认为 Koptjevskaja-Tamm(2003)把行为名词结构的主要类型分为四类(小句型、属格—宾格型、作格—属格型、名词型)较以前的研究有了一定的进步,但是还是没有意识到属格—宾格型和作格—属格型实质上是小句型和名词型的混合,这不能不让人感到有点遗憾。

  最后我们再来看看事件名词与语言的谱系分类是否存在一定的联系。Koptjevskaja-Tamm(1993)认为小句型语言的理想代表是韩语和 Archi 语,属格—

---

  ① 此例下面的字面标注 AP 原文没有注释清楚,我们猜测为施事或受事标记,是从该例中"杀"的施事受事不确定性推出的。
  ② 这里的混合型与 Koptjevskaja-Tamm 所谓的混合型行为名词结构类型不同,这里的混合型指的是行为名词结构本身既具有名词性特征也具有动词性特征,如英语的 the enemy's destroying the city。这里的 destroying 带宾语体现出动词性,前面有领属定语又体现出一定的名词性。

宾格型语言的理想代表是 Selkup 语和西格林兰语,作格—属格型语言的理想代表是佐治亚语、俄语和阿布哈兹语,名词型语言的理想代表是英语、芬兰语和日语。我们把只有小句型行为名词结构的语言处理为没有事件名词的语言,把属格—宾格型、作格—属格型和名词型语言处理为有事件名词的语言,那么事件名词与语言的谱系分类关系如下表所示:

表 5.2　行为名词结构类型与其所属语系关系

行为名词的结构类型	代表语言	谱系分类
小句型	韩语	独立语系(韩国)
	Archi	高加索语系(俄国)
属格—宾格型	Selkup	乌拉尔语系(俄国)
	西格林兰语	爱斯基摩—阿留申语系(格林兰)
作格—属格型	佐治亚语	高加索语系(俄国)
	俄语	印欧语系(俄国)
	阿布哈兹语	高加索语系(俄国)
名词型	英语	印欧语系(英国)
	芬兰语	乌拉尔语系(芬兰)
	日语	独立语系(日本)

　　从上表可以看出,行为名词的结构类型与语言的谱系分类没有直接的对应关系,不同语系的语言可能有相同的行为名词结构,同一语系的语言也可能拥有不同的行为名词结构。如英语、汉语和日语都有词汇层面的事件指称构式、短语层面的事件指称构式和小句层面的事件指称构式,不宜仅仅归入属于某一种行为名词结构类型的语言(吴怀成 2014)。我们上一节已经指出,小句层面的事件指称构式应该具有语言的共性,因为一个小句既可以用于陈述一件事情也可以用于指称一件事情,小句本身用于指称事件具有一定的经济性。如果真是这样的话,除了只有小句层面的事件指称构式的语言外,其他语言的事件指称构式类型可能都不止一种。据此,我们提出一个关于事件指称构式类型的蕴含层级[①]:

---

　　① 小句层面的事件指称构式对应于 Koptjevskaja-Tamm 的小句型行为名词结构,词汇层面的事件指称构式对应于 Koptjevskaja-Tamm 名词型行为名词结构,短语层面的事件指称构式不仅对应于 Koptjevskaja-Tamm 所谓的属格—宾格型和作格—属格型行为名词结构(即我们所谓的混合型),还包括只保留动词性特征的行为名词结构[即吴怀成(2014)所谓的汉语小句型的动词指称化结构]。小句层面的事件指称构式的例子为 I knew that you had bought a new house(英语)和我知道你已经买了房子(汉语);词汇层面的事件指称构式的例子为 the enemy's drstruction of the city(英语)和这次调查经历了很长时间(汉语);短语层面事件指称构式除了下面的例(19)和(20)外,还有 Coming to school early is a good habit(英语)和骂人是不对的(汉语)。

（11）小句层面的事件指称构式＞短语层面的事件指称构式＞词汇层面的事件指称构式

上面的例(11)的意思为：一种语言如果拥有上面蕴含层级右边的事件指称构式类型，那么它必然拥有这一蕴含层级左边的事件指称构式类型。如英语、汉语和日语都有词汇层面的事件指称构式，所以它们也有短语层面的事件指称构式和小句层面的事件指称构式。我们如果把上面表 5.2 中 Koptjevskaja-Tamm 关于行为名词结构的类型重新分类，那么其小句型对应于小句层面的事件指称构式，我们叫作小句型事件指称构式，其属格—宾格型和作格—属格型对应于短语层面的事件指称构式，我们叫作混合型事件指称构式，其名词型对应于词汇层面的事件指称构式，我们叫作名词型事件指称构式。名词型事件指称构式所代表的事件名词在句法表现上与普通名词一样，混合型事件指称构式具有名动混合特征，而小句型事件指称构式在句法上与普通名词不一样，而与一般的句子无异。

总而言之，从事件名词与语言的谱系关系上看，世界各种语系的语言都有小句型事件指称构式，而除了美洲印第安语外，其他语系诸语言都有混合型事件指称构式和名词型事件指称构式。

5.2.3 事件名词与语言的地域分布

从上一节我们对语言的事件名词与语言谱系分类之间的关系讨论中可以知道，语言的谱系分类与语言的地域分布具有不平衡性。其中美洲和大洋洲语言的谱系分类比较单纯，而非洲、欧洲和亚洲语言的谱系分类则较为复杂。如果按照地区采样，北美、南美和大洋洲语系至少应各取一种或两种语言。其他地区的语系，选取语言样本可以根据语系的大小确定。除了一些独立语系和个别小语系[①]的语言外，我们对 Ketzner(2002)中的主要语系根据地域分布归纳如下面表 5.3。有的语系分布非常广泛，如印欧语系地跨欧亚两洲，我们统计时就列出欧洲和亚洲[②]。

表 5.3 世界主要语系及其地域分布

语　　系	地　域　分　布
印欧语系	欧洲、中亚、西亚
乌拉尔语系	欧洲、北亚
阿尔泰语系	亚洲、东欧

---

① 个别小语系指泰语系、苗瑶语系、爱斯基摩—阿留申语系、巴布亚语系、澳大利亚语系、马巴语系等，所以表 5.3 不再列出。另外，有学者认为蒙达语系、孟高棉语系属于南亚语系，我们表 5.3 统一为南亚语系，撒哈拉语系与沙里—尼罗语系统一为尼罗—撒哈拉语系。

② 关于语系的地域分布，我们也参考了维基百科中英文网站的介绍，今天的印欧语分布于世界各地，如美国英语和南美洲的西班牙语，这属于后来的人口迁徙所致，我们不予考虑。

续　表

语　　系	地　域　分　布
高加索语系	中亚
达罗毗荼语系	南亚
汉藏语系	东亚、东南亚
南亚语系	南亚
南岛语系	南亚、东南亚、大洋洲
古亚洲语系	东北亚
尼日尔—刚果语系	中非、南非
亚非语系	中东、北非
尼罗—撒哈拉语系	中非、东非
科伊桑语系	东非、南非

　　从表5.3可以看出，欧洲有3个主要语系（印欧语系、乌拉尔语系和阿尔泰语系），亚洲有9个语系（印欧语系、乌拉尔语系、阿尔泰语系、高加索语系、达罗毗荼语系、汉藏语系、南亚语系、南岛语系、古亚洲语系），非洲有4个语系（尼日尔—刚果语系、亚非语系、尼罗—撒哈拉语系和科伊桑语系），大洋洲有1个语系。类型学研究中对上述主要语系的语言采样，少者一到两种语言，多者三到四种语言，这样的采样才具有一定的科学性和合理性，也就是说，一般的类型学研究，语言样本少者要有20种左右，多者要有四五十种。语言样本再多，如果不考虑语言的语系差异和地域分布的均衡性，其得出的结论也未必可信。

　　下面我们再来看看事件名词与语言的地域分布是否有一定的联系。从上一节表5.2可以看出，Koptjevskaja-Tamm（1993）认为的行为名词结构的主要类型所代表的理想语言，除了韩语和日语外，主要集中在印欧语系、乌拉尔语系和高加索语系等语言身上。尽管Koptjevskaja-Tamm（1993）的语言样本有70种语言，而且几乎涵盖所有语系和地区，可是其结论却偏重于某几个语系，这样的结论，其可信度值得怀疑。我们猜测这可能与语言材料的收集有关，因为Koptjevskaja-Tamm（1993：79）把研究材料分为基本语料和补充语料，有的是从相关语言的描写语法中获得的，还有一些是通过问卷调查的形式获得的，因此关于行为名词结构的语言材料，不同的语言的翔实程度存在差异，所以对语言材料的概括总结就必然存在差异。例如Koptjevskaja-Tamm根据Dixon（1976）的研究，便得出澳大利亚语系的语言没有行为名词结构，我们认为轻易得出这样的结论是不可取的。另外一个原因是其语言样本存在严重的谱系采样和区域采样的不平衡性，有的语系多达23种语言（如印欧语系），有的语系则只有一两种语言（如达罗毗荼语系等）。总之，尽管

Koptjevskaja-Tamm(1993)的研究可能存在这样那样的问题,但是其研究是全面系统地从类型学角度研究名词化现象的专著,其开创之功不可磨灭,也为后人的研究奠定了一定的基础,这一点是不容否认的。从上面的讨论可以看出,事件名词与语言的地域分布也同样存在一定的关联性。如 Koptjevskaja-Tamm(1993、2003、2005)都认为有的语言没有行为名词结构,这样的语言分布于东南亚、北美洲和澳大利亚等地区。而这些地区的语言正好是语言学界关于词类范畴争议最多的语言,如汉语的词类争议、北美语言的词类争议和大洋洲语言的词类争议,这些问题将是我们下篇重点讨论的问题。

5.3 事件名词的类型学特征

我们这一节概括出的事件名词的类型学特征,主要根据 Koptjevskaja-Tamm(1993、2003、2005)、Comrie(1976)、Comrie & Thompson(1985/2007)、吴怀成(2014)以及本书前面相关讨论做出的。我们在 4.3 节中已经指出事件名词不具有语言共性,因为有的语言没有词汇形式的事件名词,但是我们认为一种语言可以没有事件名词,但是它绝对不可能没有事件指称构式,所以我们下文对事件名词的类型学特征的概括包括对事件指称构式的概括。

5.3.1 事件名词的跨语言共性[①]

我们对事件名词的跨语言共性的概括如下:

共性一:事件指称构式是一个寄生物,即没有语言有专门化的语言形式只用来表达事件指称构式。

解读:这一共性告诉我们,任何语言的事件指称构式都没有自己的特殊编码形式,它们往往会利用该语言中已有的语言形式来编码事件指称构式,有时候使用普通名词短语的形式(noun-like),有时候使用小句的形式(clause-like),有时候二者兼有。

共性二:主宾格语言中,主题论元和施事论元[②]容易属格化,而作对格[③]语言中,主题论元和受事论元容易属格化。

解读:这一共性告诉我们,在事件指称构式中,主宾格语言的施事最不容易保留小句的编码形式的,而作对格语言的受事最不容易保留小句的编码形式的。施

[①] Koptjevskaja-Tamm(2003)共概括 9 条关于行为名词结构的类型学共性,我们认为其共性主要以欧洲语言为依据得出的,具有一定的局限性,我们综合 Comrie(1976)、Comrie & Thompson(1985/2007)、吴怀成(2014)以及本书的讨论概括出 4 条基本共性。

[②] Koptjevskaja-Tamm 的行为名词结构研究中把不及物动词的主题论元称作 S,把及物动词的施事论元称作 A,受事论元称作 P,然后考察这些动词名词化以后,S、A 和 P 的编码形式与它们在小句中的编码形式的异同。

[③] 作对格指的是作格(ergative)和对格(absolute),作格有的学者译为"施格"。

事和受事在事件指称构式中属格化,于是就产生了混合型事件指称构式,也就是Koptjevskaja-Tamm 所谓的属格—宾格型和作格—属格型行为名词结构。例如:

(12) 亚美尼亚语(印欧语系:亚美尼亚)
  a. Seda-ji   girk'-ə
   人名-属格   书-定指
   "Seda 的书"
  b. Seda-n kard-um   e   girk'
   人名-主格 读-部分格.非完成 系词.现在时.三单 书.主格
   "Seda 正在读书。"
  c. Seda-ji   girk'   kard-al-ə
   人名-属格   书.主格   读-名标-定指
   "Seda 的读书"

(13) 俄语(印欧语系:俄国)
  a. Moskv-a   byl-a   zavoeva-n-a
   莫斯科-主格.单数 系词-阴性.单数 占领-被动.部分格-阴性.单数
   Napoleon-om
   拿破仑-工具格
   "莫斯科被拿破仑占领。"
  b. zavoeva-nie   Moskv-y   Napoleon-om
   占领-名标:主格.单数 莫斯科-属格.单数 拿破仑-工具格.单数
   "拿破仑的占领莫斯科"

  亚美尼亚语属于主宾格语言,例(12c)表明在事件指称构式中,施事(Seda)属格化了,受事(书)保留小句的标记形式,俄语是作对格语言,例(13b)表明受事(莫斯科)属格化了,施事(拿破仑)保留小句的标记形式。
  共性三:不同层级的事件指称构式的蕴含共性[见上面的(11)],即,一种语言如果有词汇层面的事件指称构式,则它也有短语层面和小句层面的事件指称构式,反之则不然;一种语言如果有短语层面的事件指称构式,则它也有小句层面的事件指称构式,反之则不然。
  解读:这一共性告诉我们,有事件名词的语言,其事件指称构式的形式具有多样化,没有事件名词的语言其事件指称构式的形式单一。如汉语、日语和英语中都有事件名词,所以它们的事件指称构式既有词汇层面的,也有短语和小句层面的,而 Salish 语则属于没有事件名词的语言,其事件指称构式只有小句层面的。
  共性四:事件指称构式具有相同的语用和句法功能,即事件指称构式在语用上指称一个事件,在句法上充当句子的论元。
  解读:这一共性告诉我们,不论什么语言,必然存在事件指称构式,这是人们交际中对事件指称的需要,即指事性需要(吴怀成2011)。这一语用动因决定了它具有跨语言的共性,这也是我们前文所说的功能共性决定的。这一共性同时告诉我们,事件指称构式不是对事件进行陈述,而是对事件进行指称,因此它们在句子中像其他指称语一样,充当句子的论元成分。

从以上这些共性可以知道,事件指称构式具有跨语言的共性,但是这种共性属于功能共性,这就决定了它们在形式上不同的语言可能具有很大的差异,这是我们下一小节要讨论的问题。

5.3.2 事件名词的类型学差异

共性与差异是相互依存的,共性是功能共性,差异是形式差异。通过我们对共性的讨论,我们可以知道事件指称构式的跨语言差异至少包括以下几个方面。

一、不是所有的语言都存在事件名词

事件名词是事件指称构式的一种类型,它以词的形式来指称一个事件或事件类型。Koptjevskaja-Tamm之所以认为汉语没有事件名词或行为名词结构,是因为她对事件名词的定义具有局限性,她的定义预先设定事件名词是由动词派生而来的,而汉语的事件名词本身就是名词,根本没有所谓的派生过程或名词化过程。Koptjevskaja-Tamm(1993:56)不仅认为汉语没有事件名词,而且还认为Mokilese语也没有事件名词。例如:

(14) Mokilese语(南岛语系:密克罗尼西亚)
    a. Joamoaio   loakjid   rehnnoawe.
        我的:父亲   钓鱼   今天
        "我父亲今天钓鱼了。"
    b. Loakjid   inenin   kaperen.
        钓鱼   系词   有趣
        "钓鱼非常有趣。"

也就是说,汉语和Mokilese语是有事件名词的,只是它们的事件名词不是由动词名词化而来。这里说的没有事件名词的语言主要指北美的Salish等语言,它们只有小句层面的事件指称构式,这与它们的语言类型有关,我们在后面的章节还会有所讨论,此处不赘。

二、事件名词也并非都是由动词派生而来

对这一问题的挑战主要来自上一章的20种语言样本(见吴怀成2014b),该语言样本中有5种语言的事件名词与其所谓的来源动词同形,也就是说同一个词,既可以用于陈述(陈述语或动词),也可以用于指陈(指称语或名词),这时不仅不能说这样的语言没有事件名词,也不能说这种语言的事件名词是由动词零形式名词化而来。汉语的事件名词也不是由动词派生而来的。

三、事件名词在句法表现上往往具有名动混合性特征

即使对有事件名词的语言来说,事件名词的句法表现也可能与普通名词不同,因为普通名词是指称人和事物的名词,而事件名词是指称事件、行为的名词,人和事物具有三维空间属于典型的名词,而事件名词不具有三维空间,属于非典型的名词。因此,事件名词在句法表现上具有名动混合性质也不难理解,除了上面的例(19)和(20)外,Agul 语的事件名词也表现出一定的名动混合特征。

(15) Agul 语(高加索语系:塔吉斯坦)
    a. tʰindis   q'abul-xindaw   cᵒʰuji   šer   wargub
       他:与格   否定-喜欢   兄弟-作格   水:对格   挑:名标:对格
       "他不喜欢这个兄弟挑水。"
    b. tʰindis   q'abul-xindaw   cᵒʰujin   šer   wargub
       他:与格   否定-喜欢   兄弟-属格   水:对格   挑:名标:对格
       "他不喜欢这个兄弟挑水。"

从例(15b)可以看出,Agul 语的事件指称构式中施事可以属格化,而受事仍保留动词性特征(使用对格标记)。例(15)说明 Agul 语的事件指称构式既有小句层面的(小句型),也有短语层面的(混合型),符合我们提出的不同层级的事件指称构式的蕴含共性(上一节的共性三)。

5.3.3 事件名词的类型与词类系统的关系

事件名词的研究表明它是一个观察不同语言词类系统差异的一个窗口,它是动词名词研究的一个接口。因为事件名词往往具有动词名词的混合性特征,如上文提到的属格—宾格型和作格—属格型事件指称构式。英语的事件名词往往是由动词名词化而来,与原来的来源动词属于不同的词类,英语的词类系统体现出一定的刚性,而汉语的事件名词本身就是名词,但是事件名词同时兼有动词用法,因此汉语的词类系统体现出一定的弹性。通过前文的研究发现,Koptjevskaja-Tamm 认为没有事件名词的语言不仅包括汉藏语系的汉语,也包括南亚语系的越南语、南岛语系的 Mokilese 语、澳大利亚语系诸语言以及美洲印第安语等等。而上述诸语言,它们的词类系统也是最具争议性的。汉语的词类问题争议由来已久,而关于大洋洲的语言,有人认为只有名词,提出大洋洲语言的名词主义(Kaufman 2009),美洲印第安语中的 Salish 语和 Iroquoian 语,有人认为只有动词,认为它们是只有动词的语言(Hengeveld 1992a、b、c)。总的来说,上述诸语言的词类系统与传统的印欧语的词类系统存在一定的差异。由此可见,事件名词类型或多或少与语言的词类系统有关,没有事件名词的语言或者事件名词来源与印欧语不同的语言,其词类系统也不同于印欧语的词类系统,这正是本书选题的旨趣所在,本书的下篇将重点考察所谓的词类系统有争议的语言,看看它们的词类系统到底与印欧

语的词类系统有何差异以及这种词类系统如何决定它们的事件指称构式的类型的。

5.4 小　　结

本章首先讨论了形式共性和功能共性问题,认为世界语言在结构形式上千差万别,不存在任何的共性可言,而要说语言之间存在共性,那么这种共性就是功能共性和认知共性。简而言之,跨语言研究表明,共同的生活经验和共同的交际需要决定了语言之间具有功能上的共性,语言之间的差异主要表现在它们的结构形式。语言的功能共性和语言的结构差异(形式差异)最终都受制于人类的认知能力,变(差异)与不变(共性)都会受到人类的认知能力的限制,这些认知能力不外乎为隐喻能力、转喻能力、类推能力,其中类推能力是人类智力的核心(Blevins & Blevins 2009)。

其次,本章还讨论了事件名词与语言的类型之间的关系,研究发现,事件名词与语言的结构类型、谱系分类以及地域分布都存在一定程度的关联性,多重综合语倾向于没有事件名词,而孤立语的事件名词没有一个派生或名词化的过程。多重综合语主要指美洲印第安语,孤立语主要指东南亚和大洋洲诸语言。由此可见,事件名词的跨语言差异与语言的词类系统的跨语言差异具有关联性。

最后,本章在前人研究的基础上归纳了事件名词的类型学特征。由于事件名词只是事件指称构式的一种类型,因此我们的归纳实际上包含了所有的事件指称构式。本章得出四条关于事件名词的类型学共性:一、事件指称构式是一个寄生物,各种语言不会专门为事件指称构式进行形式编码;二、主宾格语言的施事容易属格化,作对格语言的受事容易属格化;三、各种语言的事件指称构式具有一个蕴含层级:如果一个语言拥有词汇层面的事件指称构式,那么这种语言也有短语层面和小句层面的事件指称构式,反之则不然,如果一种语言拥有短语层面的事件指称构式,那么这种语言也具有小句层面的事件指称构式,反之则不然;四、各种语言的事件指称构式在语用功能和句法功能上具有一致性,语用上指称事件,句法上充当句子的论元。本章得出三条关于事件名词的类型学差异:一、事件名词不具有跨语言共性,即有的语言没有事件名词;二、事件名词不都是由动词派生而来的;三、有的语言的事件名词具有名动混合性特征。

下 篇
词类类型学

第六章　词类研究的历程

"词类(范畴)"这一术语在西方语言学界至少有四个词语与之相对应,分别是"word classes""parts of speech"①"lexical categories"和"syntactic categories"②。从 Haspelmath(2001:16539)的一段话可以看出这四个术语在西方语言学界基本上是同义的:

> 除了术语 word class,更早一点的术语 part of speech(拉丁语写作 pars orationis)仍然常被使用,尽管现在它的意思相当模糊[原来它是指句子成分(sentence constituents)的]。术语 word class 是由结构主义语言学在20世纪前半叶引入的。另外一个大约等值的术语,尤其常常在 Chomsky 语言学中使用的是 syntactic category(尽管技术上看这一术语不仅指 lexical category 如名词动词,也指短语范畴如名词短语和动词短语)。

西方语言学界之所以使用以上不同的词语来称呼词类(范畴),是因为印欧语的语法特点所致。朱德熙(1985a:4)指出,在印欧语里,词类与句法成分之间有一种简单的一一对应关系。大致来说,动词跟谓语对应,名词跟主宾语对应,形容词跟定语对应,副词跟状语对应。如图6.1所示:

```
主宾语    谓语    定语    状语
  |       |      |      |
 名词    动词   形容词   副词
```

图6.1　印欧语词类与句法成分的对应关系

印欧语的词类与句法成分之间正是由于有上图所示的这种一一对应的关系,所以词类和句法成分几乎等于同义语。因此,才导致上述四个词语都可以用来表示"词类(范畴)"。其中"word classes"和"parts of speech"在早期语法理论中使用较多,而"lexical categories"和"syntactic categories"在当代句法理论中使用较多。但是在不同的语法理论中,对上述四个术语的处理多少存在一定的差异,并不是完全相同的概念。正如 Rauh(2010:4)所言,用于指称语言范畴的术语表述不清,一方面,不同的范畴标签用来指称同一组语言项目,另一方面,同一个范畴标签用来指称不同组的语言项目。个中原因是词类的范畴化缺乏一个可辨认的和清晰定义

---

① parts of speech 也有翻译为"句子成分"或"句法成分"的。
② Rauh(2010:1)认为 form classes 和 grammatical categories 也与上述四个术语意思差不多。

的基础。

词类问题不仅在国内一直存在争议,而且在国外也同样一直存在争议,尤其在跨语言研究领域,词类争议更大。因此,在系统研究词类本质、有争议语言的词类系统、词类的类型学特征以及词类产生的根源问题之前,有必要系统全面地对以往词类研究做一个梳理和综述,找出词类问题产生的根本原因是什么,从而为后文的研究做一个铺垫。

6.1 国外词类研究简史

我们对国外词类研究历史的综述主要参考了 Rauh(2010)和 Hejl(2014)。其中前者为专著,后者为学位论文,前者偏重对词类研究历程的介绍,后者偏重对词类概念的演变和词类问题的产生等方面的介绍。

6.1.1 词类概念的演变

我们根据语言研究的历史,把词类研究分为四个阶段:结构主义以前的词类研究、结构主义的词类研究、生成语法的词类研究和功能主义语法的词类研究。下面分别予以介绍。

一、结构主义以前的词类研究

结构主义以前的词类研究也可以称作传统语法关于词类的研究,指从古希腊古罗马时期的研究一直到结构主义语言学产生之前的研究。可以再分为以下四个阶段的研究:古希腊古罗马的词类研究、中世纪时期的词类研究、文艺复兴时期的词类研究和英国传统语法的词类研究。

(一) 古希腊古罗马时期

众所周知,现代意义上的语言学产生于 19 世纪末和 20 世纪初[①],因此早期语言学大多附属于哲学。词类(parts of speech)概念最早是由古希腊哲学家柏拉图(Plato)提出,此后也被亚里士多德(Aristotle)所使用(Hejl 2014)。Robins(1997:33)指出,据说柏拉图是第一个认真研究语法的人,他把希腊语句子大体上分为名词性成分和动词性成分两大部分,这种划分在欧洲后来的所有语言描写的句法分析和词类划分中,一直是主要的语法区分。但是柏拉图的词类(parts of speech)中名词性成分和动词性成分分别对应于现在话题(topic)和评述(comment),本质上讲的还是句子成分,并不是现在意义上的词的分类(Hejl 2014)。Robins(1966)认为,让语法成为哲学中的一个独立的学科应该追溯到斯多葛学派(the Stoics),是这一学派把柏拉图和亚里士多德的词类概念转换为接近现代意义的词类概念,他

[①] 一般认为,瑞士著名语言学家费尔迪南·德·索绪尔的《普通语言学教程》的出版标志着现代语言学的产生,因此索绪尔被称作"现代语言学之父"。

们修改了自己的词类系统很多次,最终使词类的数量达到6种。

在词类概念演化中,第一个重要的里程碑是狄奥尼修斯·特拉克斯(Dionysius Thrax)在他的著作《语法艺术》①中提出的八种词类系统。他的这本著作本质上是教科书,主要目的是帮助人们学习古希腊语的。Robins猜测他书中提出的词类系统可能是他的老师亚里斯塔克(Aristarchus)设计的,但这仅是猜测而已。下面就是其八种词类的名称及定义(Hejl 2014):

名词(ónoma):一种可变格的词,表示某种具体或抽象的东西(具体的如"石头",抽象的如"教育"),普通或专有名称(普通如"人",专有如"柏拉图");有五个特征:数(单数、双数、复数)、性(阳性、阴性、中性)、形式(form)(简单、复合、超复合)、种类(species)(原生、派生)和格(主格、类属格、与格、宾格、呼格)。

动词(rhêma):一种可变格的词,指示时间、人称和数,显示主动性或被动性;有八个特征:语气(直陈、祈使、祈愿、虚拟、非限定)、态/情式(被动、主动、中动)、形式(简单、复合、超复合)、种类(原生、派生)、数(单数、双数、复数)、人称(第一、第二、第三)、时(过去、现在、将来)、词形变化。

分词或小品词(metochḗ):一种带有名词和动词特征的词;共享名词和动词的特征,除了语气和人称。

冠词(árthron):一种可变格的词,前附或添加于名词的各种格上;前附或添加时用不同的形式;有三种特征:性、数和格。

代词(antōnymía):一种代替名词的词,指示特定的人;有六种特征:人称、性、数、格、形式、种类。

介词(prósthesis):一种前置于任何词类的词,形成组合关系或句法关系。

副词(epírrhēma):一种谈论动词或添加到动词上的可变格词类。

连词(sýndesmos):一种连接思想顺序或填补言语裂缝的词。

以上对八种词类的定义综合运用语义、形态和句法的标准,因此这样给词分类的方法很不一致,没有一个唯一的标准在区分词类中扮演决定性的角色。然而这种词类系统在历史上却有极强的适应能力,尽管在历史发展中有些变化,但是这种变化是微弱的。这种词类系统后来被希腊语法学家阿波洛纽斯·狄斯考鲁斯(Apollonius Dyscolus)继承,并传到罗马语法学家普利西安(Priscian)那里。古希腊语的词类系统引入拉丁语语法中,需要做一定的调整,最大的调整是:1. 增加了一类新的词类——感叹词;2. 冠词被取消,因为拉丁语不需要冠词或者说根本没有冠词。从柏拉图到普利西安再到传统及现代的关于词类划分的变化图请参见Robins(1997:44)。

古罗马时期有一位语法学家名字叫马科斯·特林邪斯·瓦罗(Marcus Terentius Varro),他没有把前人建立的词类系统当作理所当然,也没有盲目地认

---

① 希腊语为Tékhnē grammatikē,有人翻译为《读写技巧》。

为希腊语的词类系统在拉丁语中同样有效,因此提出了一套完全建立在形式标准之上拉丁语词类系统。下面是他对词类的定义:

名词:带有格屈折的词。
动词:带有时态形式的词。
分词:同时带有格屈折和时态形式的词。
连词和副词:既不带格屈折也不带时态形式的词。

如表 6.1 所示:

表 6.1 瓦罗的词类系统

	格变化	时态变化
名　词	+	−
动　词	−	+
分　词	+	+
连词和副词	−	−

(二) 中世纪时期

"中世纪"一词表示欧洲历史上从罗马作为文化和行政统一体的帝国的崩溃,到统称为"文艺复兴"并一般视为近代历史开端的一系列历史事件和文化变革的历史阶段。中世纪早期的语言研究,主要是拉丁语语法的研究。语法是中世纪学术的基础,它不仅是七艺之一,而且也是正确书写拉丁文的必要知识(Robins 1997:79-80)。这一时期深入研究的著作则是大量的、主要对普利西安语法的评论和注解。直到公元 800 年左右,普利西安和艾列斯·多纳图斯(Aelius Donatus)的语法并列为中世纪拉丁语教学的两部主要语法书。对语言研究来说,中世纪的后半期,即从 1100 年到中世纪结束,具有重要的意义。这就是经院哲学(scholastic philosophy)时期,经院哲学非常重视语言学研究,进行了大量的研究工作。这里我们主要介绍一下摩迪斯泰学派(Modistae)及其思辨语法(speculative grammar)。该学派最有影响力的学者为埃尔福的托马斯(Thomas of Erfurt)。摩迪斯泰学派的信条是"认为词、概念和事物之间有一种平行关系",可以通过三分的模式系统对这一信条做出这样的解释:符号模式的形式结构归功于智力模式的存在或者理解方式,而智力模式或理解方式又是由本质模式引起的。这个三分的模式系统如表 6.2 所示:

表 6.2 摩迪斯泰学派的三分理论模式

符号模式(Modi Significandi)	语言、语法、形式
智力模式(Modi Intelligendi)	思维、理解、概念
本质模式(Modi Essendi)	世界、人、事物

下面是托马斯对拉丁语八种词类的定义(Robins 1997：92-93)：

名词(nomen)：通过某个存在物的方式或具有明显特征的某物的方式来表意的词类(有人说这等同于普利西安有关实体与性质的定义)。存在物的方式即是一种稳定与永久的方式。

动词(verbum)：通过独立于实体的时间过程的方式来表意的词(用于对实体做出判断)。

分词(participium)：通过不独立于实体的时间过程的方式来表意的词(用于对实体做出判断)。

代词(pronomen)：通过一个不具明显特征的、存在物的方式来表意的词类。不具明显特征的存在方式产生于基本物质的特性或存在方式。

其余没有形态变化的词类涉及较少的表意方式，是从事物的少数特性派生的。

副词(adverbium)：通过跟另一种以时间过程方式表意的词类相结合来表意，并对其做进一步修饰，但无其他句法关系的词类。

连词(coniunctio)：通过连接其他两个词语的方式来表意的词类。

介词(praepositio)：通过跟有格变化的词类组成句法结构，并把它与某一行为连接和联系起来的方式来表意的词类。

叹词(interiectio)：通过修饰动词或分词并表示感觉或情感的方式来表意的词类。

很明显，特定意义范畴的归类，已经代替了过去定义的形式部分，有些意义范畴为一个以上的词类所共有，但每个词类的定义所采用的特殊的表意方式，可以把该词类与其他词类区别开来。

该学派作为共性语法的提倡者，通常被认为是由Chomsky设计的生成语法的先驱者之一，然而正如Bornstein(1984：6)所言，这两种研究方法本质上是不同的，生成语法试图找到人类心理上的普遍语法，而摩迪斯泰学派从外部世界找出普遍语法。因为该学派认为语言和它的语法最终是建立在客观现实基础上的。该学派还批评普利西安，认为其词类范畴有问题，因为普利西安没有对是什么东西导致了不同词类的产生这一问题做出任何阐释。该学派认为不同词类之间的差异是人们对外部世界概念化的不同方式的反映，也即是对那些事物客观性质的反映。根据这一学派，词类背后的理性是语言外部的(独立于任何特定的语言)，植根于实体论。结果，词类被认为是具有共性的(Hejl 2014)。

(三) 文艺复兴时期

文艺复兴是现代世界和现代历史的开端。文艺复兴运动是一场发源于14世纪的意大利，然后向外扩展，特别是在欧洲向北扩展的运动(Robins 1997：106)。就语言学而言，在此之前，了解语言研究的历史，要通过了解希腊学者对希腊语言的研究以及后来的拉丁语学者对拉丁语的研究，同时也考虑思辨语法学家以拉丁语法为基础所取得的理论成就。这样做是有道理的，因为欧洲那时在这些范围以外所做的工作相对较少。随着中世纪以后人们对希伯来语和阿拉伯语的研究,不同文化背景的语言接触往往推动着语言的研究。这一时期许多欧洲语言的语法著作相继问世,如出版于15世纪的西班牙语语法和意大利语语法,出版于16世纪初的法语语法,同一时期还出版了波兰语语法和古代教会斯拉夫语语法。最早印刷的英语语法出现于1586年(同上:113)。在16、17和18世纪,哲学界的特征是经验主义(empiricism)和唯理论(rationalism)的争论,两派的思想家的观点在语言学问题上,都有各自的代表(同上:126)。这里主要介绍波尔—罗瓦雅尔学派及其唯理论语法学家关于词类的观点。安东尼·阿尔诺(Antonie Aenauld)和克罗迪·兰彻勒(Claude Lancelot)是该学派的主要语法学家,他们合著了一本语法书叫作《普通逻辑语法》(1660),书中他们提出了理性主义普遍语法的概念。该学派的语法学家相信世界上所有语言都有一个相同的基本逻辑(Bloomfield 1933:6),并且相信理性的力量,认为它们具有语言共性。也就是说,他们主张尽管世界语言的表面形式差异巨大,但是由于它们具有共性逻辑和理性原则,因此它们有同样的底层结构。他们认为语言有三个本质的心理操作(Thomas 2011:58):

　　判断(Judging):肯定某事物的性质。

　　构想(Conceiving):注意或想象。

　　推理(Reasoning):从判断中推出结论。

　　他们主张一个命题是由主题、谓语和系词组成,其中主题和谓语代表着思维对象和构想的心理操作,而系词代表思维的方式和判断的操作(同上:58)。他们区分表示思维对象的词和表示思维方式的词,进而得出9种词类,其中6种词类属于前一范畴,3种词类属于后一范畴(同上:58)。

　　表示思维对象的词:名词、冠词、代词、分词、介词、副词。

　　表示思维方式的词:动词、连词、感叹词。

　　与摩迪斯泰学派一样,波尔—罗瓦雅尔学派也从语言外部寻求对语法的解释,然而与摩迪斯泰学派不同的是,波尔—罗瓦雅尔学派没有使用三分模式系统,而是使用一个由两个独立层面构成的系统进行解释。一个层面是与人的大脑在做什么相关,另一个层面是与真正产出了什么语言相关。根据该学派,词类是心理过程的反映。与摩迪斯泰学派不同的是,该学派不认为词类最终是由真实世界中的物体和它们的性质派生而来。该学派还主张一种语言可以通过各种方式表达某一个特定思想。通过这种方式,他们为后来众所周知的深层和表层结构及其转换搭建了舞台。他们研究语言的方法与20世纪中期以来的生成语法的研究方法有着惊人的相似(同上:59)。

　　(四)英国传统语法时期

　　传统语法学家指现代语言学之前的语法学家,不仅包括古希腊和古罗马的语法学家,也包括18世纪和19世纪的英语语法学家。他们的研究方法自20世纪以来就受到了广泛的批评。叶斯柏森、布龙菲尔德和乔姆斯基等人都试图反驳传统语法学家所持有的观点。18和19世纪的英国传统语法学家仍然受到拉丁语的强烈影响。他们都沿着艾因萨姆的艾尔弗里克(Ælfric of Eynsham)的步伐前行,而艾因萨姆的艾尔弗里克则被认为是来自拉丁语灵感的英语语法传统的奠基人[Bornstein(1984):6]。从长远看,他们的研究被证明是不可行的,因为英语被认为与拉丁语是不一样的语言。就词类而言,传统英语语法学家接受普利西安的词类范畴,只稍微做了调整,最终产生9个(有时候8个,当冠词除外时)广泛使用的范畴:名词、形容词、代词、动词、冠词、副词、介词、连词和感叹词。与大多数的希腊罗马语法学家一样,他们也使用混合的标准(语义、形态和句法)来区分词类。从叶斯柏森开始,语言学家们都批评他们区分词类的标准在应用上的不一致。因为有些词类的定义并不符合上面提到的所有标准。另一个问题是,不同的标准往往得出不同的结果。最后需要说的是,他们提供的定义经常是错误的、含混的或模糊的(Hejl 2014)。

为了证明传统英语语法在词类定义上存在的问题,可以从林德利·默里(Lindley Murray)的《英语语法》(1860:30-31)中的词类清单中看出:

冠词:
句法标准—分布:冠词是前置于实体词的一类词。
语义标准—意义(这里指语法意义):冠词用于指出名词并显示它们的意义扩展范围。
名词:
语义标准:名词是任何存在的事物或我们所拥有的任何概念的名称。
句法标准:名词一般也许可以通过它前面带有冠词而加以辨别。
形容词:
句法标准:形容词是添加到实体词上面的一类词。
语义标准:形容词用来表达性质的。
代词:
句法标准:代词是用来代替名词的词。
动词:
语义标准:动词是表示是、做或遭受的词。
副词:
句法标准:副词是一种与动词、形容词或有时候其他副词相连接的词。
语义标准:副词是表达某种性质或关于动词、形容词或副词状况的词。
介词:
语义标准:介词是用来连接两个词并显示它们之间的关系的词。
连词:
语义标准:连词是主要用于连接句子的一类词。
感叹词:
语义标准:感叹词是用于表达说话者情感的词。

上面的词类定义中,根本没有提到形态标准。默里确实在他的书中提到了单个词类的形态特征,但是很明显他认为它们在词类定义中并不重要。然而需要强调的是,形态在他对词类的解释中确实扮演了重要的角色,尤其在他讨论名词、形容词、代词和动词的时候。他提供的定义有时候是错误的,比如,他认为代词是代替名词的,但是实际上是不正确的,代词还可以代替名词短语。有的定义是含混的,比如他认为介词是用来连接两个词的,这个定义并不能帮助区分介词和连词。还有些定义是模糊的,名词的定义就是这样,这个定义让你很难想象名词到底所指什么(Hejl 2014)。

二、结构主义的词类研究

结构主义的词类研究,我们主要介绍美国结构主义关于词类的研究。弗兰兹·博厄斯(Franz Boas)是一个人类学家,在其调查研究美洲印第安语的过程中,意识到用传统语法来描写这些土著语言是不合适的,在1911年出版的《美洲印第安语手册》一书中有着这样的描述:

> 不要试图用印第安语语法的形式与英语、拉丁语、甚至其他印第安语相比较;每种语言里人们的心理组合(psychological grouping)都完全依赖于各自语言的内部形式(该书81页,引自 Rauh 2010:33)。

可以说博厄斯是美国结构主义的前驱者,他的观点不仅得到了其学生萨皮尔的继承,而且也得到了布龙菲尔德的继承。后者尽管不是他的学生,但是后者却把他当作自己的导师。布龙菲尔德也认为词类是具有语言特异性的范畴。没有唯一的一组共性范畴可供选择,因为各自语言中词的形式表现都是不同的。布龙菲尔德(1933:196)主张,建立一个完全一致的词类体系是不可能的,因为词类之间往往存在重叠和交叉。然而,他的这一观点被视为有问题。随着时间的推移,美国结构主义语言学家在语言范畴化方面变得更加严格和教条,接受了亚里士多德的范畴概念(Hejl 2014)。布龙菲尔德被视为美国结构主义之父,但是除了布龙菲尔德外,美国出了很多结构主义大师,例如瑞里格·哈里斯(Zellig Harris)、查理斯·霍凯特(Charles Hockett)等。是美国的结构主义语言学家首次提出句法概念,认为句法是语言要素的线性层级排列,这一概念至今决定着我们对句子结构的理解。基于此,真正的句法范畴第一次得到了辨认。一般认为,尽管布龙菲尔德决定了美国结构主义的走向,但是总的来说是哈里斯提出了用于辨认和描写语言结构的科学方法(Rauh 2010:41)。哈里斯在他的1951年出版的《结构语言学中的方法》一书中介绍了两种其首次用于辨认语素类的方法,这两种方法都把语素类描述为分布的类、替代的类和位置的类,并且宣称两种方法可以产生相同的结果。这里介绍其中一种方法是如何辨认语素类别的。首先,从语料库中的某一话语中选取一个语素,然后选取一组语素,这些语素可以代替先前选取的那个语素进入相同的句法环境。接着选择一些句法环境使得所有选取的语素都可以插入这些句法环境。语素的清单和句法环境的清单可以不断地加入。下面是哈里斯用一个例子来证明其分析程序(Harris 1951:250):假如这个分析程序以选择语素 see 出现于这样一个环境 Did you _____ the stuff 开始。那么 tie、find 等便可以列入语素清单,因为它们都可以代替 see。环境清单可以通过添加下面的环境加以扩展,如 He'll _____ it later, _____ them for me, please 等。因为所有这些环境都是上述语素清单中的语素可能进入的环境。许多词汇项可以进入这一语素清单之中,如 burn、lift 等。许多句法环境可以进入这一环境清单,如 I didn't _____ the book 或者_____ing pictures is a bit out of my line。假如一个语素不能进入上述环境清单中的任何一个环境,或者仅仅进入其中某些环境;假如一个新的环境只适合其中某些语素而不是语素清单中所有的语素,那么可以建立一个新的语素清单或一个新的环境清单。这个新的语素清单或环境清单也可以通过上述程序加以扩展。据此,哈里斯为英语辨认出 35 个语素类,其中 16 个属于词缀类别,1 个词干类别,它们属于形态学,剩下的 18 个属于真正的句法范畴,它们包括:N、V、V_b、V_c、V_d、V_e、V_f、V_g、V_h、R、have/be、A、D、T、I、P & 和 B[①]。哈里斯对 11 个基本的句法范畴的描写请参见 Rauh(2010:43)。

最后,需要指出的是,哈里斯自己也承认并非某一个范畴成员可以出现于所有其他范畴成员可以出现的位置,他同时也承认有些词汇项无法指派到任何范畴之中,如 then、now 和 thus 等,因为根据他的标准,这些词几乎可以出现于话语中的任何位置。另外,有些语素如 yes、no、hello 和 oh 等本身就可以构成话语。关于结构主义语言学的词类划分方法,Croft(2001:75)中明确指出存在两个问题,一个是任意归并(Lumping),另一个则是任意划分次类(Splitting)。

三、生成语法的词类研究

生成语法认为词类是一个不证自明的共性语法范畴,生成语法的原则与参数理论提出一个有四种词类构成的词类系统,这个词类系统是通过带有双向特征的 N 和 V 加以区分(Baker 2004:1-2),名词具有[+N,-V]特征,动词具有[-N,+V]特征,形容词具有[+N,+V]特征,介词具有[-N,-V]特征。如表 6.3 所示:

表 6.3 生成语法原则与参数理论的词类系统

	N	V
名 词	+	-
动 词	-	+
形容词	+	+
介词(附置词)	-	-

① 带下标的字母如 V_b 等表示次类。

因为表 6.3 这个词类系统没有很好地整合到生成语法理论之中,因此后来它被广泛地抛弃。后来在生成语法的 X 杠理论中,提出了词汇范畴(lexical categories)和功能范畴(functional categories),分别与传统语法的实词和虚词相当,词汇范畴和功能范畴合称语法范畴①(grammatical categories),因此这个语法范畴就与传统语法的词类概念相当。表 6.4 是徐杰(2007)对生成语法的"语类"与传统语法的词类之间大致的对应关系的分析。

表 6.4　传统语法的词类与生成语法的语类之间大致对应关系

	传统语法	生成语法	备　　注
名　词	实　词	词汇语类	
动　词	实　词	词汇语类	
形容词	实　词	词汇语类	
代　词	实　词	功能语类	
介　词	虚　词	词汇语类	
助动词		功能语类	传统语法一般把助动词当作动词的一个小类看待
限定词		功能语类	传统语法一般不把生成语法所说的限定词和附着词当作个别具体词类来看待
附着词		功能语类	

从表 6.4 可以看出,传统语法的词类系统和生成语法的语类系统之间的差异有:第一,传统的词类理论把代词处理为实词,而生成语法把它处理为功能语类;第二,传统的词类理论把介词处理为虚词,而生成语法则把它处理为词汇语类;第三,传统语法一般把助动词(又叫"能愿动词")处理为动词的一个小类,既然动词是实词,助动词当然也是实词,而生成语法则把助动词处理为功能语类;第四,限定词和附着词基本上是生成语法的独创,传统的词类理论并不把这些语法单位当作独立的词类看待,甚至认为它们压根儿就不是词。

在分析实践上,生成语法根据三个基元特征(名词性、动词性、功能性),采用正负取值的常规方式(类似于表 6.3),对八种主要语类进行跨类特征概括。比如"名词"就不再是一个基本的语法实体,而是[＋N、－V、－F]一组三个词性特征的拼盘实现,而"代词"也被定义为[＋N、－V、＋F]三个词性特征。其他语类依次类推,如表 6.5 所示:

---

①　生成语法的语法范畴又称作语法类别,汉语学者常常简称为"语类",以示与传统语法的词类之间的区别。

第六章　词类研究的历程　　　　　　　　　　　　　　　　　　　　83

表 6.5　生成语法 X 杠理论的语类系统

	[＋/－N]名词性	[＋/－V]动词性	[＋/－F]功能性	
名　词	＋	－	－	词汇语类
形容词	＋	＋	－	
动　词	－	＋	－	
介　词	－	－	－	
代　词	＋	－	＋	功能语类
限定词	＋	＋	＋	
助动词	－	＋	＋	
附着词	－	－	＋	

从表 6.5 可知,生成语法的"语类"与传统语法的"词类"之间有着一种既对应又不完全对应的关系。总之,生成语法学者们并没有对"功能语类"和"词汇语类"之间的语法对立进行一个清晰系统的界定,只是笼统地说词汇语类有实质语义所指并可以进行义素分析,而功能语类则没有,词汇语类一般都跟"题元角色"(θ-roles)发生直接或间接的关系,而功能语类则与"题元角色"没有任何的关系。这与生成语法学家认为语类是一个普遍的语法范畴有关,所以在生成语法理论中,词类问题始终处于边缘地位,从未成为一个普遍关注的核心议题(徐杰 2007)。

四、功能主义语法的词类研究

从第二章我们对功能主义的认识可知,功能主义语言学包括功能语言学、认知语言学和语言类型学等分支,因此这里我们对功能主义的词类研究主要介绍这一学派中几个有代表性的学者对词类问题的看法,他们分别为韩礼德(M. A. K. Halliday)、兰盖克(Ronald W. Langacker)和克罗夫特(William Croft)。

(一) 韩礼德的词类系统

根据韩礼德的系统功能语法(Halliday 2000：179 - 214),我们可以看出,韩礼德对词类的分析是自上而下的,即从基本的小句开始,先分析出名词性词组(nominal group)、动词性词组(verbal group)和状语性词组(adverbial group),再进一步分析到词类。韩礼德认为名词性词组是名词的扩展,动词性词组是动词的扩展,状语性词组是副词的扩展,却没有给名词、动词和副词下一个明确的定义。最后得出自己的功能语法的词类系统：名化词,包括名词(又包括普通名词、专有名词和代词)、形容词、数词和限定词；动化词,包括动词(又包括动词、助动词和限定形式)和介词；状化词,包括副词和连词(又包括衔接词、黏结词和接续词)。如表 6.6 所示(Halliday and Matthiessen 2014：427)[①]：

---

① 表 6.6 与原文略微有点不同,我们删除了连词词组和介词词组。

表 6.6　系统功能语法的词类与它们在词组中的典型功能

基本词类	次　类	再次类	名化词组	动化词组	状化词组
名化词	名　词	普　通	事物、类别		
		专　有	事物		
		代　词	事物		
	形容词		后置指示	事件	
			修饰、类别		
	数　词		数量		
	限定词		指示		
动化词	动　词	词汇	修饰、类别(V-ing, V-en)	事件	
		助动词		辅助	
		操作词		限定	
	介　词				
状化词	副　词		次级修饰语		核心、修饰
	连　词	衔接词			
		黏结词			
		接续词			

（二）兰盖克的词类观

Langacker(2013:93)认为,以为语法范畴不能根据语义定义是现代语言理论的一个基本的教条。进而指出,传统语法关于语法范畴的语义定义不可行,并不必然意味着所有的语义定义都是无用的。问题在于它想试图找出一个可以适用于某一词类中所有成员的定义,而不是只适用于原型成员的定义(同上:94)。要找出一个合适的定义,我们必须考虑我们的认知以及我们的以不同方式分析同一种场景的能力。因此,我们可以用传统定义无法处理的方式概念化客观现实。需要有一个新的定义,但是需要记住的是,概念定义并不适用于世界语言中可辨的所有词类。然而,它们只限于那些具有普遍性和最基本的词类(同上:94-96)。Langacker(2013:98)主张,决定一个词语的语法范畴的不是全部概念内容,而是词语具体侧面(profile)的本质是什么,侧面就是"注意的焦点置于引起注意的内容上"。名词描述一个事物,它是任何聚合(grouping)和物化(reification)的产物,而物化是指"为了更高层次的认知目的人们操纵一组事物作为一个单一实体的能力"(同上:105)。动词描述一个过程性关系。形容词、副词和介词描述一个非过程性的关系。形容词有一个焦点参与者——一个事物;副词也有一个焦点参与者——

一个关系；介词有两个焦点参与者——一个事物和一个事物/关系（同上：115-116）。

（三）克罗夫特的词类观

Croft(1991、2001)从两个角度批评当前关于词类研究的方法。他把这两种方法分别叫作"集总派"和"分异派"。前者的缺点是任意归并，通过把某一词类归并到一个大的词类名下而宣称这种语言缺少某一词类，根据 Croft 的观点，Hengeveld(1992a)的研究方法属于集总派；后者的缺点是根据分布，无限切分，最终导致一词一类(Bisang 2011,吴怀成 2014：116)。为了避免集总派和分异派存在的问题，Croft(1991、2011)发展了自己的以构式为基础的"共性—类型词类理论"。他相信语法范畴的基础是语义和语用功能，名词就是语义特征"客体"和语用功能"指称"的语法实现。相应地，动词基于"行为"语义和"陈述"功能，形容词基于"性质"语义和"修饰"功能，这样，词类、语义和话语功能之间存在着无标记的关联性，如表 6.7 所示：

表 6.7 词类、语义类别和话语功能之间无标记关联性

	语法范畴		
	名词	动词	形容词
语义类别	客体	行为	性质
语用功能	指称	陈述	修饰

总之，功能主义的词类划分，要么从表达功能出发，要么从概念或语义出发，或者从语用功能出发，也就是说，功能主义的词类观与结构主义和生成语法的词类观都不一样，他们没有从分布的角度给词分类，也没有明确主张词类是一个具有普遍性的语法范畴，然而他们都或多或少地向传统语法回归，因为他们在对词定义或分类时都有意无意地参考了词的意义(语义)。

从本节的讨论可以看出，从古希腊古罗马时期到当前语言学研究，每个时期的语言研究都会讨论词类问题，这足以说明词类在语法理论中的重要性。然而，不同时期的语言学家对词类的看法都不一样，这正是词类问题一直存在争议的原因。下一节我们将讨论词类研究中到底存在哪些问题，以及产生这些问题的根源，最后简要讨论一下词类的本质与如何进行跨语言的词类比较。

6.1.2 词类问题及其本质

我们认为目前的词类研究存在以下几个问题：一、词类的划分前提是词，然而词在不同语言中的表现都不一样，因此在没有对词进行有效的界定和跨语言比较之前去谈论词类的跨语言比较，必然存在问题；二、词类到底是不是一个具有普遍意义的语法范畴，用某一标准确定的某一语言的词类系统是否可以运用到另一种

语言的词类系统以及词类转换在不同的语言中表现是否一致,如有的语言词类之间转换需要形式标记而有的语言不需要这种形式标记,该如何看待这种现象;三、如何认识词类的本质问题以及如何进行不同语言间的跨语言的词类比较。

一、词是一个有争议的语法范畴

什么是词?这是一个看似简单而实际上却是非常复杂的问题。可以说,到目前为止,连什么是词这个问题在语言学界都存在极大的争议。胡壮麟(2002:56-57)指出:<u>词是个表达单位,不管是在口语还是在书面语中,说母语的人对词有种普遍的直觉识别能力</u>;由于人们对词的识别和定义有不同的标准,所以上面的定义(上面划线的句子)①有点模糊;我们很难给"词"下个科学的定义;尽管如此,大家都同意在说明"词"时要涉及三种含义,当然没有一种意义在所有场合中都是令人满意的。词的三种含义分别是:词是自然的有界限的单位;词是支配一组形式的共同因素;词是一个语法单位。对于第一个含义,面临的问题是英语的 it's 和 we'll 这样的缩写形式,是算作一个词还是两个词。对于第二个含义,面临的问题是 check、checks、checked、checking 在文本中我们会当作四个词,而在词典中却处理为一个词。对于第三个含义,面临的问题是汉语中语素、词和句子可以是一个东西,如"蛇"可以是语素也可以是词,带上语气还可以构成独词句。Haspelmath(2011)也明确指出,没有一个好的标准可以给词下定义的,通过直觉标准、正字法标准、语义标准和音系标准给词下定义都是行不通的。那么用形态句法标准是否能够给词下定义呢?Haspelmath 讨论了潜在停顿(potential pauses)、自由出现(free accurrence)、移动性(mobility)、不可打断性(uninterruptibility)、非选择性(non-selectivity)②、非等同性(non-coordinatability)③、照应孤岛性(anaphoric islandhood)④、非提取性(nonextractability)⑤、形态音系特异性(morphophonological isiosyncrasies)和偏离一对一(deviations from biuniqueness)⑥等十个形态句法标准,发现没有一个标准能够成为定义"词"的充要条件,不仅如此,这些标准相结合也无法给词下定义。Haspelmath 最后得出结论:我们现在还没有一个很好的基础用来区分形态和句法,因此语言学家在宣称参考跨语言的"词"概念时应当小心。赵元任(2002)明确指出,印欧语系语言中的 word(词)这一级单位就是这一类的概念,它在汉语里没有确切的对应物。

也就是说,要对词进行分类之前,我们首先要搞清楚什么是词这一问题。然

---

① 该定义具有很强的随意性,不仅仅是模糊问题,而且可能还是错误的定义,因为"词"是静态的备用单位,只有带上语气、语调等话语成分,入句以后才可能成为动态的表达单位或交际单位。
② 非选择性指的是搭配受到一定的限制。
③ 非等同性指的是词缀不能进行等同删除,如意大利语 *Lo comprerà e lo indosserà alla festa*(她将买它并在晚上穿它。)中后一个 lo 不可以删除。
④ 照应孤岛性是指,词是一个孤岛,它可以有复指成分,而词的组成部分不可以有复指成分。
⑤ 非提取性指的是词可以提取充当话题,而词的内部成分不可以这样提取。
⑥ 偏离一对一指的是形式和意义之间的关系不是一一对应的关系。

而迄今为止,我们无法给词下一个完美的定义,那么我们又怎么能够给词分类呢?不同语言的"词"可能很不一样,所以不同语言的词类系统也可能很不一样。韩礼德(2000)认为词和句子是英语的基本语言单位,而汉语的基本语言单位也存在很大的争议,有词本位说、词组本位说、小句中枢说和字本位说等。因为汉语的语素、词和词组之间存在纠葛,因此我们和徐通锵先生一样①,认为语素是汉语的基本语言单位,把词和短语可以看作二字组(如吃饭、吃货、拉面、拉车等)、三字组(三级跳、三本书、下马威、吓唬谁等)和四字组(东施效颦、东倒西歪等)等。这样可以避开汉语的语素、词和词组之间的纠葛关系。吴怀成(2019)干脆把汉语的语言单位分为三级:语素、语素组和句子,其中语素又可以分为自由语素(如"山、人、洗"等)、半自由语素(如"虎、貌、器"等)和非自由语素(如"煌、惶、悟"等),语素组又可以分为凝固式语素组(如"国家、窗户、飞机"等)、半凝固式语素组(如"革命、游泳、洗澡"等)和非凝固式语素组(如"吃饭、打球、看书"等),语素和语素组都是静态的语言单位,它们可以通过语用化来实现为动态的交际单位句子,语用化的手段是在静态的语言单位上面添加时间性成分和主观性成分(有的语法书上叫作"完句成分")。

总之,我们在进行跨语言的词类系统比较的时候,应该充分注意不同语言的词的形式表现以及它们对词类系统的影响。

二、词类具有语言特异性还是具有语言共性

关于词类是不是具有语言共性这一问题,至今学界还存在极大的争议。这种争议我们将在后面两章具体讨论。这里只是指出,坚持词类范畴具有语言共性的语言学家也并非认为英语中传统上区分的词类范畴可以适用于世界其他语言。实际上,他们脑中所认为的共性只是存在于非常有限的一组范畴。语言类型学家建议具有共性的词类范畴也许只有两个:名词和动词。这看起来非常符合语法中两组其他概念的区分。一组概念是传统的主谓对立,另一组概念则是现代的谓语—论元的对立。这两组对立的概念中,谓语是句子的动词性成分,而主语或论元则代表句子中的名词性成分。早期生成语法认为名词、动词、形容词和介词是具有共性的词汇范畴。坚持词类范畴不具有共性的语言学家则认为,不同的语言研究应该使用自己的一套术语,而无须求助于任何预先形成的一组范畴(即无须使用来自其他语言研究中使用的术语)。他们认为不同的语言差异很大,让任何一组所谓的共性范畴适用于所有语言是不可能的。Hejl(2014)指出,从词类的研究历史看,词类范畴的共性主义者和词类范畴的个性主义者相比,前者大多数时间里占据上风。究其原因来说,主要受两方面的影响:一是与拉丁语、拉丁语法和拉丁语法学家对其他语言和语法学家的影响有关;二是现代

---

① 徐通锵先生坚持字本位说,而汉语的字和语素基本上是一一对应的关系,所以我们这里把字与语素等同。

的生成语法学家与他们的共性语法概念对词类共性思想的产生也有推动作用。但是词类研究历史上,关于词类的共性主义和个性主义就像钟摆一样来回摇摆(Bossong 1992),如表6.8所示:

表6.8 词类研究的个性主义和共性主义钟摆

共性VS个性	历 史 时 期	主 要 观 点
个性主义	古典时期+文艺复兴	对个别语言的描写感兴趣,没有宣称语言共性,只是稍微意识到不同语言的范畴有差异
共性主义	中世纪+启蒙时代	雄心勃勃地宣称语言和思维方面的共性范畴,但是对语言之间的差异不感兴趣
个性主义	19世纪	雄心勃勃地宣称不同语言在范畴方面有差异,因此在思维方面也有差异,但是没有做严格的描写(实践中拉丁语的范畴常常被移植到其他语言中)
个性主义	20世纪上半叶	对不同类型的语言做严格地描写,提出新见解,即每种语言都有自己的范畴(博厄斯、萨皮尔、索绪尔)
共性主义	20世纪下半叶	雄心勃勃地宣称语言和思维具有共性范畴(乔姆斯基),试图在其他所有语言中找出和英语(拉丁语)一样的范畴来

从后面两章关于大洋洲语言的名词主义和北美土著语言的动词主义的讨论,我们可以知道,不同语言的词类范畴之间既有共性也有差异,但是这种共性和差异可能处于不同层面,混淆了不同层面去讨论词类范畴的共性是没有意义的,只会使词类问题的争议无休止的持续下去。指称和陈述这一语用层面的概念具有语言共性,这与话题—说明具有语言共性有关(参看Gundel 1988),而名词和动词这一句法层面的概念不具有语言共性,因为不同语言的句法表现很不一样,因此不同语言的名词和动词在句法表现上也应该不一样。

三、词类的本质到底是什么

要讨论词类的本质是什么,首先要讨论词类的划分标准问题。根据Bisang(2011),词类定义的标准一直发生变化,大致经历了以下三个阶段:一、以语义为标准的阶段;二、以形式为标准的阶段;三、以话语功能(语用)为标准的阶段(吴怀成2014:115)。但是根据我们上面一节的讨论可知,以上三个阶段大致适用于英语词类研究历程,如果联系到古希腊古罗马时期的词类研究,这三个阶段明显不合适,因为希腊语和拉丁语的形态特别丰富,从狄奥尼修斯和瓦罗关于词类的研究便可以知道,也就是说词类研究最初提出的划分标准是形态,因为英语形态没有希腊语和拉丁语的形态那么丰富,因此英语传统语法学者提出了语义标准,但是也并非只根据语义来区分词类,而是以语义标准为主,同时参考了形态标准和句法标准,也可以说是一种混合标准。需要注意的是,瓦罗对拉丁语的词类划分使用的形式标准和结构主义语言学家使用的形式标准也不是一样的形式标准，前者是形态，后者是句法。严格地说，词类划分标准中，最不靠谱的是语义标准[①]，因为同一语义概念的词既可以是名词，也可以是动词和形容词，如表示"满意"概念的词，英语的名词是 satisfication，动词是 satisfy，形容词是 satisfied 或 satisfying。不仅同一种语言如此，而且不同语言之间也存在差异，Evans(2000)指出，Ilgar 语（一种澳大利亚土著语，2003 年灭亡）中的表示亲属概念的词语实现为动词，而亲属概念的词语在大多数语言中都实现为名词。形式标准的缺点，Croft(1991、2001)都已经明确指出来了。那么语用功能标准有没有缺点呢？Smith(2010)对语用功能标准提出质疑，认为该标准存在两个方面的问题：一是这一标准太模糊和一般，几乎可以等同地用于三类主要的词汇范畴，如果把语用功能标准定义得更加具体，又会导致排除一些本想包含在某一范畴中的词语，同时把一些属于其他范畴的词语包含进来；二是语用功能缺乏直接的证据，以至于产生一系列其他有争议的基本问题，如是不是某一特定的词汇范畴只能执行某一个特定的语用功能，是否有两个、三个或者更多的语用功能，执行语用功能的是词、短语还是不同的语言单位合在一起完成的。Smith 认为，由于缺乏直接的证据，上述提到的问题不可能得到满意的解决，因此他认为这些问题的严峻性不亚于语义标准或形态句法标准划分词类所产生的问题的严峻性。期望对词类范畴做出一个一致性的解释依然像以往一样遥远。

尽管词类的划分标准到底是什么，还存在一定的争议，但是不影响我们对词类本质的认定。既然词类是一切语法理论的基础，是讲句法结构必不可少的"道具"（或叫"理论构件"）（沈家煊 2009），因此词类的本质就应该是语法范畴（吴怀成 2014a：122，2014b）。Chung(2012)也指出，在几百年间的研究已经达成某种一致，认为词汇范畴不是语义定义的，相反，它们是特定语言的结构范畴，是通过曲折形式、形态派生和句法分布加以区分的。换句话说，辨认某一语言的词类范畴的证据具有语言特异性。这就告诉我们，不同语言的词类系统可能也具有特异性。而跨语言的词类系统比较，就应该找出不同语言词类系统之间具有哪些共性和差异。

那么应该如何进行跨语言的词类系统比较呢？Haspelmath(2012b)提出应该用以语义为基础的比较概念来进行跨语言的词类比较。他认为下面两组问题都是错误的问题：

(1) 关于具体语言的问题：
　　某一种语言有名动区别吗？
　　某一种语言有动形区别吗？

[①] 吴怀成(2011a)曾认为词类的本质是语义类别，这对汉语这种缺乏严格意义上的形态变化的语言来说，多少有点适用，但是对于形态发达的语言恐怕就有问题，如果从跨语言比较来看，问题可能更大。但这并不影响它作为不同语言词类比较的出发点，语义标准实际上符合人们对外部世界的一种朴素的认识，因此可以作为跨语言词类比较的参考。

某一种语言有名形区别吗?
(2) 关于跨语言的问题:
所有的语言有名动区别吗?
所有的语言有动形区别吗?
所有的语言有名形区别吗?

对于上述问题,有的语言学家回答"没有",而有的语言学家则回答"有"。表6.9 总结了近年来语言学家对上述问题的回答(Haspelmath 2012b):

表 6.9　文献中对上述(1)和(2)两组问题的回答

		没　有	有
动名区别	所有语言	Hengeveld 1992a	Baker 2003, Dixon 2010
	易洛魁语	Sasse 1991	Mithun 2000
	萨利希语	Kuipers 1968, Kinkade 1983	van Eijk & Hess 1986, Davis & Matthewson 1999, Beck 2013
	Mundari 语	Hoffmann 1903, Hengeveld 1992a	Evans & Osada 2005
	他加禄语	Gil 2000, Himmelmann 2008, Kaufman 2009	Aldridge 2009, Richards 2009
	波利尼西亚语	Mosel & Hovdhaugen 1992	Vonen 2000
名形区别	所有语言	Evans & Levinson 2009	Baker 2003, Dixon 2004
	Quechua 语	Weber 1989, Hengeveld 1992a	Floyd 2011
动形区别	所有语言	Evans & Levinson 2009	Baker 2003, Dixon 2004
	汉语	McCawley 1992	Paul 2005
	Chamorro 语	Topping 1973	Chung 2012
	加勒比地区英语混合语	Sebba 1986, Winford 1997	Seuren 1986

以上这些问题有意义的前提是名动形是跨语言的范畴,然而跨语言的范畴是不存在的。范畴代表了对某种特定语言的概括,不可能从一个语言转移到另一种语言身上。因此 Haspelmath 提出应该区别描写概念和比较概念,前者适用于对某种具体的语言的描写,后者使用于所有语言的跨语言比较。也就是说,上述问题预设名动形是一个共性语法范畴,而这样的共性语法范畴根本不存在,因此无论回答"有"或是"没有"都是没有意义的。把不同语言的范畴画上等号而不同的语言使用不同的标准确定范畴,这是一种不严格的研究方法。最终会得出任意的、主观性结论,进而使争议无法解决。因此,Haspelmath 提出跨语言的词

类比较应该以指物词根(thing-root)、指事词根(action-root)和指性词根(property-root)为基础,这些词根就是以语义为基础的比较概念,然后看这些词根在不同语言中如何实现为命题行为(propositional-act)的类型(指称、陈述、修饰),即看这些不同语义类型的词根在充当指称语、陈述语和修饰语时的句法表现,来观察不同语言的词类系统到底是什么样子的,并认为以这种方法比较跨语言的词类系统已经在 Hengeveld(1992a)、Hengeveld et al.(2004)、Hengeveld & van Lier(2008)、van Lier(2009)、Hengeveld & van Lier(2010)中得到了很好的实践。Haspelmath之所以提出用不同语言的指物词根、指事词根和指性词根加以比较,是因为他认为至少有两个好处:一个好处是可以控制比较的范围,每种语言的词根数量相对于词来说可能相对要少得多;另一个好处可以避免对词的判定。实际上,在形态发达的语言中,词根和词缀之间的界限也不是那么明显,在词根和词缀之间还存在一种叫作附缀(clitics)的东西,而且当附缀和词缀承载着一定的实意(相对"虚义"来说)时该如何处理呢?而且不同语言的"词"可能本来就不一样,有的语言的词是语素构成的,而有的语言的词本身就是语素,还有可能有的语言的词像句子。总之,不管不同语言的词如何界定,只要有指物词、指事词和指性词,我们就可以对它们进行比较。把指称、陈述和修饰这些语用概念作为语言之间的共性是没有问题的,我们 5.1.2 节已经指出,语言之间的共性是功能共性,指称、陈述和修饰是人使用语言符号进行交际时最基本的三种表达需要,指称用来确定交际话题,陈述用来对话题进行说明,修饰用来对话题或说明进行更进一步的描绘。去掉修饰,指称和陈述是话语的基本信息结构话题—说明的具体实现。如果话题—说明具有语言共性(Gundel 1988),那么任何语言都不可能缺乏指称语和陈述语。我们认为,从语言的演化角度看,指称语先于陈述语,因此可以说陈述语是由指称语分化而来。名词和动词的本质实际上就是指物词和指事词充当指称语和陈述语时的形态句法实现问题。这种说法与前文所说的词类的本质是句法范畴是否有矛盾呢?我们认为这两种说法没有矛盾,指称语在句子中通常做主宾语,而陈述语在句子中通常作谓语,指称语和陈述语与句法概念主宾语和谓语基本上是一一对应的,而形态句法表现是不同语言词类系统差异的具体体现,因此词类本质上又是语法范畴。不同语言词类系统的差异主要取决于,指物词、指事词[①]是否都能够充当指称语和陈述语以及充当指称语和陈述语时的形态句法表现。如果指物词和指事词都能够任意充当指称语和陈述语,那么这种语言属于弹性词类系统的语言;如果指物词可以任意充当指称语和陈述语,而指事词可以充当陈述语,但充当指称语时需要特殊标记,那么这种语言属于去弹性词类系统的语言;如果指物词只能充当指称语,充当陈述语时需要特殊标

[①] 我们后面两章讨论跨语言的词类系统比较时,仅限于讨论指物词和指事词充当指陈语和陈述语时的句法表现,指性词不再讨论,原因是,一方面可以简化我们的讨论,使问题讨论得更透彻;另一方面是形容词可能不具有语言共性,有的语言归入名词,有的语言归入动词(Beck 1999)。

记,而指事词只能充当陈述语,充当指称语时需要特殊标记,那么这种语言属于刚性词类系统的语言(参见我们第二章的讨论)。我们后面两章关于跨语言的词类系统比较就是按照这种思路进行讨论的。

6.1.3 国外重要文献综述

正因为词类问题是语法理论的基本问题,因此不论什么时期,只要讲语法,都离不开讨论词类,描写参考语法讨论词类,句法理论也讨论词类。所以关于词类讨论的论文和专著多如牛毛,我们不可能把所有时期和所有文献都一一列出来。我们这里主要综述一下 20 世纪以来一些重要的讨论词类问题的文献,为感兴趣的读者提供进一步阅读的方便。

语言类型学的发展经历了形态类型学到语序类型学再到词类类型学三个历时阶段,形态类型学以德国学者洪堡特为代表,语序类型学以美国学者格林伯格为代表,词类类型学则以荷兰学者 Hengeveld 为代表。从上文的表 6.8 可以看出,词类研究中的个性主义和共性主义钟摆在来回摇摆,进入 21 世纪以后,这个钟摆还在来回摇摆。如果从 20 世纪初的美国结构主义语言学家开始关注语言的个性开始(如 Boas 1911),到目前为止,这个钟摆还没有停止摆动的迹象。这从本节的文献综述中可以看出。

我们的综述主要包括两个方面:学术论文与著作。学术论文有:

1. 语言类型学杂志(Linguistic Typology)1997 年第 1 卷第 2 期、2005 年第 9 卷第 3 期、2008 年第 12 卷第 3 期、2011 年第 15 卷第 1 期、2012 年第 16 卷第 1 期中的系列关于词类的论文。

2. 理论语言学杂志(Theoretical Linguistics)1996 年第 22 卷第 1/2 期、2009 年第 35 卷第 1 期、2012 年第 38 卷 1/2 期中的系列关于词类的论文[①]。

3. 其他杂志上与词类研究有关的文章,如 Lingua 上几篇关于北美土著语词类的论文。

4. 其他论文集中收录的较有影响的与词类相关的单篇论文,分别为:Himmelmann(2008),Sasse(1993),Evans(2000),Anward(2001),Bisang(2011)。

5. Hengeveld 及其同事相关词类类型学的研究,该研究被称作词类研究的"阿姆斯特丹模型"(完权、沈家煊 2010)。

除了以上杂志和论文集中收录的与词类研究相关的文章外,下面四本著作是专门以词类问题为研究对象的论文集,分别是:

1. Petra M. Vogel and Bernard Comrie 主编的 *Approaches to the Typology of Word Classes*,由 Mouton de Gruyter 于 2000 年出版。

2. Umberto Ansaldo and Roland Plau 主编的 *Parts of Speech: Empirical*

[①] 理论语言学杂志的 35 卷第 1 期和 38 卷第 1/2 期是专门讨论词类问题的专刊。

and theoretical advances，由 John Benjamins Publishing Company 于 2010 年出版。

3. Jan Rijkoff and Eva van Lier 主编的 *Flexible Word Classes: Typological studies of underspecified parts of speech*，由 Oxford University Press 于 2013 年出版。

4. Raffaele Simone and Francesca Masini 主编的 *Word Classes: Nature, typology and representations*，由 John Benjamins Publishing Company 于 2014 年出版。

我们不打算详细介绍以上所有文章的具体内容，这里主要想说明以下几个问题：一、上面这些文章说明词类问题是一个十分重要的问题，而且已经成为当前语言研究的一个重要的议题，尤其引起了语言类型学家的关注，因此可以说语言类型学发生了由语序类型学向词类类型学的转向；二、说明词类问题可能并不像生成语法所说的那样，是一个不证自明的语法范畴，具有跨语言的共性，更多的学者开始关注不同语言的词类系统的差异，因此可以说词类研究的钟摆由共性主义向个性主义摇摆；三、从以上文章可以看出，有两种语言的词类问题引起了很多语言学家的兴趣，这两种语言是北美的土著语萨利希语（Salish）和南岛语系的他加禄语（Tagalog），前一种语言《Ligua》杂志有好几篇文章加以讨论，后一种语言《Theoretical Linguistics》杂志 2009 年有专刊进行讨论；四、由 Hengeveld 以及同事创立的词类研究的"阿姆斯特丹模型"对当前的词类研究影响很大，让人们看到了世界语言词类系统的多样性；五、可以让人们重新思考"词类"这一既古老而又充满生命力的课题，试图找出不同语言的词类系统到底具有哪些共性和差异，21 世纪的词类研究，应该是共性主义和个性主义相结合，而不应该互相排斥（Haspemath 2012b）。

总之，从上述文献的讨论可以看到，北美土著语（除了萨利希语，还包括易洛魁语等）和南岛语系的语言（包括他加禄语、汤加语等）是词类问题争议最大的两个区域性语言。我们将在后面两章专门通过比较这两种语系的语言的词类范畴与汉语的词类范畴，努力找出不同语言词类系统之间的共性与差异。

6.2 国内词类研究简史

词类问题不仅在国外是一个老大难的问题和热点问题，在国内同样是一个老大难问题和热点问题（参见本书 1.1.1 节）。

关于汉语词类的总的看法，学界主要有四种基本观点：一是类有定职，词无定类（简称"依句辨品"说），以黎锦熙为代表；二是汉语实词无法区分词类（简称"实词无类"说），以高名凯为代表；三是词有定类，类无定职（简称"词类多功能"说），以朱德熙为代表；四是汉语的动词是名词的一个子集，是动态名词（简称"名动包含"说或"大名词"观),以沈家煊为代表。

下面我们简要介绍一下黎锦熙先生的"依句辨品"说、高名凯先生的"实词无类"说、朱德熙先生的"词类多功能"说和沈家煊先生的"大名词观",然后对这几家的观点做一个简要的评说。

6.2.1 黎锦熙的词类观

黎锦熙先生的词类系统是这样的(黎锦熙 2007:18):

表 6.10 黎锦熙先生的词类系统

实体词	(1) 名词 (2) 代词
述说词	(3) 动词
区别词	(4) 形容词 (5) 副词
关系词	(6) 介词 (7) 连词
情态词	(8) 助词 (9) 叹词

在讨论词类与句法的关系时,黎先生指出,国语的词类,在汉字上没有形态的区分,在词义的性质和复合词的形态上虽有主要的区别,还需看它在句中的位次、职务,才易于确认这一个词是属于何种词类。分别说来:

(一)国语的词类,词形上既没有严格的分业,就得多从句法成分上辨别出它的用法来。

(二)一个词的词类变更,既不像西文都有词身或词尾的变化,更没有从词形上定些阴阳性和第几身等等的麻烦,所以词类本身上并无繁重的规律。

(三)句法的成分,于公认的逻辑的正式组织外,很多变式,并且多是国语所特有而根本不能还原的;如主要成分的省略、位置的颠倒,以及职务的兼摄等。

从(一)看来,词类主要从句法上做分业的辨认和处理;从(二)、(三)看来,句法的讲究,比词类繁难得多(同上:19)。上面(一)中的这句话就是大家所公认的黎锦熙先生关于词类划分的"依句辨品"说。以"习惯"为例,单说很难判定其词类,只有看其在句中出现的位置才可以确定其词类。例如:

(3) 我有一个好习惯。
(4) 我已经习惯这里的生活了。

因为"习惯"在(3)中出现于宾语位置,所以是名词;又因为其在(4)中出现于谓语位置,所以是动词。

而黎先生在后文中对词类的定义又是以语义作为标准的,如(同上:21):

名词是事物的名称,用来表示观念中的实体的。
动词是用来叙述事物之动作或变化的。

6.2.2　高名凯的词类观

高名凯在《语法理论》一书中有专门一章讨论词类的。该章首先简要回顾了一下西方词类研究的历史,然后讨论了词类划分的标准问题,认为词类是词的语法分类,因此词类的划分标准主要是词的内部形态,词与词的结合性可以作为区分词类的辅助条件(高名凯 2011:169)。在讨论汉语的词类问题时,高先生指出,"主张汉语实词没有词类分别的说法也不能被视为否认汉语词类的存在"(同上:173)。因为既然汉语有实词和虚词的区别,就可以认为汉语有词类区分。但是根据汉语的事实,高先生似乎仍然坚持自己的"汉语实词没有词类的区分"这一观点,所以我们把这种观点称为"实词无类"说。例如:

(5) a. 这朵花是红的。
　　b. 这朵花渐渐地红了。
　　c. 红是一种颜色。
(6) a. 他已经吃过了。
　　b. 他只懂得一个吃,别的都不管啦。
(7) a. 他们已经把那棵树锯了。
　　b. 这个大锯非常好使。

根据上面例(5)—(7)中的语言事实,高先生指出,无论从哪一方面来看,汉语的实词都具有不同的词类功能;汉语的实词可以在不同的言语环境里发挥不同的词类功能,但汉语的实词本身却没有被固定在哪一个词类里(同上:181,着重号为笔者所加)。高先生还强调,汉语一词多类的事实是谁也承认的。最后,他总结道:"我们所说的汉语的实词没有词类的区分就是说汉语的实词具有多种词类的功能,可见,表面上尽管在争论,实质上主张汉语的实词没有词类区分的人却多得很;因为事实如此,谁也不能加以抹杀。"

6.2.3　朱德熙的词类观

朱德熙先生在《语法答问》中明确指出,在印欧语里,词类和句法成分之间有一种简单的一一对应关系,如图 6.1 所示。而汉语词类和句法成分的关系是错综复杂的,大致的情形可以如图 6.2 所示(朱德熙 1985:5):

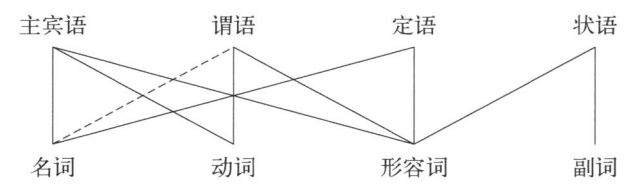

图 6.2　汉语词类与句法成分之间的关系

实际上,汉语的动词也可以做定语,如"上课时间、打击方式、射击场所"等等。总而言之,汉语的词类与句字成分之间的关系与印欧语的词类与句子成分之间的关系差异很大。

朱德熙(1985:10-26)讨论了很多词类问题,但主要包括三个问题:

一、词类的划分标准问题。朱先生认为语义在词类划分中没有任何地位,划分词类只能依靠词的语法功能。

二、动词的名词化问题。朱先生认为,说主宾位置上的动词已经转化为名词不妥。例如:

(8) 去是有道理的。
(9) 不去是有道理的。
(10) 暂时不去是有道理的。
(11) 他暂时不去是有道理的。
(12) 他的去是有道理的。
(13) 他的不去是有道理的。
(14) 他的暂时不去是有道理的。

朱先生指出,按照名词化说,认为"去"在(8)里转成了名词,在(9)、(10)、(11)、(13)、(14)里又还原为动词,在(12)里又变成了名词。动词词组"不去"在(9)里转成了名词性词组,在(10)、(11)、(14)里又还原为动词性词组,在(13)里又变成了名词性词组。动词性词组"暂时不去"在(10)里转成了名词性词组,在(11)里又还原为动词性词组,在(14)里又变成了名词性词组。这样绕来绕去,不但理论上缺乏依据,对于学习的人说,也是不好理解,难于掌握的。

三、名动词和名形词问题。尽管朱先生反对名词化说,但是他还是坚持有些双音节动词和形容词具有一定的名词性,他分别称作名动词和名形词。例如:

A. 有研究、有组织、有准备、有调查、有领导
B. 研究方向、组织能力、准备时间、调查方法、领导同志
C. 历史研究、政治组织、精神准备、农村调查、上级领导
D. 有困难、有危险、有自由
E. 经济困难、生命危险、婚姻自由

简而言之,朱德熙先生认为汉语的一个词往往可以充当不同的句法成分,动词在主宾语位置上时,仍然是动词,没有所谓的名词化。我们把朱先生的"汉语词类与句法成分之间不存在一一对应"的观点称为"词类多功能"说。

6.2.4 沈家煊的词类观

沈家煊先生(2009)指出,在汉语词类问题上我们面临两个困境。困境一,做到词有定类,就类无定职,做到类有定职,就词无定类;困境二,满足简约原则就违背

扩展原则,满足扩展原则就违背简约原则①。针对这两个困境,沈先生提出了自己对汉语词类的一种新的看法,即我们所说的"大名词观",也可以称为"名动包含"说,即汉语的动词也是名词,是一种动态名词。这样可以对"这本书的出版"做出合理的解释。因为"出版"既是动词也是名词,以名词为中心扩展出的词组是名词性词组,没有违背扩展原则,这里的"出版"也没有发生名词化,也不违背简约原则。又因为汉语的实词都是名词,所以它可以充当各种句法成分也不足为奇了。沈先生的大名词观可以如右图所示。

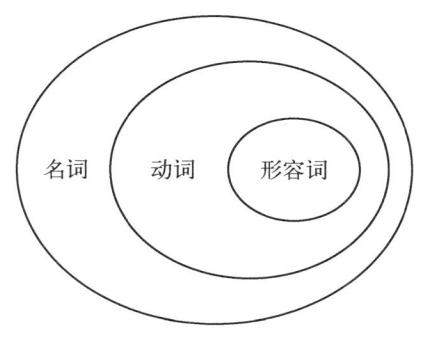

图 6.3 汉语名、动、形之间的关系

沈先生的大名词观不光是为了解决汉语中长期争议的问题,即"这本书的出版"中"出版"到底有没有发生名词化问题,而且提出这一观点是有大量的语言事实作为依据的。例如:

（15）并列结构:罪与罚、泪与笑、性与死、性与睡、梦与想、人与斗……(沈家煊 2009b)

（16）存在结构:有说有笑、有得有失、有借有还……(沈家煊 2010)

（17）话题结构:打是疼、骂是爱、吃有吃相、站有站相……(沈家煊 2014)

上面例(15)中的汉语动词和名词可以构成并列结构,表明汉语动词和名词具有同质性;例(16)中的汉语动词可以做动词"有"的宾语,表明汉语动词和名词同样具有同质性,事物可以存在,事件也可以存在;例(17)中的话题都是由动词充当的,还是表明汉语动词和名词具有同质性,事物可以做话题,事件也可以做话题。

6.2.5 诸家观点评说

从上面的"依句辨品"说、"实词无类"说、"词类多功能"说以及"名动包含"说可以看出,认为"汉语的一个词可以充当不同的句法成分"这是所有观点的共同之处,不同之处在于对于相同的语言现象,大家的处理策略不一样。

"依句辨品"说,认为要确定一个词的词类,必须要放到具体的句子中加以确认,单独说一个词属于什么词类的词是困难的,这一点与"实词无类"说有相似之处,"实词无类"说认为汉语的实词可以在不同的言语环境里发挥不同的词类功能,

---

① 第一个困境是指,如果说"习惯"是名词,做到了"词有定类",可以它不仅可以做主宾语,也可以做谓语,就会导致"类无定职"(即"词类多功能"说);如果说做主宾语的是名词,做谓语的是动词,做到了"类有定职",这时会导致"词无定类",这样"习惯"到底算作名词还是算作动词,因为它既可以做主宾语也可以做谓语。第二个困境是指,满足简约原则就是认为做主宾语的动词还是动词,没有名词化这个程序,那么就会违背扩展原则,即以动词为中心扩展出的词组却是名词性的,如"这本书的出版";如果满足扩展原则,认为"这本书的出版"中"出版"名词化了,那么就违背"简约原则"。

但汉语的实词本身却没有被固定在哪一个词类里,这一点又与"词类多功能"说具有相似之处,"词类多功能"说所说的"汉语词类与句法成分之间不存在一一对应关系"也是承认一个词可以充当不同的句法成分。以上三种词类观的差异在于"依句辨品"说和"词类多功能"说承认汉语实词有词类区分,而"实词无类"说不承认汉语的实词有词类区分,认为既然做不到类有定职(即词类与句法成分之间不能一一对应),那么汉语实词就没有词类区分。而"依句辨品"说和"词类多功能说"都承认汉语实词有词类区分,但是前者认为只能靠词在句子中的位置来确认词类,而"词类多功能说"则认为确定词类只能是词的语法功能,由于汉语没有严格意义上的形态,那么词的语法功能就是词所充当的句法成分,说到底还是其在句子中的位置。但是以上三种观点都存在沈家煊先生所说的问题,即做到词有定类,就类无定职,做到类有定职,就词无定类;满足简约原则就违背扩展原则,满足扩展原则就违背简约原则。

　　沈先生的观点具有简洁性、自洽性和解释性(吴怀成 2014b)。但是当前仍有一些学者不理解或误解沈先生的观点。认为沈先生的"名动包含"说会导致汉语没有词类的区分,即认为汉语只有名词一类,还怎么区分词类呢?我们认为这是一种误解,"名动包含"说既然认为名词包含动词,实际上已经暗示还可以区分名词和动词的,名动包含是说,汉语的动词都是名词,但是名词并不都是动词,实际上还是有名动区分的,事物之间的对立,既包括相互排斥的对立,也包括相互包含的对立,这在沈家煊(2012b、c)中已经运用标记理论对这两种对立关系做了很好的解释和说明。

6.3　小　　结

　　本章我们对中外词类研究做了一个全面深入的回顾和介绍。外国词类研究简史部分我们主要讨论了词类概念的演变、词类问题及其本质和国外重要文献综述三个方面的问题。

　　关于词类概念的演变,我们把词类研究分为四个阶段:结构主义以前的词类研究、结构主义的词类研究、生成语法的词类研究和功能主义语法的词类研究。以上每个阶段,人们对词类的看法及划分标准都存在一定的差异。

　　关于词类研究主要存在的问题,我们认为有三个方面,分别是:一、要讨论词类,首先要知道什么是词,而词的确定仍然是一个有争议的问题;二、词类到底是不是一个具有共性的语法范畴,当前的研究越来越持词类个性主义观点;三、词类的本质到底是什么,我们认为词类的本质是语法范畴。

　　关于外国重要文献综述,我们主要展示了一些重要期刊和著作中有关词类问题的讨论,尽管我们没有详细讨论每篇文章的具体内容,但是我们可以看到词类问题已经成为语言类型学研究的热点,词类研究越来越向个性主义观点倾斜,以及世

第六章 词类研究的历程

界语言词类争议主要集中在北美印第安语和南岛语系诸语言上面。

国内词类研究简史部分,我们认为汉语词类研究大致经历了三个阶段,分别是20世纪50年代、20世纪90年代和21世纪初。关于汉语词类的总的看法,学界主要有四种基本观点:一是类有定职,词无定类(简称"依句辨品"说),以黎锦熙为代表;二是汉语实词无法区分词类(简称"实词无类"说),以高名凯为代表;三是词有定类,类无定职(简称"词类多功能"说),以朱德熙为代表;四是汉语的动词是名词的一个子集,是动态名词(简称"名动包含"说或"大名词"观),以沈家煊为代表。

最后,我们分别讨论了黎锦熙、高名凯、朱德熙和沈家煊四位学者的词类观点,认为这些学者都看到了汉语的词类与句法成分之间不存在一一对应关系,只是不同的学者出于自己的理论需要,提出了不同的处理策略。我们认为在诸家关于汉语词类的看法中,沈家煊先生的观点更具有解释力。

第七章　词类争议之一
——南岛语系的名词主义

根据我们上一章的讨论可以知道,当前词类研究中,争议最大的就是南岛语系的语言和北美印第安语系的语言,有的学者认为这些语言没有词类区分,而有的学者认为这些语言实际上是有词类区分的。本章和下一章我们将专门讨论这些地区语言的词类问题,并同汉语词类进行比较,然后提出我们对这些语言词类问题的看法。

南岛语系是一个非常大的语系,包括大约 1268 种语言,分布区域将近达到半个地球,从拉帕努伊(复活节岛,位于东南太平洋上,属于智利共和国)东部边界到马尔加什(马达加斯加)西部边界,从中国台湾的北部边界到毛利(新西兰)南部(Kaufman 2009)。

7.1　何为名词主义

由于南岛语系是一个非常庞大的语系,包括的语言非常之多,我们不可能对该语系的所有语言都进行讨论,因此我们主要集中讨论学者们讨论较多的语言,分别是汤加语(马来—波利尼西亚语族,主要用于汤加王国)和他加禄语(马来—波利尼西亚语族,主要用于菲律宾)。其他南岛语系语言的词类问题也有一些学者曾经讨论过,如 Mundari 语(一种蒙达语,用于印度、孟加拉国和尼泊尔)[①](Evans and Osada 2005)、Riau Indonesian 语(印尼廖内方言,位于苏门答腊岛东部中段)(Gil 2000、2013)、Samoan 语(主要用于萨摩亚和美属萨摩亚,一种分析型语言)(Mosel and Hovdhaugen 1992)等。南岛语系语言的词类问题主要集中于这种语言到底有没有名词动词的区分上面(参见上一章表 6.9)。Broschart(1997)认为汤加语是没有动名区别或动名区别没有印欧语那么重要的语言,Himmelmann(2008、2009)[②]和 Kaufman(2009)基本上认为他加禄语是没有动名区分的语言,尤其是 Kaufman(2009)明确提出南岛语系的名词主义观点(nominalism),即认为南岛语系的语言只有一种词类——名词,动词也是名词。对于这一观点,理论语言学

[①]　该语言的谱系分类有争议,Ketzner(2002)认为属于南亚语系,而 Evans and Osada(2005)和维基百科英文版都认为属于南岛语系。

[②]　Himmelmann 的立场不够坚定,Himmelmann(2008)认为他加禄语的词根似乎可以分类,Himmelmann(2009)对 Kaufman(2009)的分析没有反驳,只是指出有些地方还需要进一步阐明和加强。

第七章　词类争议之一

(Theoretical Linguistics)2009 年第一期专刊有专门的讨论,有不少学者对此观点提出质疑。下面我们看看 Kaufman(2009)是如何证明他加禄语只有名词没有动词的。例证如下:

(1) k⟨um⟩áin　　　　　nang = dagà　　　ang = púsa
　　⟨AV：BEG⟩eat　　GEN = rat　　　　NOM = cat
　　'The cat was the eater of a rat.'(The cat ate the rat.)
　　"猫,吃了老鼠的。"

(2) k⟨in⟩áin-ø　　　　nang = púsa　　　ang = dagà
　　⟨BEG⟩eat-PV　　GEN-cat　　　　　NOM = rat
　　'The rat was the eaten one of the cat.'(The rat was eaten by the cat.)
　　"耗子,猫吃了的。"

(3) k⟨in⟩áin-an　　　　nang = púsa　　　nang = dagà　　　ang = pinggan
　　⟨BEG⟩eat-LV　　　GEN = cat　　　　GEN = rat　　　　NOM = plate
　　'The plate was the cat's eating place of the cat.'(The cat ate the rat on the plate.)
　　"盘子,猫吃老鼠的地方。"

(4) i-k⟨in⟩áin　　　　 nang = púsa　　　nang = dagà　　　ang = áso
　　CV-⟨BEG⟩eat　　GEN = cat　　　　GEN = rat　　　　NOM = dog
　　'The dog was the cat's "eating benefactor" of the rat.'(The cat ate the rat for the dog.)
　　"狗,猫吃老鼠的受益者。"

从上面的例子可以看出,在其他语言中用动词和动词短语表达的,在这种语言中都是用名词和名词短语来表达的。所有的句子都可以分析成"话题＋说明",但是需要注意的是,话题和说明都是名词性成分充当的。当然,这只是对他加禄语的一种分析法,会有争议,但是这种分析法符合他加禄语的传统分析法(也可参见完权、沈家煊 2010 的讨论)。

下文我们将详细讨论汤加语和他加禄语的词类系统到底是什么样子的,然后再比较一下南岛语系语言的词类系统与汉语词类系统的异同。

7.2　汤加语的名词和动词

7.2.1　汤加语的句子构造

我们前文已经指出,词类的本质实际上是指物词和指事词在充当指称语和陈述语时的形态句法落实情况的体现。在弄清楚一种语言的词类系统之前,必须要搞清楚这种语言的指物词和指事词在充当指称语和陈述语时,它们在形态句法上的表现到底如何,也就是说指物词和指事词在充当指称语和陈述语时,它们的形态句法上表现是否相同,如果相同,说明这种语言属于弹性词类系统的语言,如果不相同,就要看它们的差异到底有多大,如果指物词可以自由充当指称语和陈述语,指事词可以自由充当陈述语,但充当指称语时需要形态—句法变化,则这种语言属于去弹性词类系统的语言,如果指物词可以自由充当指称语,但充当陈述语时需要形态—句法变化,指事词可以自由充当陈述语,但充当指称语时需要形态—句法变化,则这种语言属于刚性词类系统的语言。

首先看一下汤加语的句子构造情况。汤加语是一种动词居首的语言,典型的及物动词句的语序是 VSO 或 VOS,且以 VOS 为常(MacDonald 2005)。及物动词的主语带作格标记'e,及物动词的宾语和不及物动词的主语带对格标记'a,动词的时体标记(TAM)位于动词前,动词后面是动词的论元,最后是其他附加语(也就是介词短语),因此句子构造模式一般为:

TAM-V-(Erg DP)-Abs DP-(PP)

例句如下[①]:

(5) na'e　　tutu　　'e　　he　　tangata　　'ae　　fu'uakau
　　 TAM　　NUCL　ERG　DEF　NUCL　　　ABS. DEF　NUCL
　　 过去时　烧　　作格　定指　男人　　　对格.定指　树
　　 "这个男人烧了这棵树。"

(6) na'e　　kei　　kata　　('a) e　　ongo　　ki'i　　ta'ahiné
　　 TAM　　PREV　NUCL　P ART　NUMBER　CLASS　NUCL. ACCT
　　 过去时　仍然　笑　　对格 冠词　双数　　量词.小　女孩.定指
　　 "这两个小女孩仍然在笑。"

(7) na'a　　nau　　kei　　kata
　　 TAM　　PRO　　PREV　NUCL
　　 过去时　三复　仍然　笑
　　 "他们仍然在笑。"

7.2.2　汤加语的词类系统

要确定汤加语的词类系统,我们首先就要看指物词和指事词能不能充当指称语和陈述语,然后看它们充当指称语和陈述语时的形态—句法表现。汤加语的指物词和指事词都可以充当指称语和陈述语,但是无论什么词充当指称语时都必须带上冠词或指称语标记,无论什么词充当陈述语时都必须带上时体标记或陈述语

---

① 例(5)引自 MacDonald(2005),例(7)和(8)引自 Broschart(1997),例子中 PREV 代表动前状语,NUCL 代表词汇核心。

第七章　词类争议之一

标记,否则句子就是不合法的,这就是汤加语与其他语言的不同之处,因此Broschart(1997)认为汤加语是型例(type-token)语言,沈家煊(2012c)把汤加语概括为"型例二分,名动合一"的语言。由于冠词和时体标记都可以用于指物词和指事词前面,其主要功能用于辨别指称语和陈述语,这只是在话语层面用于区分指称与陈述,但是由于它们不是指物词或指事词所专有,因此在句法上没有体现出专一性,所以我们只能认定汤加语属于弹性词类系统的语言。为了说明汤加语属于弹性词类系统的语言,我们再看看指物词做陈述语,指事词做指称语的例子[①]。

(8) 'oku　　fu'u　　fo'I　　'ulu　　lanu:　'a　　e　　kaka
　　PRES　CL.大　CL.圆　头　　蓝　　　ABS　ART　鹦鹉.DEF
　　"这只鹦鹉又圆又大的蓝脑袋。"

(9) a. 'oku　　'alu　　ia
　　　PRES　走　　三单
　　　"他/她在走路。"

　　b. ko　　he'ene　　　　'alu
　　　PRES　属格.定指.三单　走
　　　"有他/她的离开。"

(10) a. 'oku　　'ofeina'e　　he　　　tamai　　hono　　'ofefine
　　　PRES　爱　　　　作格.定指　父亲　　他的　　女儿
　　　"这位父亲爱他的女儿。"

　　 b. ko[②]　　e　　'ofeina'e　　ha　　tamai　　hono　　'ofefine
　　　　TOP　　定指　爱　　　　作格.定指　父亲　　他的　　女儿
　　　　"有这位父亲爱他的女儿(这种事情)。"

(11) a. ko　　e　　tokotaha　　langa　　fale
　　　TOP　定指　人　　　　建造　　房子
　　　"这个房子建造者"或"盖房子的这个人"

　　 b. ko　　e　　tokotaha　　fa'u　　sikalaputua
　　　　TOP　定指　人　　　　制造　　雕像
　　　　"雕像的这位雕刻者"或"刻雕像的这个人"

例(8)中,"又圆又大的蓝脑袋"是指物词做谓语,带上了现在时标记'oku,Broschart特别指出,这里的现在时标记'oku不是把指称性短语 fu'u　fo'i 'ulu　lanu:(又圆又大的蓝脑袋)转变为"长着又圆又大的蓝脑袋"这样的陈述语,它只是"将'又圆又大的蓝脑袋'跟当前场景的某一个指称对象'这只鹦鹉'在时间

[①] 例(8)引自 Broschart(1997),例(9)引自 MacDonald(2005),例(10)和(11)引自 Devane(2008)。

[②] 例(9)中的 ko 标注为现在时标记,例(10)和(11)中的 ko 标注为话题标记,反映出不同作者的不同认识,沈家煊(2012c)指出,这里的 ko 是一个表存现的助词,意思相当于"有"。

上联系起来"。从对应的汉语翻译可以看出,(8)跟汉语的名词性成分做谓语的判断句相当,经常引用的例子是"小王黄头发"和"老王上海人"(沈家煊 2012c)。例(9a)是动词'alu(走)做谓语,(9b)则是动词'alu(走)不加任何标记做指称语,(10a)中的动词'ofeina'e(爱)做谓语,(10b)则不加任何标记做指称语。例(11)表明汤加语动词要表示施事,其前必须有一个表示人的名词,有点像汉语的"做什么的人",如"造房子的人、制造雕像的人"。施事名词比事件名词要复杂,符合我们第4.1节的观点。

　　从上面的讨论可以看出,汤加语的指物词和指事词都可以充当指称语和陈述语,指物词和指事词充当指称语时必须带冠词或指称语标记,它们充当陈述语时必须带时体标记或陈述语标记,加冠词和时体标记是强制性的,无论什么词,不带冠词或时体标记(光杆词)就不能充当指称语或陈述语(沈家煊 2012c)。但是由于冠词不是指物词专有,时体标记不是指事词专有,因此汤加语属于弹性词类系统的语言。从形态—句法表现看,指物词和指事词都能够充当指称语和陈述语,而且形态—句法表现一致,说明汤加语是名动合一的语言。名动合一就是只有一种词类,如果只有一种词类,那么最合理的称呼就是名词,也就是说汤加语的动词还没有从名词中分化出来。而且汤加语中所有的陈述语都可以分析为指称语(沈家煊 2012c),因此提出南岛语系的语言只有一种词类(名词)是有一定道理的。

7.3　他加禄语的名词和动词

7.3.1　他加禄语的句子构造

　　他加禄语也是一种动词居首的语言,其典型的及物动词做谓语时必须带上所谓的态词缀(voice affix),他加禄语动词有四种态,分别是:施动态(actor voice)、受动态(undergoer voice)、处所态(locative voice)和受益态(benefactive voice)[①]。当动词使用施动态时,句子的话题是动作的发出者,当动词使用受动态时,句子的话题是动作的接受者或承受者,当动词使用处所态时,句子的话题是处所,当动词使用受益态时,句子的话题是受益者、工具或其他非核心论元。具体的例子可以参看上面第 7.1 节的例(1)—(4)。需要指出的是,他加禄语的句子中,话题[②]必须带上特指冠词 ang(也可以被指示代词或人称代词替换)。除了话题以外,句子中的

---

　　① 受益态是 Kaufman(2009)的术语,实际上不仅包括受益者,实际上还包括工具和给予类动词(如"给"等)所带的直接宾语,即传递物。施动态标记有中缀-um-,前缀 mag-/nag-或 maN-/naN-,受动态标记为前缀 i-和后缀-an,处所态标记为后缀-an,受益态标记为前缀 i-。

　　② 他加禄语中的话题,有的语法学家叫作主语,也有的学者认为是句子的焦点,因此其前面的 ang 有时被理解为焦点标记或话题标记。

第七章　词类争议之一

非话题论元和附加语(adjuncts)通常分别带上属格标记 nang/ng 和一般的处所标记 sa(当它们是专有名词时分别用 ni 和 kay 代替 ng 和 sa)。所有的修饰语与中心语之间都要有个连接词 na(元音后用 ng)。除了代词做话题外(代词话题一般位于动词后),他加禄语的句子构造模式为:

V(TAM) + (ngNP/PP(saNP)) + angNP。

再看看下面一些例子(Himmelmann 2008):

(12) kinagát　　　　ng　　　mga　　　langgám　　　ang　　　mama'
　　　咬.受动态　　属格　　复数　　蚂蚁　　　　特指　　男人
　　　"这个男人被这些蚂蚁咬了。"(字面:这个男人,蚂蚁咬的。)

(13) dumatíng　　　　yung　　　asawa　　　níya
　　　到达.施动态　　远指.连接　配偶　　　三单.属格
　　　"他/她的老婆/丈夫到了。"

(14) nagpunta　　　　silá　　sa　　　símbahan
　　　方向.施动态　　三复　介词　　教堂
　　　"他们去了教堂。"

(15) iniabót　　　　ng　　manggagamot　　sa　　　sundalo　　ang　　itlóg
　　　达到.受益态　属格　医生　　　　　介词　士兵　　　　定指　鸡蛋
　　　"医生把鸡蛋递给了士兵。"(字面:鸡蛋,医生给了士兵。)

7.3.2　他加禄语的词类系统

同理,要了解他加禄语的词类系统,还得看指物词和指事词在充当指称语和陈述语时的形态—句法表现。我们发现他加禄语的指物词在充当指称语时,除了充当话题时需要定指词 ang,充当其他论元时无须任何冠词或指示词,说明他加禄语的指物词充当指称语时,其指称化①过程不够彻底。而他加禄语的指物词充当陈述语时,有时候需要像指事词一样带上态标记,有时候则不需要。带不带态标记往往存在意义上的差别,不带态标记时多用于判断句,而带态标记时指物词的意义会发生变化,犹如汉语中常说的名词活用为动词(Kroeger 1988)。而他加禄语的指事词充当陈述语时,必须要带态标记,否则句子就不合法,说明他加禄语的指事词充当陈述语时需要一个陈述化的过程。但是他加禄语的指事词充当指称语时,需要加以区别。我们知道,指事词充当指称语,在任何语言中都是要么指称与事件相关的客体(objective),要么指称事件本事,这就是通常所说的客体名词化(或叫作参与者名词化,施事名词化

---

① 这里的"指称化"和吴怀成(2014a)中所说的"指称化"是两个完全不同的概念,这里的"指称化"指的是一个词项在充当指称语时其形态—句法上的一种调适过程,与之对应的是"陈述化"或"述谓化",而吴怀成(2014a)中的"指称化"相当于名词化。

只是客体名词化的一种)和事件名词化。根据我们前文的研究,施事名词化往往要比事件名词化形式复杂,他加禄语也不例外。我们发现,他加禄语的指事词可以是无标记的指称事件本身,但是当指称事件的参与者时,必须要带态标记,因此他加禄语的态标记实际上有两种功能,一种功能是使指事词陈述化或述谓化,另一种功能就是客体名词化。下面是他加禄语指物词充当陈述语和指事词充当指称语的例子[①]:

(16) bato　　　ang = bahay
　　　石头　　　定指.房子
　　　"这房子是石头的。"

(17) áso　　　　ang = nag-íngay
　　　狗　　　　定指 = 噪音.施动态
　　　"制造噪音的是一条狗。"

(18) ang　　babae　　ang　　may　　asáwa
　　　定指　女人　　定指　　存在　　配偶
　　　"有配偶的是这个女人。"

(19) Nag-íngay　　　ang = áso
　　　施动态.噪音　　定指 = 狗
　　　"这只狗制造了噪音。"

(20) gúrò　→　mag- gúrò
　　　教师　　　施动态-教师
　　　"教师"　　"成为一名教师"

(21) at　　habang　　bumìbilis　　ang　　takbó　　ng　　tubig
　　　连词　当……时　速度.施动态　定指　　跑　　属格　水
　　　"当水流跑快时……"

(22) masyado-ng　mabilis　ang　pag-tugtog　niya　ng　píesa
　　　过度.连接词　快　　定指　态标记.弹奏　属格/斜格　斜格　曲子
　　　"他弹这首曲子弹得太快了。"(字面:他的弹这首曲子太快。)

(23) dalawa = ng　　kúha = ngà = lang　　nang = i~isang　　íbon
　　　2 = 连接词　　拍照 = 强调 = 唯一　　属格 = 限制~1　　鸟
　　　"唯一一只鸟的两次拍照"

(24) saan　　ang = lákad = mo　　ngayong　　gabi
　　　哪里　　定指 = 走 = 二单.属格　现在.连接词　晚上

---

① 例(16)来自 Kroeger(1988),例(18)和(25)来自 Reid(2002),例(17)、(19)、(20)、(23)和(24)来自 Kaufman(2009),例(21)来自 Himmelmann(2008),例(22)来自 Koptjevskaja-Tamm(1993:287),例(26)来自 Richards(2009)。

第七章　词类争议之一

"今晚你打算去哪里？"（字面：今晚你的走是哪里？）

(25) ang　　　babáe　　　ang　　　pumások
　　 定指　　 女人　　　 定指　　 进来
　　 "进来的是这个女人。"

(26) iyong　　　　dalawa-ng　　　sumayaw　　　diyan　　　ang
　　 那.连接词　 两个-连接词　　施动态.跳舞　 那边　　 定指
　　 mga　　　　pinsan　　　　ko
　　 复数　　　 堂兄　　　　 1单.属格
　　 "那边跳舞的两个人是我的堂兄。"

　　上面的例(16)—例(20)都是他加禄语的指物词充当陈述语的例子，例(16)和例(17)表明他加禄语光杆的指物词可以直接做谓语，例(18)表明他加禄语的指物词即使带了定指标记也可以做谓语，例(19)和例(20)表明他加禄语的指物词还可以带上态标记做谓语，指物词带上态标记做谓语，语义有一定的变化，这种语义变化具有不可预测性(Kroeger 1988)，这符合沈家煊先生所说的名词做谓语属于特殊现象，语义往往根据语境来加以解读，所以叫作境迁语(沈家煊 2010b)。例(21)—例(26)都是他加禄语的指事词充当指称语的例子，例(21)—例(24)属于指事词指称事件的例子，其中的指事词都是直接充当指称语的核心，其中的例(22) Koptjevskaja-Tamm 认为是属格—宾格型行为名词结构，属于我们所说的短语层面的事件指称构式，其余三例可以看作是词汇层面的事件指称构式[①]，特别需要注意的是指事词指称事件本身时没有形态变化。例(25)和例(26)是指事词指称事件的发出者的例子，可以看作是施事名词化，也有学者认为它们属于无核心的关系从句结构。总之，指事词指称动作的发出者（施事）与指事词指称事件本身，二者在形态上是有区别的，指称施事比指称事件要复杂一些。

　　从上面的讨论我们可以看出，他加禄语的指物词可以直接充当陈述语，也可以像其他指事词一样带上态标记充当陈述语，表明指物词充当陈述语有一种述谓化

[①] 我们在 5.2.2 节曾提到一个关于事件指称构式的蕴含层级，即一种语言如果有词汇层面的事件指称构式，则它也有短语层面的事件指称构式和小句层面的事件指称构式，他加禄语也不例外。例如(LaPolla & Poa 2005)：

(1) sinabi　　　ni　　　Michael　　　"A-alis　　　　na　　　ako"
　　说.受动态　 定指　 人名　　　　离开.施动态　 CSM　　一单
　　"Michael 说：'我要离开了。'"

(2) sinabi　　　ni　　　Michael　　　na　　　　a-alis　　　　na　　　siya
　　说.受动态　 连接词1　人名　　　连接词2　 离开.施动态　 CSM　　三单
　　"Michael 说他要离开了。"

以上两例，前者含有直接引语，后者含有间接引语。无论直接引语还是间接引语，其内部结构基本上保留一般句子的构造模式。

的倾向,但是这种述谓化还没有像汤加语那样彻底。他加禄语的指事词也可以直接充当指称语,一般指称事件本身,如果要指称事件的参与者,则需要有更多的形态变化。从他加禄语指物词可以直接充当陈述语和指事词可以直接充当指称语看,他加禄语无疑也属于弹性词类系统的语言。

7.4 南岛语系词类与汉语词类之比较

7.4.1 南岛语系的词类系统

从上面的两节讨论我们可以知道,尽管汤加语和他加禄语在形态—句法上有一定的差异,但是南岛语系的语言,其词类系统总的来说属于弹性词类系统的语言。为了证明南岛语系的语言属于弹性词类系统的语言,我们再举一个南岛语系语言的例子。该语言叫作 Mundari 语,尽管 Evans and Osada(2005)不太赞同其属于名动不分或没有词类区分的语言,但是 Hengeveld and Rijkhoff(2005)则认为 Mundari 属于弹性词类系统的语言。我们认为要确定 Mundari 语到底是不是弹性词类系统的语言,关键还是看这种语言的指物词能不能直接充当陈述语以及指事词能不直接充当指称语。例如(Evans and Osada 2005):

(27) her = ko   caba-ja-n-a
播种 = 三复   完成-起始体-不及物-陈述语气
"他们已经完成播种。"

(28) dub = ko   laga-ja-n-a
坐 = 三复   厌倦-起始体-不及物-陈述语气
"他们厌倦坐着。"

(29) a. dasi-ko = ko   kami-ta-n-a.
服务员-复数 = 三复.主语   工作-进行-不及物-陈述语气
"这些服务员在工作。"

b. dasi-aka-n-a = ko
服务员-开始.进行-陈述语气 = 三复.主语
"他们作为服务员在工作。"

(30) a. mastaR   isTuDeNT-ko = eq   paRao-ke-d-ko-a
老师   学生-复数 = 三单.主语   教-完成体-及物-三复.宾语-陈述语气
"这位老师教了这些学生。"

b. soma = eq   mastaR-aka-n-a
人名 = 三单.主语   老师-开始.进行-不及物-陈述语气
"Soma 是一位老师或 Soma 作为老师在工作。"

（31）a. maNDi = ko　　　　　　jom-ke-d-a
　　　食物=三复.主语　　　　吃-完成体-及物-陈述语气
　　　"他们吃了这个食物。"
　　b. jom = ko　　　　　　　　nam-ke-d-a
　　　食物=三复.主语　　　　得到-完成体-及物-陈述语气
　　　"他们得到这个食物。"
（32）a. om-ke-n = iq　　　　　　goeq-ja-n-a
　　　给-完成体-不及物=三单.主语　死-起始体-不及物-陈述语气
　　　"这位给东西的人死了。"
　　b. susun-ta-n = iq　　　　　landa-ja-n-a
　　　跳舞-进行-不及物=三单.主语　笑-起始体-不及物-陈述语气
　　　"在跳舞的这个人已经笑了。"

从上面的例子可以看出，Mundari语的指事词可以不加任何标记充当指称语，如(27)和(28)中的her(播种)和dub(坐)；例(29b)和(30b)告诉我们Mundari语的指物词可以像指事词一样直接充当谓语，并且可以带上时体标记，如dasi(服务员)和mastaR(老师)；例(31b)表明有的指事词可以直接转指事物，而(32a、b)则告诉我们指事词充当论元则多用无核心小句的形式。

总之，从上面两节关于汤加语和他加禄语词类系统的讨论，以及本节关于Mundari语词类系统的讨论，我们可以看出，南岛语系的指物词可以像指事词一样直接充当陈述语，这时的指物词可以以光杆形式充当陈述语也可以带上时体标记充当陈述语，只是二者在表义上有一定的差异；而且指事词也可以像指物词一样充当指称语，如果指事词指称事件，则指事词无须加任何形式标记，如果指事词指称事件的参与者，即通常所说的客体名词化，则需要以复杂的形式出现(所谓的无核心关系小句)。

根据我们对弹性词类系统的认定标准，毫无疑问，南岛语系的语言属于弹性词类系统的语言。Evans and Osada(2005)认为只有符合他们所提出的三个标准[双向性(bidirectionality)、组成性(compositionality)和穷尽性(exhaustiveness)]的语言才能算得上是没有词类区分的语言，而我们认为他们所提出的三个标准都存在一定的问题，我们将在10.1.2节做进一步的讨论，此处不赘。

7.4.2　南岛语系词类系统与汉语词类系统之异同

南岛语系的语言属于弹性词类系统的语言，我们认为汉语同样属于弹性词类系统的语言，那么南岛语系语言的词类系统与汉语的词类系统到底有没有差异呢？通过上面7.2节和7.3节的讨论可知，同属于南岛语系语言的汤加语和他加禄语，二者的词类系统也并非完全一致，因此同属于弹性词类系统语言的汤加语、他加禄语和汉语，其词类在形态——句法上的表现也一定存在某些差异，这正是本小节所要讨论的问题。

我们前文已经反复提到,词类的本质是语法范畴,更准确地说就是指物词和指事词在充当指称语和陈述语时的形态——句法表现。因为任何语言都有指物词和指事词,因此从语义的角度给词分类所得到的类别具有语言共性,又因为话题—说明(topic-comment)结构也具有语言共性,因此从语用角度给词分类所得到的类别也具有语言共性,但是由于指物词和指事词在各种语言中都有充当指称语和陈述语的功能,正是指物词和指事词在充当指称语和陈述语时的形态—句法差异才是决定不同语言词类系统差异的真正原因,所以尽管词类的语义定义和语用定义具有共性,我们也不能说世界语言的词类系统是一样的,也不能说名词动词具有语言共性。在做词类系统的跨语言比较时,必须弄清楚我们是在什么层面进行跨语言比较,我们绝对不能先入为主地认为所有语言都有名词和动词,再看它们的名词和动词在形态句法上有什么差异。正确的比较是以语义定义为基础,区分指物词、指事词,可以叫作词类定义 1,以语用功能为动因,比较不同语言的指物词和指事词充当指称语和陈述语时的形态——句法差异,根据形态——句法差异区分出不同的词类,可以叫作词类定义 2。这就是我们所说的在跨语言词类系统比较时的语义是基础,语用是动因,形态——句法是标准。语义、语用和形态——句法在词类系统比较时的关系就是以词类定义 1 为出发点,看指事词和指物词充当指称语和陈述语时有无形态——句法上的调适。词类系统的差异主要决定于指物词和指事词充当指称语和陈述语时是否发生指称化和述谓化过程,以及指称语和陈述语是否有专门的形态——句法差异相对立。因此可以说名词和动词(词类定义 2)的本质就是指称语和陈述语。

根据 7.2 节的讨论可以知道,汤加语是一种型——例语言,这种语言的最大特点就是从词根上看,无论指物词还是指事词,都可以充当指称语和陈述语,但是它们在充当指称语和陈述语时,必须有一个指称化和述谓化的过程。可以如表 7.1 所示("＋"代表有这种过程,"－"代表无这种过程,下文同):

表 7.1　汤加语指物词和指事词的指称化和述谓化表现

	指称化	述谓化
指物词	＋	＋
指事词	＋	＋

根据 7.3 节的讨论可以知道,他加禄语的指物词充当指称语时,除了作为话题时必须带话题标记,这是一种指称化的表现,不作话题时,可以不带任何指示标记,表明他加禄语的指物词充当指称语时,指称化还不彻底;他加禄语的指物词充当陈述语时,可以带话题标记,也可以不带,甚至还可以带时体标记,表明他加禄语指物词充当陈述语时,其述谓化也不彻底。他加禄语的指事词,只要充当

陈述语，都有一个述谓化的过程，但是当它们充当指称语时，一般需要一个指称化过程，因为它们无论指称事件本身还是指称事件的参与者，大多都是做句子的话题，说明他加禄语的指事词充当指称语时，其必须有一个指称化过程。可以如表 7.2 所示：

表 7.2　他加禄语指物词和指事词指称化和述谓化表现

	指称化	述谓化
指物词	±	±
指事词	+	+

根据沈家煊（2012c）可以知道，汉语是一种"指述包含、名动包含"的语言，也就是说，汉语的指称语包含陈述语，名词包含动词。汉语的指述包含，表明汉语的陈述语往往和指称语在形态——句法上表现一样。实际上汉语无论指物词还是指事词，它们在充当指称语和陈述语时，都没有一个指称化和述谓化的过程，汉语的指示词或限定词从来都不是指物词专有的，指称语也不是强制性地带上限定词，汉语的时体标记也从来不是指事词专有的，陈述语也不是强制性地带上时体标记。汉语的指物词做陈述语，不仅没有陈述化，也没有动词化，汉语的指事词做指称语，同样也没有指称化，也没有名词化（注意这里所说的指称化和名词化并不是同义语反复）。例如：

（33）人来了。
（34）那个人来了。
（35）鲁迅浙江人。
（36）他把这棵树锯掉了。
（37）去不好，不去也不好。
（38）这次讨论进行了很长时间。
（39）他昨天早晨吃两个包子，我觉得吃得有点少。
（40）他已经吃过饭了。

上面例（33）和例（34）是指物词做指称语，其前可以有指示词，也可以没有，说明指物词做指称语时指称化还不彻底，例（35）和例（36）是指物词做陈述语，即可以用光杆形式，也可以像动词一样带补语（掉），说明指物词做陈述语时述谓化也不够彻底。例（37）和例（38）是指事词做指称语，本身没有任何形式标记，即可以使用光杆形式，也可以带上限定词，说明指事词做指称语时指称化也不彻底，例（39）和例（40）是指事词做陈述语，即可以带时体标记也可以不带，说明指事词做陈述语时陈述化也不够彻底。例（36）和例（38）表明，指物词可以像普通动词一样使用带补语，指事词也可以像普通名词一样使用带限定成分。汉语指物词和指事词充当指称语和陈述语时其指称化和述谓化过程可以如表 7.3 所示：

表 7.3　汉语指物词和指事词指称化和述谓化表现

	指称化	述谓化
指物词	±	±
指事词	±	±

从上面的例(33)—例(40)可以看出，汉语的指称化和述谓化程度与汤加语和他加禄语相比是最不彻底，或者说最低的，如果根据一种语言的词项在充当指称语和陈述语时的指称化和述谓化程度高低作为判定一种语言词类系统的句法化程度高低，那么尽管汤加语、他加禄语和汉语都属于弹性词类系统的语言，但是汉语的句法化程度是最低的。

一种语言中的词项可以根据语义标准划分词类，这就是我们所说的词类定义 1，但是由于词项充当指称语和陈述语时会形成特定的句法槽位，如果不同的句法槽位需要不同的虚词(particle)与之搭配，我们就说这种语言的词项在充当指称语和陈述语时有一个指称化和述谓化的过程。如果一种语言的词项在充当指称语和陈述语时不仅有指称化和述谓化的过程，而且词项在不同的槽位上会发生形态上的变化或者说特定的句法槽位与特定的形态变化产生对应关系，我们就说这种语言的句法化程度最高，这种语言就是 Hengeveld(1992a、b、c)所说的刚性词类系统的语言。我们也认为这样的语言属于刚性词类系统的语言，因为它们的指物词充当陈述语时既有述谓化过程，而且词项会做相应的形态变化，或者说带上一定的形态标记；同样这种语言的指事词充当指称语时既有指称化的过程，而且词项也会带上特定的形态标记。这种刚性词类系统的语言的典型代表就是印欧语系的诸语言。刚性词类系统语言的词项可以根据形态—句法表现重新分类，就可以形成一种语言的另一种词类(即词项的形态—句法类别)，这就是我们所说的词类定义 2。也就是说，世界语言根据词类定义 1 得到的词类系统具有共性，但是根据词类定义 2 得到的词类系统就会千差万别。词类类型学就是对根据词类定义 2 得到的不同语言的词类系统进行跨语言的比较。除了弹性词类系统的语言和刚性词类系统的语言外，世界上还有一种语言，它们的指物词和指事词都可以充当陈述语，且形态—句法表现一致(都有述谓化过程，但是指物词本身无形态变化)，它们的指物词和指事词都可以充当指称语，但是它们的形态—句法表现有差异(都有指称化过程，但是指事词充当指称语时形式更加复杂)。这种词类系统的语言属于我们所说的去弹性词类系统的语言，这是我们下一章要讨论的内容。

7.5　小　　结

本章先简要讨论了何为南岛语系所谓的名词主义，即有的学者认为南岛语系只有一种词类——名词类。我们认为南岛语系语言的词类系统和汉语词类系统一样，都属于弹性词类系统的语言。也就是说，从词根的角度看，这些语言的指物词和指事词都可以无标记地充当指称语和陈述语，尽管这些语言的词项在充当指称语和陈述语时在指称化和述谓化方面表现存在差异，但是它们的词根本身都没有形态方面的变化，也就是说词根不需要带任何形式标记充当指称语和陈述语。

南岛语系语言的词类系统与汉语词类系统的共同之处就是它们都属于弹性词类系统的语言，而差异之处就是它们的指物词和指事词在充当指称语和陈述语时的指称化和述谓化程度有差异，其中汉语词项的指称化和述谓化程度最低，他加禄语词项的指称化和述谓化程度较高，而汤加语词项的指称化和述谓化程度最高。

第八章　词类争议之二
——北美土著语的动词主义

除了南岛语系诸语言的词类系统存在争议外,北美两种土著语的词类系统也存在广泛的争议。本章通过对北美两种土著语词类系统的讨论,来看看这些语言词类系统到底是什么样子的,是不是真的如有的语言学家所说的那样,它们只有一种词类,即动词。本章所讨论的两种北美土著语分别是萨利希语(Salish)和易洛魁语(Iroquoian)。

萨利希语包含23种具体的语言,这些语言主要分布于北美西北部太平洋沿岸地区(Davis and Matthewson 2009),这一地区包括加拿大的不列颠哥伦比亚省和美国的华盛顿州、俄勒冈州、爱达荷州以及蒙大拿州等,23个具体语言分别为Bella Coola、Comox、Halkomelem、Lushootseed、Nooksack、Pentlatch、Sechelt、Squamish、Klallam、Nothern Straits、Twana、Cowlitz、Upper Chehalis、Lower Chehalis、Quinault、Tillamook、Shuswap、Lillooet、Thompson River Salish、Coeur d'Alene、Columbia-Moses、Colville-Okanagan、Montana Salish 等①。语言学家认为原始易洛魁语是北美五大湖地区的印第安人所说的一种语言,大约在3 500年前,这种语言分裂为北部和南部两个语言分支,南部分支向东南迁徙并定居于阿巴拉契亚山脉,后来便形成了切罗基语(Cherokee)。北部分支后来又分化为几个更小的语言,分别为 Mohawk、Seneca、Cayuga、Oneida、Onondaga 和 Tuscarora(Montgomery-Anderson 2008)。

8.1　何为动词主义

所谓的动词主义就是一些语言学家认为北美土著语(如萨利希语和易洛魁语)只有一种词类,即谓词或动词。也就是说,这些美洲土著语没有所谓的名词和动词的区别。Hengeveld(1992a:67-69)用下列一组例子证明,Tuscarora语(属于易洛魁语)是只有动词的语言。

(1) ra-kwá:tihs
　　男性.主语-年轻
　　"他年轻。"
　　"男孩"

---

① 23种Salish语言分支均来自维基百科英文版。

(2) ka-téskr-ahs
中性.主语-发出臭气-非完成体
"它发出臭气。"
"山羊"

(3) ra-kwá:tihs　　　　wa-hr-ø-atkáhto-ʔ
男性.主语-年轻　　过去时-男性.主语-宾语-看-及时体
ka-téskr-ahs
中性.主语-发出臭气-非完成体
"他年轻,他看它,它发出臭气。"
"这个男孩看了这只山羊。"

(4) tá:ko:θ　　　　kv-heʔ
猫　　　　　　中性.主语-死
"(它是)猫,它是死的。"
"这只死猫或这只猫是死的。"

(5) yo-hstò:reʔ　　　　　wa-hr-o-hò:rvh-ʔ
中性.主语-宾语-快.完成体　过去时-男性.主语-宾语-成长-及时体
"它很快,他成长。"
"他长得很快。"

上面的例(1)和例(2)表明 Tuscarora 语中真正的名词极少,要表达像英语中名词的意义,它通常使用一个述谓结构,因此"男孩"和"山羊"从内部结构上看是一种小句的构造,也可以说很多 Tuscarora 语的名词是由动词派生而来。而且,大多数词语都只有陈述功能,只能当成是动词。在别的语言中采用主谓结构或述宾结构的表达,在 Tuscarora 语中则是一组同位的表达,如例(3)。例(4)和例(5)表明在别的语言中是形容词和副词的词语在 Tuscarora 语中也可以使用同位性的表达来代替。根据上面的例子,Hengeveld 认为在别的语言中是名词、形容词和副词的词语,在 Tuscarora 语中都可以使用述谓结构来代替,因此 Tuscarora 语实际上只有一种词类——动词。

其他一些研究北美土著语(印第安语)的学者,虽然没有像 Hengeveld 那样,提出北美土著语只有动词一种词类,但是有不少学者认为 Salish 语是一种名动不分的语言(Kuipers 1968,Kinkade 1983,Jelinek and Demers 1982、1994)。当然也有学者持相反的观点(Jacobsen 1979,Hébert 1983,van Eijk and Hess 1986)。认为 Salish 语是一种名动不分的语言的学者,其基本观点是,Salish 语中的指物词、指事词和指性词都可以带上人称标记和时体标记构成述谓语,也都可以带上限定词充当论元,因此这些指物词、指事词和指性词具有相同的句法分布,可以统一为一种词类,叫作动词主义(verbalism)或者按照 Launey(1994)称作"万能谓词"(omnipredicative)(参见 Gil 2009 的相关讨论)。如下面 St'át'imcets(又叫

Lillooet，属于 Salish 语）语的例子所示（Cable 2008）：

(6) a. t'ak　　　　[ti＝nk'yáp＝a]
　　　 往前走　　　限定词＝狼＝限定词
　　　 "这只/一只狼往前走。"

　　b. nk'yap　　　[ti＝t'ák＝a]
　　　 狼　　　　　限定词＝往前走＝限定词
　　　 "往前走的是一只狼。"

(7) a. emh-ál'qwem'　　[ti＝pelalhtsítcw＝a]
　　　 好看　　　　　　限定词＝陌生人＝限定词
　　　 "这个陌生人长得好看。"

　　b. pelalhtsítcw　　[ti＝ emh-ál'qwem'＝a]
　　　 陌生人　　　　　限定词＝好看＝限定词
　　　 "长得好看的是一个陌生人。"

(8) a. núk'w7antsas　　[ti＝kúkwpi7＝a]
　　　 帮助.我　　　　　限定词＝首领＝限定词
　　　 "这位/一位首领帮助了我。"

　　b. kúkwpi7　　　[ti＝ núk'w7antsas＝a]
　　　 首领　　　　　限定词＝帮助.我＝限定词
　　　 "帮助我的是一位首领。"

上面例(6)中的指物词"nk'yap"（狼）、例(7)中的指性词"emh-ál'qwem'"（好看）和例(8)中的指事词"núk'w7antsas"（帮助.我）都既可以用于指称语（充当论元）也可以用于陈述语（充当谓语）。可以看出指物词、指事词和指性词在 Salish 语中具有相同的句法分布。下面再看几个 Salish 语的例子（Jelinek and Demers 1994）：

(9) t'iləm＝lə＝sx^w.
　　 唱＝过去时＝2 单.主格
　　 "你唱了。"

(10) si'em＝lə＝ sx^w.
　　　贵族＝过去时＝2 单.主格
　　　"你过去是一位首领。"

(11) sey'si'＝＝lə＝ sx^w.
　　　害怕＝过去时＝2 单.主格
　　　"你过去很害怕。"

上面的例(9)—例(11)中的"t'iləm"（唱）、"si'em"（贵族）和"sey'si'"（害怕）分别是指物词、指事词和指性词，但是它们都可以带上过去时和主格标记构成一个述谓结构，进一步说 Salish 语中的指物词、指事词和指性词在句法分别上具有象似性。

当然，尽管 Salish 语的指物词、指事词和指性词在句法分布上具有一定的一致性，但是据此认为 Salish 语没有名动区分仍值得进一步商榷，同理，易洛魁语（Tuscarora）是不是真的如 Hengeveld 所说的那样，是一种只有动词的语言，也值得进一步讨论。下面我们将分别对 Salish 语和易洛魁语（Iroquoian）做进一步讨论，看看这两种语言的词类系统到底是什么样子的并与汉语词类系统做一个比较，最后找出北美土著语词类系统的类型学特征。

8.2 萨利希语的名词和动词

8.2.1 萨利希语的句子构造

本节对 Salish 语的句子构造模式的介绍，主要依据 Jelinek and Demers(1994) 和 Montler(2003)。Salish 语的词项总的来说可以分为两大类，带有曲折形式的谓词和没有曲折形式的虚词(Hébert 1983)。谓词实际上就是各种具有实在意义的词根(指物、指事或指性)，因为它们都可以带上时体标记和人称标记等构成述谓结构。虚词就是后附于谓词的人称标记、过去或将来时标记、各种证据范畴和疑问标记等(Montler 2003)。根据 Jelinek and Demers(1994) 的代词论元假设 (pronominal argument hypothesis)，Salish 语的简单句是由谓词后附代词论元构成的，句子的基本构造模式就是[①]：

P(+ TAM + Pro-Arg)

除了上面的例(9)—(11)外，再看下面的一些例子：

(12) a. čey = ø 　　　　　　　　b. swəy'qə' = ø
　　　 工作 = 3 对格 　　　　　　　男人 = 3 对格
　　　 "他工作。" 　　　　　　　　"他是男人。"

(13) a. nə-ten = sʷ. 　　　　　　　b. 'e'ləŋ-s = ø
　　　 1 单. 属格-妈妈 = 2 单. 主格　　房子-3 属格 = 3 对格
　　　 "你是我的妈妈。" 　　　　　　"它是他的房子。"

(14) a. leŋ-t-oŋəs = lə = sən
　　　 看-及物化-1/2 宾格 = 过去时 = 1 单. 主格
　　　 "我看见你了。"
　　 b. leŋ-t-s = ø 　　　　　　cə 　　　 ŋənə
　　　 看-及物化-3 施格 = 3 对格 　限定词 　孩子
　　　 "他看见了这个孩子。[字面：他ᵢ看见他ⱼ，这个孩子ⱼ]"

---

① P 代表由词根充当的谓词，TAM 代表时体态等范畴，Pro-Arg 代表代词论元。

(15) t'əm'-t-s＝ø　　　　　cə　　　swəy'qə
　　 打-及物化-3 施格＝3 对格　限定词　男人
　　 kʷə　t'əm'-t-oŋəs.
　　 限定词打-及物化-1/2 宾格
　　 "他打了那个打你的男人。[字面：他ᵢ打他ⱼ，这个男人ⱼ，他ᵢ打了你/我]"

(16) t'əm'-t-s＝ø　　　　　cə　　　ŋənə　　cə　　　swəy'qə.
　　 打-及物化-3 施格＝3 对格　限定词　男孩　限定词　男人
　　 "他ᵢ打他ⱼ，这个男孩ᵢ,ⱼ，这个男人ᵢ,ⱼ。"

上面的例(12)表明词根、谓词、句子在音系层面碰巧一致，单个的词根可以看作是带了第三人称标记(零形式)的谓词，进而可以看作一个完整的小句。例(13)表明领属词缀加上词根也可以构成述谓语，例(14)—例(16)属于及物性小句，句子中含有两个论元，而根据代词论元假设，Salish 语的论元都是代词(如例 14a)，如果要表达其他语言中使用名词性成分充当论元的情形时，Salish 语则使用名词性成分与代词论元共指(coindexing)①来加以联系，而共指也有一个规则，即"名词性附属成分与受事(对格)共指"。因此，例(14b)只能翻译为"他看见了这个孩子"而不能翻译为"这个孩子看见了他"，因为"孩子"必须与受事论元共指。例(15)中的共指操作是，第二个关系句的核心与其前面的名词性成分共指，而名词性成分又与其前面的主句中的受事共指，因此例(15)的意思就是"他打了那个男的，那个男的又是打你或我的人"。例(16)出现两个名词性成分，其中到底哪个是施事哪个是受事只能根据语境加以确定，Jelinek and Demers(1994)指出，有些 Salish 语(如 Lushootseed)避免出现含有两个限定短语(名词性成分)的及物性小句，即使出现这种类型的小句，也是受英语的影响所致。而根据 Montler(2003)，Klallam(一种 Salish 语)允许出现含有两个名词性成分充当论元的句子，当两个名词性成分的生命度一样时，一般前者为主语，后者为宾语，而当两个名词性成分生命度有差异时，语序相对自由，例如：

(17) k'ʷənts　　　cə_swəy'qaʔ　　cə_sɬáni.
　　 看　　　　　定指-男人　　　定指-女人
　　 "这个男人看了这个女人(一眼)。"

(18) a. ččát-s　　　　　cə_ncət　　　　cə_súɬ.
　　　 建造-3 主语　　 定指-我父亲　 定指-路
　　 b. ččát-s　　　　　cə_súɬ　　　　cə_ncət.
　　　 建造-3 主语　　 定指-路　　　 定指-我父亲
　　 "我父亲建造了这条路。"

---

① 当然也有一些学者对代词论元假设持不同意见，认为后附于谓词上面的代词后缀可以看作名词性成分的一致性标记。

8.2.2　萨利希语的词类系统

要了解 Salish 语的词类系统,当然也要看看该语言中的指物词根和指事词根在充当指称语和陈述语时的形态—句法表现。从上一节的例(6)—例(8)可以看出,不管是指物词还是指事词抑或是指性词,都可以构成述谓语,这也是一些语言学家认为 Salish 语是只有动词的语言的原因。而且不管是什么词根,都不能以光杆形式充当陈述语,都必须带上标记时态和人称的后缀才能构成述谓语,即使表面上看起来像是光杆形式,其实其中隐含了零形式的时态标记和零形式的人称标记(代词论元),如上面的例(12),这一语言事实说明 Salish 语的词根在构成述谓语的时候有一个陈述化或述谓化的过程。不仅 Salish 语的指物词和指事词在充当陈述语时有一个陈述化或述谓化的过程,而且 Salish 语的指物词和指事词在充当指称语时也有一个指称化的过程,不论什么词根,只要充当指陈语,其前面就必须带上限定词(determiner)或指示词(demonstrative),即使专有名词也不例外。例如:

(19) leŋ-t-ø = sən　　　　　　　　　cə　　sməyəs.
　　 看见-及物化-3 对格 =1 单.主格　定指　鹿
　　 "我看到了这只/一只鹿。"

(20) leŋ-t-ø = sən　　　　　　　　　kwsə　　　　ye'-lə.
　　 看见-及物化-3 对格 =1 单.主格　那　　　　从属标记-走-过去时
　　 "我看到了离开的那个人。[字面:我看到了她,那位离开的人]"

(21) si'it = ø　　　　　kʷə　　nə-s-leŋ-n-oŋəs.
　　 真的 =3 对格　定指　1 单.属格-从属标记-看见-及物化-1/2 宾格
　　 "我真的看到你了。[字面:我看到你是真的]"

(22) si'em' = ø　　　　　cə　　nə-men.
　　 首领 =3 对格　　　定指　1 单.属格-父亲
　　 "我父亲是一位首领。"

(23) tečəl = ø　　　　　cə　　Tim.
　　 到达 =3 对格　　定指　人名
　　 "Tom 到了。"

上面的例(19)中的指物词"sməyəs"(鹿)前必须带上限定词"cə"才可以充当指称语,例(20)中的指事词"ye'"(走)带上过去时以后还必须带上限定词"kwsə"才可以充当指称语,例(21)说明一个小句要想充当指陈语也必须带上限定词,例(22)和(23)表明"领属代词+指物词"和人名充当指称语时都必须带上限定词。以上诸例充分说明了 Salish 语的词项或短语在充当指陈语时都必须有一个指称化的过程。

通过上面的讨论我们可以看出,Salish 语的指物词和指事词都可以充当指称语,也都可以充当陈述语,但是充当指称语时需要一个指称化的过程,即它们前面必须带上限定词,充当陈述语时需要一个陈述化或述谓化过程,即它们后面必须带上时体标记和代词论元。也就是说从词根的角度,无法辨别这些指物词和指事词哪些是名词哪些是动词,但是到了句法层面,我们是可以分辨出哪些是指称语哪些是陈述语的。这是不是说明 Salish 语的词根具有弹性,该语言属于弹性词类系统的语言呢?在回答这个问题之前,我们有必要先回答一下 Salish 语是不是属于只有动词或谓词的语言?我们对上面这个问题的回答是否定,因为 Salish 语中的指物词根和指事词根都可以做谓语,据此就说 Salish 语是属于只有动词的语言是没有道理的,因为它只看到语言事实的一部分,那么我们也可以根据 Salish 语中的指物词根和指事词根都可以充当指称语(当然有一个指称化过程),来证明 Salish 语是属于只有名词的语言。这样,Salish 语的词类系统似乎和上一章讨论的南岛语系诸语言的词类系统一样了。然而我们认为,尽管在词根(无论是指物词根还是指事词根)充当指陈语和陈述语时,似乎和南岛语系诸语言一样,具有一定的弹性,但是在指事词根充当陈述语时,Salish 语和南岛语系诸语言之间存在巨大的差异。南岛语系诸语言的指事词充当指称语时,往往指称的是事件而不是事件的参与者,而 Salish 语的指事词根(实际上是词根带上其他词缀以后,光杆的指事词根根本不具有指称功能)在充当指称语时,不仅形态复杂,而且也不是指称事件,而是指称事件的参与者—施事。例如:

(24) ko he'ene   'alu(汤加语)
   PRES 属格.定指.三单 走
   "有他/她的离开。"

(25) dalawa = ng kúha = ngà = lang nang = i～isang íbon(他加禄语)
   2 = 连接词 拍照 = 强调 = 唯一 属格 = 限制～1 鸟
   "唯一一只鸟的两次拍照"

(26) swəy'qə' = ø cə čey.
   男人 = 3 对格 定指 工作
   "工作者是一个男的。"

(27) kúkwpi7 [ti = núk'w7antsas = a]
   首领   限定词 = 帮助.我 = 限定词
   "帮助我的是一位首领。"

(28) 'əw xčɩ-t-ø = sən
   连接词 知道-及物化-3 对格-1 单.主格
   kʷə 'ən-s-leŋ-n-oŋəs.
   定指 2 单.属格-从属-看-非控-1/2 宾格
   "我知道你看到我了。"

例(24)和例(25)说明汤加语和他加禄语的指事词根可以指称事件,例(26)和例(27)说明Salish语的指事词根单独不能指称事件,即使带上体标记等也只能指称事件的参与者(施事)。例(28)表明Salish语要指称事件,一般是通过在小句前加上限定词构成"限定词+小句"来表示。根据吴怀成(2014b),Salish语应该属于去弹性词类系统的语言,因为这种语言的指物词根和指事词根都可以带上体标记等充当陈述语,也都可以带上限定词充当指称语,但是指事词根充当指称语时,形态复杂,且往往指称事件的参与者,指称事件也同样使用复杂的形式。这充分表明,指称语和陈述语不仅话语功能不同,而且同时在形态上开始有所分化,指事词根在充当指称语时,其形态比其充当陈述语时更加复杂,实际上Salish语的陈述语都可以通过指称化来形成指称语。这种指称化过程的动力实际上就来自指称与陈述属于两种不同的话语功能。

8.3 易洛魁语的名词和动词

8.3.1 易洛魁语的句子构造

关于易洛魁语的词类问题,Hengeveld(1992a)和Sasse(1993)认为易洛魁语属于只有动词一种词类的语言,但是Mithun(2000)却坚持认为易洛魁语实际上是有名动区分的语言。本节我们主要根据Montgomery-Anderson(2008)来讨论一下易洛魁语的句子构造,下节我们再来讨论该语言的词类系统到底是什么样子的。

本书讨论的易洛魁语主要是其南方分支切罗基语(Cherokee),有时候会参考其北方分支Cayuga语。根据Stone(2012),切罗基语的简单句的构造模式如下[①]:

表8.1 切罗基语简单句的构造模式

(代词前前缀)	代词前缀	(反身或中动前缀)	(融合的名词)	动词词根	(派生性后缀)	体后缀	(句尾后缀)

下面两例都是切罗基语动词的曲折形式,但是例(29)是最小曲折形式(只含有动词词根、代词前缀和体后缀),例(30)是最大曲折形式(包含上表中各种必有成分和非必有成分)。

---

① 表8.1中动词词根(verb root)是基础,其他各种词缀就像卫星一样附着于其前后,其中的代词前缀(pronominal prefix)和体后缀(asppectual suffix)是必有成分,其他前缀和后缀及融合名词,如代词前前缀(prepronominal prefix)、反身或中动前缀(reflexive or middle voice)、融合名词(incorporated noun)、派生性后缀(derivational suffix)和句尾后缀(final suffix)等都是非必有成分。

(29) ji-alihkhothtíha

　　1A-砸碎：现在进行体

　　"我正在把它砸碎。"

(30) yi-w-akw-ataa-sk-kwaloo-st-aʔn-ido-ʔl-i

　　非现实-易位-1B-反身-头-碰-致使0完成-着手-完成体-移动

　　"假如我在远处去碰我的头"

上表中的代词前前缀①的主要功能就是使动词所表达的行为意义更加具体，如表达现实/非现实、否定、宾语的复数等意义，代词前缀主要功能就是表明动词的论元，派生性后缀主要功能是改变动词的价（及物化或去及物化）或表达动作的重复、动作的确定性终止等意义，体后缀表达动作的进行、完成/非完成等意义，句尾后缀表达动作行为是不是惯常性、是不是过去经历的或绝对将来发生的等意义。本节主要介绍一下代词前缀和体后缀，其他成分行文中有必要时再做交代。代词前缀②可以分为四组：A组(Set A)、B组(Set B)、联合组(Combined)和宾语焦点组(Object Focus)。A组和B组前缀可以与动词、名词和形容词组合，但是当A组与动词组合时，要么表示不及物动词的主语，要么表示及物动词的主语和无生命的第三人称宾语[如例(31)和例(32)]，大多数B组代词缀都与不及物动词组合，少数与及物动词组合也表示主语和无生命第三人称宾语[如例(33)和例(34)]，联合组代词前缀是指一个词缀代表两个人称的组合[如例(35)]，宾语焦点组代词前缀是指主语是一个受事，相当于其他语言的被动句，当主语和宾语都是有生命的第三人称时也使用宾语焦点代词前缀[如例(36)和例(37)]。

(31) ji-áaʔi

　　1A-走：现在进行体

　　"我正在走。"

(32) hi-atiithask-óʔi

　　2A-喝：非完成-习惯性

　　"你经常喝它。"

(33) uu-eeluukiisk-vvʔi

　　3B-担心：非完成-过去经历

　　"他过去很担心。"

(34) uu-vvnoosah-éʔi

　　3B-打扫：完成体-非过去经历

---

① 需要注意的是，代词前缀和代词前前缀是不同性质的前缀。

② 代词前缀的使用远比我们介绍的要复杂得多，到底选择什么样的代词前缀与话语的参与者（说话双方或第三者）、动词的及物或不及物、人称（第一、第二、第三）、数（单数、双数和复数）、论元的生命度以及动词的体等因素都有关系。

"他把它打扫过了。"

(35) kvv-kahthiíya

1/2-等待：现在进行体

"我正在等你。"

(36) keejii-hwahtha

3o.复数-发现：及时体

"他们刚刚被找到。"

(37) aji-kweenuúki

3o-捏-及时体

"他刚刚捏了他一下。"

Montgomery-Anderson(2008)把切罗基语的动词词根与体后缀处理为一个单一的语言单位，把它们的组合称为词干，据此把切罗基语的词干分为五类，分别为：现在进行体词干(Present Continuous Stem)、非完成体词干(Incompletive Stem)、及时体词干(Immediate Stem)、完成体词干(Completive Stem)和动名词词干(Deverbal Noun Stem)。以词根"-steelíha"(帮助)为例，其与体标记组合构成的五种词干分别为：

1. 现在进行体词干：   -steelíha
2. 非完成体词干：   -steeliísk-
3. 及时体词干：   -steéla
4. 完成体词干：   -steelvvh-
5. 动名词词干：   -stehlt-

现在进行体词干表示一个行为正在发生，或者表示说话时某一状态的存在；非完成体词干表示某一行为(不管是过去、现在还是将来)是一种习惯性行为(当与习惯性后缀连用时)或表示动作持续或未完成(与过去后缀和绝对将来时后缀连用时)；及时体词干表示某一刚刚发生的行为发出某一命令；完成体词干表示过去或将来发生的行为；动名词词干用于表示能力或义务，也可以用来构成派生名词(derived noun)(Montgomery-Anderson 2008：252－253)。以-ʔluhka(到达)为例，下面例(38)是该词根的五种词干构成的句子或短语。

(38) a. -ʔluhka(现在进行体词干)

iinii-ʔluhka

1A.双数-到达：现在进行体

"你和我马上就到了。"

b. -ʔluhk-(非完成体词干)

iinii-ʔluhk-óʔi

1A.双数-到达：非完成体-惯常

"我们经常到达。"

c. -ʔluhki(及时体词干)

iìnii-ʔluhki

1A. 双数-到达：及时体

"你和我刚刚到达。"

d. -ʔluhj-(完成体词干)

kinii--ʔluhj-vvʔi

1B. 双数-到达：完成体-过去经历

"你和我到达了。"

e. -ʔluhist-(动名词词干)

kinii--ʔluhist-i

1B. 双数-到达：动名词-名化标记 2

"对于你和我的到达"

上面例(38a-d)都是句子,而例(38e)只能看作短语,有的语言学家把这种动名词词干处理为相当于英语的动词不定式,但是实际上动名词词干不仅可以构成表示能力或义务的句子,而且还可以构成大量的派生名词。

8.3.2 易洛魁语的词类系统

之所以有的语言学家把易洛魁语看作是只有动词一种词类的语言,是因为有很多易洛魁语的名词和形容词带上和动词一样的代词标记。例如:

(39) anii-x̌tha

3A. 复数-年轻人

"年轻的妇女们"

(40) a-óósta

3A -好

"好或者他/她很好"

但是正如 Mithun(2000)所说的那样,Oneida 语(一种易洛魁语)的动词前的代词前缀和名词前的代词词缀并非完全一致,对于切罗基语来说也完全适用,tee-前缀出现于大多数动词前,而名词前却使用 ti-前缀(Montgomery-Anderson 2008：422)。不仅如此,切罗基语的名词并不是都可以带代词前缀的,而且有的名词带上前缀后表达的意义也不一样。一般情况下,非人类词根名词前不带代词前缀,而指人的词根名词是可以带上代词前缀的,身体部位名词、衣服名词和关系名词前带上代词前缀不是表示等同关系,而是表示领属关系。例如:

(41) hii-koohwahthi=ju　　　naʔ　　　kiihli

2A. 有生命宾语-看见：现在进行体＝疑问那狗

第八章　词类争议之二

"你看见那只狗了吗？"

(42) ji-káʔnakhthi
　　 1A-医生
　　 "我是医生。"

(43) aki-oyééni
　　 1B-手
　　 "我的手"

(44) aki-aasalééni
　　 1B-大衣
　　 "我的大衣"

上面例(41)中的"kiihli"(狗)是非人类名词，所以其前没有代词词缀，例(42)中的名词"káʔnakhthi"(医生)带上前缀表示一种等同关系(某人是什么人)，而例(43)和例(44)中的名词"oyééni"(手)和"aasalééni"(大衣)带上代词前缀则表示领属关系而不是等同关系。

以上语言现象只是说明易洛魁语(严格地说是切罗基语)的名词和动词实际上是属于不同的语法范畴，应该属于我们所说的刚性词类范畴的语言。为了认清切罗基语的词类系统，我们再来看看指物词根和指事词根在这种语言中表示指称和陈述时的句法表现。切罗基语的指物词在充当指称语时指称化过程不强，也就是说它们之前不需要带上强制性的指称语标记，如限定词，切罗基语中有指示代词，但是并不是所有指物词都需要带上该指示词才可以充当指称语，而且指称语的有定无定也是根据语境来确定，没有专门的表示有定无定的限定词；而在充当陈述语时，其陈述化或述谓化过程也不强，只有在体现时体意义的句子中，陈述化或述谓化过程才十分明显，因为此时的名词不能单独充当谓语，必须与一个系词(是)一起构成谓语。例如：

(45) na　　uu-aleesóóta　　 kiihli　　aki-kooh-vvʔi
　　 那　　3B-皮包骨的　　　狗　　　1B-看见：完成体-过去经历
　　 "这只瘦狗看见了我。"

(46) aàtaneélv　　uunii-oothla
　　 商店　　　　3B.复数-拥有：现在进行体
　　 "他们有一个商店。"

(47) ihlkvvʔi　　ta-aki-atós-vvʔi
　　 树　　　　 移动-1B-落下：完成体-过去经历
　　 "我从那棵树上掉了下来。"

(48) a. aátawi　　a-kaʔnakhthi
　　　　 Adam　　 3A-医生

"Adam 是一位医生。"

  b. aátawi a-kaʔnakhthi keès-vvʔi
   Adam   3A-医生   是：非完成体-过去经历
   "Adam 过去是医生。"

  c. aátawi a-kaʔnakhthi keès-éesti
   Adam   3A-医生   是：非完成体-绝对将来
   "Adam 将是一位医生。"

(49) a-skaya thla a-jalaki yi-kees-éʔi
   3A-男人 否定 3A-切罗基人 非现实-是：非完成体-非过去经历
   "这个男的不是切罗基人。"

  上面例(45)中的名词"kiihli"(狗)前有指示代词"na"(那)表示定指,而例(46)和例(47)中名词"aàtaneélv"(商店)和"ihlkvvʔi"(树)前都没有指示代词,但是一个表示无定一个表示有定。上面三例说明切罗基语的指物词充当指称语时指称化过程可有可无,或者指称化过程不强。例(48a)中名词"a-kaʔnakhthi"(医生)做谓语,无须系动词"是",但是例(48b-c)中该名词同样做谓语,由于一个用于过去时一个用于将来时,这时候必须有一个系动词出现句子才合法。例(49)表明名词做谓语时,如果是否定句,也要出现系动词句子才合法。Jelinek and Demers(1994)在讨论 Salish 语是曾经指出,名词谓语句中出现系动词往往是判断一种语言是否存在名动分化的标准,因为 Salish 语名词谓语句无须系动词,所以该语言名词动词具有一定的弹性。据此,我们可以说,切罗基语中的名词动词已经分化,属于刚性词类系统的语言。切罗基语的指事词根充当谓语时,后面经常带上各种时体标记,说明指事词根做谓语有一个明显的陈述化或述谓化过程,但是当指事词根充当指称语时,其有没有指称化过程需要区别对待。我们知道,指事词充当指称语时,要么指称事件,要么指称事件的参与者,这就是通常所说的事件名词化和参与者名词化。在讨论切罗基语的指事词根充当指称语时有没有指称化过程之前,必须讨论一下该语言是否存在事件名词化和参与者名词化。根据 Montgomery-Anderson(2008)的讨论可以知道,切罗基语中有大量的名词是由动词派生而来的,根据我们的考察发现,切罗基语由动词派生而来的名词既有事件名词化也有参与者名词化。例如:

(50) a. a-ataa-aleeníha
   3A-中动-开始：现在进行体
   "(某事)正在开始。"

  b. a-ataa-aleeniisk-vvʔi
   3A-中动-开始：非完成体-名化标记
   "开始"

第八章　词类争议之二

(51) a. a-ateehlohkwáask-óʔi
　　　3A-学习：非完成体-惯常
　　　"她经常学习它。"
　　b. ti-a-ateehlohkwáask-i
　　　重复标记-3A-学习：非完成体/施事调-名化标记
　　　"学生"

(52) a. a-ahthohkííyáàsk-óʔi
　　　3A-跑：非完成体-惯常
　　　"他经常跑步。"
　　b. a-ahthohkííyáàsk-i
　　　3A-跑：非完成体/施事调-名化标记
　　　"跑步者"

上面的例(50a)中的"开始"为动词,而例(50b)中的"开始"为名词,属于事件名词化,例(51a)和例(52a)中的"学习"和"跑"是动词,而例(51b)和例(52b)中的"学生"和"跑步者"则属于施事名词化派生而来的施事名词。由于施事名词和非派生名词都属于典型的名词,其充当指称语时与其他非派生名词一样,其前面有无定指标记都可以,句子都合法。对于事件名词而言,由于其也属于派生名词,因此其前面的代词词缀可以理解为领属代词而不必理解为施事论元。例如:

(53) óósta　　ti-ja-hnookiist-i
　　　好　　　重复标记-2B-唱：动名词-名化标记
　　　"你的唱歌非常好。"

根据我们前面第五章5.3.1节讨论的事件名词的跨语言共性(三)可知,一种语言如果有词汇名词化,则也必然有短语名词化和小句名词化,切罗基语也不例外。例如:

(54) hila　　　yi-kohííta　　　tee-ahliiliitooh-óʔi
　　　多　　　非现实-久　　　重复标记-3A-花时间：非完成体-惯常
　　　kahljoóte　　　　a-anekst-ííʔi
　　　房子　　　　　　3A-建造：动名词-名化标记
　　　"建造一所房子需要花多长时间?"

(55) aki-anvhtha　　　　　　kinii-koohniiyook-vvʔi
　　　1B-知道：现在进行体　　1B.双数-迟到：完成体-过去经历/从属调
　　　"我知道我们迟到了。"

从上面的例(54)和例(55)可以看出,前例属于短语名词化,因此其中的动词"建造"末尾有名词化标记,而后例属于小句名词化,因此其中的动词"迟到"没有名词化标记。从上面的讨论可以知道,切罗基语的指事词充当指称语时,从词汇层面名词化的角度看,其必然有一个形态—句法调适过程,但是即使这样其也无须强制性地带上指称化(非名词化)①标记。

通过本节的讨论,我们可以知道,易洛魁语(切罗基语)并不像有的语言学家所说的那样属于只有动词一种词类的语言,该语言实际上属于刚性词类系统的语言,也就是说这种语言的名词和动词已经分化为两种不同的词类。虽然该语言属于刚性词类系统的语言,但是该语言的指物词和指事词在充当指称语和陈述语时和印欧语也不一样,印欧语属于名动二分、指述二分的语言(沈家煊2012c),而易洛魁语(切罗基语)则属于名动二分、指述二分不明显的语言,因为该语言的指称语无须带上强制性指称标记,同样其陈述语也并非都带上强制性陈述标记,尤其是现在时的名词谓语句。这说明由弹性词类到去弹性词类再到刚性词类是一个循序渐进的过程,也就是说不同语言词类系统的句法化程度是一个连续统,不可以一刀切,即使都是刚性词类系统的语言,其词类系统之间也存在一些差异,如英语和希腊语。

8.4 北美土著语词类与汉语词类之比较

8.4.1 北美土著语的词类系统

通过前面 8.2 和 8.3 节的讨论,我们可以知道,北美土著语中词类争议比较大的两种语言萨利希语和易洛魁语并不像有的语言学家所说的那样,属于只有动词(或谓词)一种词类的语言,由此可见无论上一章所说的名词主义还是本章所说的动词主义都没有很好地说明这些语言的词类系统到底是什么样子的,更没有从跨语言的角度比较不同语言词类系统之间的差异。

尽管萨利希语和易洛魁语都属于北美土著语,但是它们的词类系统之间还是存在很大差异的,萨利希语属于去弹性词类系统的语言,而易洛魁语则属于刚性词类系统的语言。我们 7.2.1 节已经指出,如果指物词可以自由充当指称语和陈述语,指事词可以自由充当陈述语,但充当指称语时需要形态—句法变化,则这种语言属于去弹性词类系统的语言,如果指物词可以自由充当指称语,但充当陈述语时需要形态—句法变化,指事词可以自由充当陈述语,但充当指称语时需要形态—句法变化,则这种语言属于刚性词类系统的语言。因为萨利希语的指物词可以自由地充当指称语和陈述语,该语言的指事词可以自由地充当陈述语,但是充当指称语时其形态表现复杂,不是词根直接具有指称功能,而是整个述谓短语具有指称功

---

① 这里的"指称化"是相对于"陈述化或述谓化"来说的,所以我们在括号里注上"非名词化",避免术语理解有混淆。

能,而整个述谓短语的指称功能还必须通过指称化过程来获得,也即是说要在述谓短语前面加上限定词才可以使整个述谓短语具有指称功能。"限定词+述谓短语"在形态—句法上当然要比指事词根复杂,由此可见萨利希语属于去弹性词类系统的语言。易洛魁语的指物词可以自由地充当指称语,充当述谓语时有时候需要一个陈述化或述谓化过程,尤其是名词谓语句的否定句和它们的过去时、将来时的句子。易洛魁语的指事词可以自由地充当陈述语,但是充当指称语时它们必须使用动名词词干或动名词词干加名词化标记的形式,这些形式明显与它们做陈述语的形式不同。也就是说,易洛魁语指物词用作陈述语和指事词用作指称语时它们在形态—句法上都会做一定的调整,因此易洛魁属于刚性词类系统的语言。

8.4.2 北美土著语词类系统与汉语词类系统之异同

因为萨利希语和易洛魁语的词类系统分别属于去弹性词类系统和刚性词类系统,因此北美土著语的词类系统不能一概而论,应该区别对待。我们已经反复强调,词类系统的差异主要表现在不同语言中的指物词和指事词在充当指称语和陈述语时的形态—句法表现,即它们在充当指称语和陈述语时有没有专门的形态—句法手段与之相对应,如果有,说明这种语言的词类句法化程度高,如果没有则说明这种语言的词类句法化程度低。有没有专门的形态—句法手段或者说句法化程度高低主要体现在两个方面:1. 有没有专门的形态与不同的话语功能相对应,即用于指称功能时使用一种形态,用于陈述功能时使用另一种形态;2. 有没有一个指称化和陈述化的过程,即用于指称功能时使用一种标记,用于陈述功能时使用另一种标记。如果一种语言的指物词和指事词在充当指称语和陈述语时,没有专门的形态与之相对应,只有句法手段与之相对应,我们只能说它们有一个指称化和陈述化的过程,其词项本身在形态上还没有专门化(specialized),这种语言的词类实际上属于弹性词类,该语言就属于弹性词类系统的语言。上一章讨论的南岛语系诸语言和汉语实际上就属于弹性词类系统的语言。而萨利希语的词根虽然也呈现出一定的弹性,但是其指事词根在充当指称语时和它们充当陈述语时在形态—句法上有很大的差异,这说明这种语言的名词动词开始分化,不同的话语功能使用不同的形态—句法手段加以区别,因此萨利希语属于去弹性词类系统的语言。萨利希语的指物词充当指称语和陈述语时无专门化的形态差异,但是有一个指称化和陈述化的过程,萨利希语的指事词充当指称语和陈述语时不仅形态上有差异[①],而且也有一个指称化和陈述化的过程。萨利希语的指物词根和指事词根充当指称语和陈述语时,其指称化和陈述化过程可以如下表所示:

[①] 萨利希语指物词的指称化过程就是在词根前加限定词,陈述化过程就是在词根后加时体标记和人称标记;指事词的陈述化与指物词的陈述化一样,在词根后加时体标记和人称标记,但是指称化与指物词不同的是,并不是在指事词根前加限定词,而是在整个述谓短语前加限定词,这说明指事词的指称化过程复杂,有专门的形态—句法手段。

表 8.2　萨利希语指物词和指事词指称化和陈述化表现

	指称化	陈述化
指物词	+	+
指事词	+	+

对于易洛魁语(切罗基语)而言,其词类系统属于刚性词类系统的语言。从形态上讲,指物词有生命度范畴,有生命的表示动物名称的指物词和无生命的指物词一般都不带人称代词词缀,有生命的表示人类名称的指物词往往要带人称代词词缀,但是这种人称代词词缀与指事词的人称代词词缀并不是完全一致;指事词有时体态等范畴,这也是该语言指事词专有的形态范畴,指物词没有这些范畴。从句法上讲,易洛魁语的指物词充当指称语时无强制性指称化过程,充当陈述语时有一个陈述化过程(名词谓语句要带上系词);易洛魁语的指事词充当陈述语时有一个陈述化过程,充当指称语时要发生名词化,有一个形态转化过程,但是无强制性指称化过程。综上所述,易洛魁语的指物词和指事词充当指称语和陈述语时,其指称化和陈述化表现可以如下表所示:

表 8.3　易洛魁语指物词和指事词的指称化和陈述化表现

	指称化	陈述化
指物词	±	+
指事词	±	+

汉语由于属于弹性词类系统的语言,而且其指物词和指事词在充当指称语和陈述语时,句法化程度最低,没有专门的指称化和陈述化过程,根据上一章的讨论,我们把表 7.3 重新改写为表 8.4,以示汉语词类系统与北美土著语词类系统之间的差异。

表 8.4　汉语指物词和指事词指称化和陈述化表现

	指称化	述谓化
指物词	±	±
指事词	±	±

汉语、萨利希语和易洛魁语分别属于弹性词类系统语言、去弹性词类系统语言和刚性词类系统语言,这三种语言的指物词和指事词在充当指称语和陈述语时,在形态—句法表现上都存在巨大的差异。通过词类系统的跨语言比较,我们可以清楚地认识到这些语言词类系统是不同的,所谓的词类共性只能是语义—语用共性,在形态——句法上没有词类共性可言,因此在讨论词类共性问题时,我们必须搞清

楚这种共性是属于什么层面的共性。

8.5 小　　结

本章首先简要介绍了一下关于北美土著语词类研究中的争议性问题,即有的语言学家认为北美土著语(主要指萨利希语和易洛魁语)是只有动词(谓词)一种词类的语言,这就是所谓的北美土著语词类的动词主义。但是通过本章的讨论我们可以看出,萨利希语属于去弹性词类系统的语言,而易洛魁语则属于刚性词类系统的语言。

通过本章讨论的两种语言的词类系统与汉语词类系统的比较,再次让我们认清词类问题的本质,判断一种语言到底属于何种词类系统的标准是它们的指物词和指事词在充当指称语和陈述语时的形态—句法表现。人们在讨论词类问题的共性时必须搞清楚共性的层面问题。

第九章　世界语言词类系统的类型

本章实际上是对中篇内容的一个全面总结，中篇主要包括第六章、第七章、第八章和第九章。其中第六章是对词类研究历程做一个全面的回顾。第七章和第八章重点讨论了词类研究中最具争议的两个地区性语言的词类问题，即南岛语系的词类问题和北美土著语的词类问题，因为有的学者认为南岛语系诸语言中只有一种词类即名词而北美土著语诸语言中只有一种词类即动词。第九章在对前面几章的讨论基础上，探讨世界语言词类系统的类型问题。

9.1　世界语言词类系统的差异

9.1.1　跨语言词类范畴比较的方法

我们认为要想对世界语言的词类系统做跨语言的比较，就应该有一个比较科学的比较方法。通过本书对南岛语系和北美土著语言词类系统的讨论，我们发展出了一个以语义为基础，以话语功能（语用功能）为导向，以形态——句法表现为标准的科学的跨语言词类比较的方法。语义基础就是以每种语言的指物词（根）和指事词（根）作为比较的基础和起点，考察它们在充当指称语和陈述语时的形态——句法表现，因为每种语言的话语信息结构基本上都是符合"话题＋说明"结构模式的。然后从形态——句法上观察指物词（根）和指事词（根）充当指称语和陈述语时的表现，一方面看它们本身是否有专门的形态与不同的话语功能相对应，另一方看它们在充当不同的话语功能时有没有专门的形式标记。以英语为例，其指物词充当指称语时，本身有自己的专门形态，如单复数的变化，而且要和一些限定词如冠词、指示词和物主代词等搭配使用，而当指物词充当陈述语时则必须要有系动词与之搭配，说明英语的指物词在充当不同的话语功能时采用不同的形态——句法手段加以区别；其指事词充当陈述语时一般要有时体态等形式标记，而充当指称语时则要使用其非谓语形式或名词化形式，这也说明英语的指事词在充当不同的话语功能时采用不同的形态——句法手段加以区别。指物词和指事词充当指称语和陈述语都采用不同的形态——句法手段加以区别，这就说明这种语言具有名词和动词的差异，属于刚性词类系统的语言。本书讨论的南岛语系诸语言的词类系统和北美土著语两种语言的词类系统时，都是按照上述方法加以考察的，结果发现不同的语言具有不同的词类系统，名词和动词在形态——句法层面不具有任何语言共性，只能说不同的语言具有不同的词类系统。

9.1.2 不同语言的不同词类系统

不同的语言具有不同的词类系统,这句话明确地告诉我们,在进行跨语言的语法范畴比较时,必须尊重不同语言的个性差异,不要指望有一个或一些语法范畴适用于世界所有语言。通过我们第七章的讨论可以知道,尽管汉语、他加禄语、汤加语等语言的词类系统属于弹性词类系统,但是这些语言的指物词和指事词在充当指称语和陈述语时,它们的指称化和陈述化程度还是有差异的。其中汉语的指称化和陈述化程度最低,他加禄语的指称化和陈述化程度较高,而汤加语的指称化和陈述化程度则最高。北美两种土著语萨利希语和易洛魁语也不像先前一些语言学家所认为的那样,属于只有动词(谓词)一种词类的语言,通过我们第八章的讨论可以看出,萨利希语属于去弹性词类系统的语言,易洛魁语则属于刚性词类系统的语言。

Hengeveld(1992a、b)的跨语言词类研究的阿姆斯特丹模型是不同语言具有不同的词类系统的有力证明。尽管 Hengeveld 的研究重视不同语言具有不同的词类系统,但是其研究也存在一定的问题,首先请看其提出的跨语言的词类系统模型,如下表(来自 Hengeveld 1992a:69)[①]所示:

表 9.1　阿姆斯特丹跨语言词类系统模型

	类型1	动/名/形/副				汤加语
弹性词类系统	类型2	动	名/形/副			Quehua 语
	类型3	动	名	形/副		荷兰语
专门化词类系统	类型4	动	名	形	副	英语
	类型5	动	名	形	—	Wambon 语
刚性词类系统	类型6	动	名	—	—	!Xu 语
	类型7	动	—	—	—	Tuscarora 语

上表至少告诉我们两条重要信息:一、如果一种语言只有一种词类,则它必然是动词;二、除了弹性词类系统和刚性词类系统外,还有一个专门化(specialized)词类系统。我们认为以上两个信息都存在一定的问题。首先,根本不存在只有动词一种词类的语言,从上一章我们讨论的切罗基语(易洛魁语南方分支)和 Mithun(2000)讨论的 Cayuga 语(易洛魁语北方分支)可以看出,易洛魁语属于刚性词类系统的语言,而 Tuscarora 语也是易洛魁语的一个北方分支,不可能与其他易洛魁语的词类系统差距那么大。之所以会有学者认为 Tuscarora

---

① Quehua 语是南美洲中部安第斯山脉地区的一种土著语,Wambon 是太平洋上一种巴布亚语,!Xu 语是南部非洲纳米比亚等地区的一种语言,Tuscarora 语则是北美易洛魁语北方分支的一种。

语属于只有动词的语言,是因为这些学者只看到大量的派生名词是由动词派生而来,其内部结构像一个小句,但是其内部结构像小句,不能代表整个结构就是动词性的,小句本身也具有指称性,更何况易洛魁语中还有一些非派生的普通名词。其次,上面提出的三类词类系统也不科学,刚性词类系统中的类型 5 缺少副词类,类型 6 缺少副词和形容词,类型 7 缺少副词、形容词和名词。我们已经指出,类型 7 的代表语言 Tuscarora 语实际上是有名动区分的,这里只想说明的是,类型 5 和类型 6 不能简单地说是缺少某一种或某两种词类,实际上所谓的缺少只是使用别的结构形式替代罢了,如果有专门的替代形式来代替所谓的形容词和副词,我们为何不能承认这些替代形式本身就是形容词和副词呢?例如:

Wambon 语(Rijkhoff 2002)

(1) Jakhov-e   matet-mo   ka-lembo?
    他们-一致标记   好-支持动词.同主语   走-3 复数.过去式
    "他们旅行得好吗?"

Galela 语(一种巴布亚语,Rijkhoff 2002)

(2) awi   dòhu   i   lalamo.
    他的   脚   它   大:分词标记
    "他的大脚"

上面例(1)是 Wambon 语的例子,属于刚性词类系统类型 5,其中承担副词功能的"matet-mo"实际上是一种连动结构,意为"是好",而这种连动结构是由形容词"matet"(好)加上支持动词"mo(是)"派生而来的,我们为何不能说"matet-mo"就是副词呢?同样,上面例(2)是 Galela 语的例子,属于刚性词类系统类型 6,其中承担形容词功能的"i lalamo"(它大)实际上是由谓词"是(大)"派生而来的,"(是)大"实际上是一种谓词,其论元必须以代词形式表达,而且当用作状语时,其第一个音节需要重复以构成分词形式,这样便产生了上述形式"i lalamo"(它大)。既然这样,我们为何不能说"i lalamo"就是形容词呢?如果我们的看法正确的话,表 9.1 中的专门化词类系统和刚性词类系统可以合并为一类,统称"刚性词类系统"。而对于弹性词类系统中的类型 1、类型 2 和类型 3 而言,我们认为,既然类型 1 中"名动形副"都无法区分,这种语言才是真正的弹性词类系统的语言,至于类型 2 和类型 3,我们可以叫作去弹性词类系统的语言,因为这些语言中的名词和动词已经开始分化,当然这种分化的起点未必是从动词开始,也可以从名词开始,我们就认为语言符号来源于指示符号(第十二章将有专门的讨论,也可参考 Sadowski 2009 的相关讨论),一切符号的初始用法都是用于指称,陈述功能来源于指称,因此,动词来源于名词。这样,我们可以把阿姆斯特丹跨语言词类系统修改为下表所示:

第九章　世界语言词类系统的类型

表 9.2　我们的跨语言词类系统模型

弹性词类系统	类型 1	名/动/形/副			汤加语
去弹性词类系统	类型 2	名	动/形/副		Quehua 语
	类型 3	名	动	形/副	荷兰语
刚性词类系统	类型 4	名	动	形	副	英语

上面表 9.2 同样体现了不同语言的词类系统差异不是离散性的，而是具有一定的连续性。我们本书中提出，世界语言的词类系统可以分为三种，分别为弹性词类系统、去弹性词类系统和刚性词类系统。弹性词类系统的语言代表有汉语、汤加语、他加禄语等，刚性词类系统的语言代表主要为印欧语系诸语言，而去弹性词类系统的语言代表则是北美土著语萨利希语。萨利希语的词类系统可能与上面表 9.2 中去弹性词类系统的语言代表 Quehua 语和荷兰语的词类系统之间存在一定的差异，这种差异值得今后做进一步的比较研究，但是提出"去弹性词类系统"的精神实质是一致的，就是承认词类系统之间的差异实际上是渐变的，也可能存在相互转化的情况(Sasse 1993)。

Rijkhoff(2002)也从跨语言的角度讨论词类问题，其中她专门讨论了两种语言——Kalam 语(一种巴布亚语)和 Cayuga 语(一种易洛魁语)，认为前者真正的动词很少，而认为后者真正的名词很少。而通过我们对切罗基语的讨论可以看出，切罗基语不仅存在大量的由动词派生而来的名词(这就是被认为真正名词很少的原因)，而且也存在一些非派生名词，主要是表示非生命物质的名词和表示动物名称的名词、亲属名词、衣服类名词等，而且尽管派生名词是由动词派生而来的，但是它们的句法表现和非派生名词一样，我们就得承认它们的名词地位，如英语的 teacher 是由动词 teach 派生而来，没有人否认 teacher 的名词地位。再来看看 Kalam 语的一些动词派生情况(Rijkhoff 2002)：

(3) 由动词加上"声音(ag-)"派生而来的动词

    a. ag　　ñ-　　　　　　　b. ag　　tk-
    　　声音　转移　　　　　　　声音　分开
    　　"告诉"　　　　　　　　　"插话/打断"
    c. yn　　ag-　　　　　　　d. ag　　ay-
    　　烧　　声音　　　　　　　　声音　使稳固
    　　"(发动机)点火"　　　　　　"限制"

(4) 由名词加上动词"感知(nŋ-)"派生而来的动词：

    a. wdn　　nŋ-　　眼睛感知　　"看"
    b. tmwd　nŋ-　　耳朵感知　　"听"
    c. gos　　nŋ-　　思维感知　　"想"

d. gos konay	nŋ-		思维很多感知	"担心"
e. wsn	nŋ-		睡眠感知	"做梦"
f. gos tep	nŋ-		思维好的感知	"喜欢"
g. mapn	nŋ-		肝脏感知	"对不起"
h. nn pag	nŋ-		胳膊弄断感知	"计算"
i. mnm	nŋ-		言语感知	"懂某种语言"
j. bwk	nŋ-		书感知	"读"

（5）由复杂连动结构派生而来的动词：

a. ap　　　　yap　　　　pk-
　 来　　　　下去　　　　打击
　 "跌倒"

b. pwŋy　　　md　　　　ay-
　 刺　　　　停止　　　　放
　 "（通过嵌入）固定"

　　从上面的例(3)—例(5)可以看出，Kalam 语的一些动词是由已有动词加名词构成，还有一些动词是由复杂的连动结构构成，总之，我们不能以此否定这种语言的动词很少，而实际上这种语言的动词并不少，只是这种语言的动词本身不是一个独立的语素或者说不是一个独立的概念，它们是在已有语素或概念基础上通过组合的方式创造出一些表达其他意义的动词来。这一点与汉语的形声造字法有点相似，如义旁"扌"与声旁"是、工、爪、宁"等可以构成"提、扛、抓、拧"等字。也就是说，Kalam 语的动词造词法更多的是使用复合法，而不是一个概念造出一个词来，我们认为这种造词法具有经济性，用已知的词造出一个新词也便于联想记忆。

　　通过上面的讨论可以看出，不同的语言的确具有不同的词类系统，而且不同语言的词类系统可能与该语言的构词法具有一定的联系，值得我们今后做进一步的研究。今后如果对词的界定进行跨语言的研究并对不同语言的构词法也做跨语言的研究，定能加深人们对不同语言词类系统的认识。

9.2　如何看待词类的共性主义

9.2.1　词类还有共性吗

　　我们在 6.1.2 节（见表 6.8）就已经指出，关于词类研究的共性主义和个性主义的钟摆一直摇来摇去，有的学者坚称词类具有跨语言共性，有的学者则坚称词类的跨语言共性根本不存在。这一节已经到了必须解决这一问题的时候了。通过我们前文的讨论可知，要谈论词类的共性问题，我们必须清楚我们是在什么层面上谈论这个问题，如果不明白这一点，那就是空谈。很多学者在讨论词类问题时，都没有对词类做一个明确的定义,到底是语义层面的还是语用层面的,抑或是形态—句法层面的。我们 6.1.8 节指出,名词和动词的本质实际上就是指物词和指事词充当指称语和陈述语时的形态句法实现问题(语法范畴)。这句话告诉我们,词类的本质就是词的形态—句法类别。从语义上说,每种语言都有指物词(根)和指事词(根),这表明我们所说的词类定义 1 是具有跨语言共性的。从话语功能上说,每种语言的句子都有指称语和陈述语,这是由句子的信息结构"话题+说明"决定的,因为"话题+说明"具有跨语言的共性(Gundel 1988),因此指称语和陈述语也具有跨语言的共性,由于名词和动词的本质就是指称语和陈述语,因此从话语功能角度区分出来的词类,也具有跨语言的共性,我们可以把根据话语功能区分出来的词类叫作词类定义 3。既然词类定义 1 和词类定义 3 都具有跨语言的共性,那么是不是词类定义 2(词语的形态——句法类别)也一定具有跨语言的共性呢?我们的回答是,根据形态——句法划出来的词类不具有跨语言共性。为什么呢?因为指物词和指事词在不同语言中充当指称语和陈述语时的形态——句法表现很不一样。对于弹性词类系统的语言来说,指物词和指事词都可以充当指称语和陈述语,而且指物词和指事词在充当指称语时形态——句法表现一致,在充当陈述语时它们的形态——句法表现也一致,这时我们可以说名词、动词还没有分化,动词也是名词。对于去弹性词类系统的语言来说,指物词和指事词都可以充当指称语和陈述语,指物词和指事词在充当陈述语时形态——句法表现一致,但是在它们充当指称语时形态——句法表现就不一致了,指物词可以无标记充当指称语,而指事词充当指称语则需要特殊标记,或者说需要更加复杂的形式,这时我们可以说,动词开始从名词中分化出来了,但是还不彻底。对于刚性词类系统的语言来说,指物词和指事词也都可以充当指称语和陈述语,但是它们充当指称语时和充当陈述语时在形态——句法表现上都有差异,指物词充当指称语时是无标记的,而充当陈述语时则是有标记的,同理,指事词充当陈述语时是无标记的,而充当指称语时则是有标记的。根据指物词和指事词在充当指称语和陈述语时的形态——句法表现,我们可以把三种词类系统的语言差异用下面表 9.3 展示出来(表中"+"表示有标记,"−"表示无标记)。

表 9.3　三种词类系统语言的指物词、指事词充当指陈语和陈述语时的形态—句法差异

		指　称　语	陈　述　语
弹性词类系统	指物词	−	−
	指事词	−	−
去弹性词类系统	指物词	−	−
	指事词	+	−
刚性词类系统	指物词	−	+
	指事词	+	−

表 9.3 中,指物词和指事词充当指称语和陈述语的形态——句法差异用有无标记来说明,只是为了叙述的方便。实际上,形态——句法之间也没有明确的界限。不管哪种词类系统的语言,不管其词形(词根形式)上有没有与不同的话语功能(指称语和陈述语)相对应,也就是说充当指称语时是一种词形,充当陈述语时又是一种词形,如英语的 teacher 充当指称语时,其前面可以有形容词、物主代词、指示代词、冠词,其后面可以有单复数的变化等,但是其充当陈述语时则其前面必须加上"be";英语的 teach 充当陈述语时,其可以有时体态的变化,但是其充当指称语时则要使用其非谓语形式,但是在话语层面,我们都可以辨别出什么是指称语,什么又是陈述语。如何辨别呢?有时候是通过语序,有时候是通过特殊的形态——句法手段,如指称语前通常有限定词,陈述语通常有时体态标记。如果一种语言的指物词和指事词可以用光杆形式任意充当指称语和陈述语,我们就说这种语言的词项在充当指称语和陈述语时没有指称化和陈述化过程,如果一种语言的词项在充当指称语和陈述语时需要特定的形态——句法手段,我们就说这种语言的词项在充当指称语和陈述语时有一个指称化和陈述化的过程。关于指称化和陈述化可以参看我们前面两章的讨论。

总之,因为词类的本质是词的形态——句法类型,因此不同的语言具有不同的词类系统,所以跨语言的词类共性是不存在的。如果硬要说不同语言的词类有共性,那也只能从语义层面或语用层面上讲,而不能从形态——句法层面上讲。

9.2.2　词类还有问题吗

我们在 6.1.2 节开头指出,目前词类研究主要存在三个方面的问题:一、词类的划分前提是词,然而词在不同语言中的表现都不一样,因此在没有对词进行有效的界定和跨语言比较之前去谈论词类的跨语言比较,必然存在问题;二、词类到底是不是一个具有普遍意义的语法范畴,用某一标准确定的某一语言的词类系统是否可以运用到另一种语言的词类系统以及词类转换在不同的语言中表现是否一致,如有的语言词类之间转换需要形式标记而有的语言不需要这种形式标记,该如何看待这种现象;三、如何认识词类的本质问题以及如何进行不同语言间的跨语言的词类比较。

通过前面两章的讨论,我们认为后面两个问题已经论述得很清楚了,词类不具有跨语言的共性,词类的本质是形态——句法类别。而对于第一个问题,我们认为到目前为止还没有很好地解决。这个问题需要今后花大力气去研究。只有对词进行跨语言的比较研究且对不同语言的构词法或造词法进行跨语言的比较研究,我们才能够认清不同语言的词类系统和语法系统。可喜的是,国外已经有学者关注构词法的类型学研究了(Štekauer, Pavol, Salvador Valera & Lívia Körtvélyessy 2012)。

总之,通过本书的研究,我们可以清楚地认识到词类的本质是什么以及如何进

第九章　世界语言词类系统的类型

行跨语言的词类范畴比较,解决词类研究中一些长期争议的问题。今后词类研究中需要解决的问题就是关于词的界定及词(包括构词法)的跨语言比较问题。有的语言一个语素就是一个词,而有的语言则是几个语素通过合成和加缀等方式构成一个词。不同的构词法可能对不同语言的词类系统产生一定的影响,这些都值得今后做进一步的研究。

9.3　词类范畴的形成与事件名词

9.3.1　对词类范畴形成的初步假设

众所周知,语言是音义结合的符号系统,语言符号和意义之间的联系具有任意性。人类祖先创造符号并使用符号的时候,恐怕并没有意识到什么是词类范畴。一个个语言符号在线性序列上分布,在不同的句法位置上,词项在形态——句法上产生了分化,这时候才可以说有了词类范畴。我们认为既然语言符号是符号的一种,而任何符号都具有指示性(indexicality),这种指示性进而发展出语言符号的指称性(referentiality)。因此,任何语言符号都具有指称性,只不过有的指称性更加具体更加实在(实词),而有的指称性则非常抽象和虚灵(虚词)。从这个角度,我们可以很好地理解谓词性成分为何具有指称性。本书对词类范畴形成的假设就是,名词具有初始性,动词是从名词中分化出来的。对于弹性词类系统的语言而言,动词也是名词,还没有从名词中分化出来,而对于去弹性词类系统的语言而言,动词已经开始从名词中分化出来,但是还不是很彻底,因为它对名词做谓语还没有构成很大的影响。对于刚性词类系统的语言而言,动词已经彻底地从名词中分化出来,两个类具有一定的对立性。从弹性词类到去弹性词类,再到刚性词类是一个渐变的过程,也是语言的句法化(syntaticalization)程度逐渐增高的过程。关于我们对词类演化方面的假设,我们将在续编中从古汉语词类、手势语、混合语、语言习得以及语言的演化等方面加以佐证,本节不再做过多的论述。下面我们将简要讨论一下词类研究与事件名词研究之间的关系。

9.3.2　从词类系统的差异看事件名词

我们在 5.3.3 节指出,事件名词的研究表明它是一个观察不同语言词类系统差异的一个窗口,它是动词名词研究的一个接口。而且,事件名词的差异与不同语言的词类系统之间存在或多或少的联系。从词类范畴形成的角度看,在弹性词类系统的语言中,指物词和指事词既可以无标记做指称语也可以无标记做陈述语,其中指事词既可以指称事件也可以陈述事件,如他加禄语、汤加语和汉语;在去弹性词类系统的语言中,指物词可以无标记地做指称语也可以无标记地做陈述语(当然,做陈述语需要依赖语境理解其含义,属于境迁语),而指事词可以无标记地做陈述语,但是做指称语时需要有形式标记,而且这个指称语不是指称事件而是指称事件的参与者——施事,如萨利希语;在刚性词类系统的语言中,指物词无标记指称事物但做陈述语需要形式标记,而指事词无标记陈述事件但做指称语时需要形式标记(指称事件),如易洛魁语和印欧语。

在 5.3.1 节,我们讨论了事件名词的跨语言共性,其中共性三是这样表述的,即不同层级的事件指称构式的蕴含共性为:一种语言如果有词汇层面的事件指称构式,则它也有短语层面和小句层面的事件指称构式,反之则不然;一种语言如果有短语层面的事件指称构式,则它也有小句层面的事件指称构式,反之则不然。通过我们的研究发现,不管是弹性词类系统的语言还是刚性词类系统的语言,都有词汇层面的事件指称构式、短语层面的事件指称构式和小句层面的事件指称构式,只有去弹性词类系统的语言,没有词汇层面的事件指称构式,但是有短语层面的事件指称构式和小句层面的事件指称构式,如 Halkomelem Salish(Thompson 2003:55 – 56):

(6) cəl　　　məlq-ələs　　　　[kʷ=əl=s　　　　　ʔi=ɬ
　　1单.主语　忘记-重叠.3宾语　标句词=1单.属格=名标　助词=过去时
　　ƛəqʷəl-t　　　　　tə　　　　　heyəqʷ]
　　扑灭-及物化.3宾语　限定词　　　火
　　"我忘记我已扑灭了火。"

(7) cəl　　　məlq-ələs　　　　[kʷ=əl=s
　　1单.主语　忘记-重叠.3宾语　标句词=1单.属格=名标
　　ƛəqʷəl-t　　　　　tə　　　　　heyəqʷ]
　　扑灭-及物化.3宾语　限定词　　　火
　　"我忘记已把火扑灭了。"

上面的例(6)中,从句"我扑灭了火"中的谓语动词"扑灭"前还有标记过去时的助词"ʔi=ɬ",因此这个从句属于小句层面的事件指称构式,而例(7)中,从句"我扑灭了火"中的谓语动词"扑灭"前已经没有标记过去时的助词"ʔi=ɬ",因此这个从句属于短语层面的事件指称构式。按照 Thompson 的说法是,例(6)的宾语从句属于限定小句,而例(7)的宾语从句属于非限定小句,相当于英语的动词不定式。即使上面表9.2中,我们把荷兰语看作是去弹性词类系统的语言,但是我们也已经指出,不同语言的词类系统之间弹性和刚性不是离散性的,而是连续性的,即使都是去弹性词类系统的语言,它们的词类范畴表现也不一定完全一致,因为词类的分化是渐进性的。同样属于刚性词类系统的语言英语,其中也有大量的词项具有弹性,如 kiss、swim、walk、hit、rest 等,它们既属于名词也属于动词。

总之,去弹性词类系统的语言萨利希语,是我们所见到的仅有的没有词汇层面事件指称构式的语言,为何没有词汇层面的事件指称构式?这是非常值得做进一步的研究的。我们的猜测是,这种语言的陈述短语只要带上限定词就可以指称事件的参与者,无须词汇化为一些表示专门职业的名词,如"教师、发明家、发言人"等,同样这种语言的小句之前只要加上标句词就可以充当另外一个小句的宾语,用来指称事件,也无须再词汇化为一些专门指称事件的名词。不管萨利希语有没有像 Thompson 所说的那样区分短语层面的事件指称构式和小句层面的事件指称构式,我们概括的事件名词的跨语言共性三还是有效的。这只是说明萨利希语可能不属于只有小句层面的事件指称构式的语言,但是这种语言没有词汇层面事件指称构式(即没有事件名词)是符合语言事实的。

9.4 小　　结

本章主要是对词类研究做一个全面的总结,认为对不同语言的词类范畴进行跨语言比较,必须要有科学合理的方法,即以语义为基础,以话语功能(语用功能)为导向,以形态——句法表现为标准。据此,我们得出了对世界语言词类范畴的总的看法是:不同的语言具有不同的词类系统或者说世界语言的词类系统具有语言特异性。

其次,我们检讨了词类研究中的共性主义观点,认为讨论词类范畴的共性问题时应该注意区分不同层面的问题,从语义和语用的角度看,世界语言的词类具有共性,也就是说所有语言都有指物词(根)和指事词(根),所有语言也都区分指称语和陈述语,但是这并不能证明所有语言的词类系统都是一样的,因为词类的本质是形态——句法范畴,我们必须认清这一点。通过我们对词类范畴有争议的南岛语系的语言和北美土著语的讨论,我们认为词类问题中的绝大多数已经得到了很好的解决,唯有如何对世界各种语言中的词进行科学界定以及不同语言的构词法是否一样这些问题还没有得到很好的解决,值得今后做进一步的研究。

最后,我们对词类范畴的形成提出了一个初步的设想,认为从语言的起源角度看,语言符号也具有指示性,因此所有语言符号都具有指称性,所以我们认为产生语言符号之初,所有语言符号都是名词,动词是在语言符号的使用过程中逐渐分化出来的。因为不同的语言具有不同的词类系统,所以不同的语言的事件指称构式也有很大的差异,从事件名词的表现可以发现不同语言词类系统的差异,同样,从世界语言词类系统的差异也可以对事件指称构式的差异做出解释和说明。弹性词类系统的语言中指事词既可以作为动词陈述事件,也可以作为事件名词指称事件,刚性词类系统的语言中,指事词可以作为动词陈述事件,但是要指称事件或构成事件名词,需要一个形态转化的过程。只有去弹性词类系统的语言,指事词只能作为动词陈述事件,它本身不能作为事件名词指称事件,也不能改变形态来指称事件,要指称事件,必须用整个句子(完整或非完整小句)来指称它。

续 篇

词类分化的证据

第十章 古汉语证据：古汉语"者"和古汉语词类

10.1 古汉语的词类研究综述[①]

古汉语词类研究与现代汉语词类研究一样，也存在很多问题。根据苗启川(1997)对20世纪(1977—1997)近20年上古汉语词类研究综述，虽然有大约500篇论文讨论上古汉语的词类问题，但是有关词类划分的理论和实践的论文较少，只有约46篇，其余文章都集中讨论词类活用(约126篇)和虚词用法(约312篇)。与现代汉语词类研究相比，上古汉语词类问题的理论研究比较薄弱，这种格局在20世纪(1977—1997)近20年的时间中一直没有改变，突出表现是：在已经发表的论文中，词类划分的依据、词的归类、词的兼类这些重要问题，只有极少数涉及，即便涉及，也未能做深入探讨。从上面发表的论文数量对比看，上古汉语词类研究中，词类活用占有极其重要的地位，而与词类划分和词类活用相比，上古汉语虚词研究是上古汉语词类研究的重中之重。由于本书属于基础理论研究而且重点讨论动词、名词之间的关系，我们这里的综述也主要关注前人对上古汉语词类划分的总的看法和上古汉语的实词问题。我们大致把上古汉语词类研究分为两个阶段：第一个阶段为21世纪之前的上古汉语词类研究，第二个阶段为21世纪之后的上古汉语词类研究。

10.1.1 21世纪之前的上古汉语词类研究

一、国内学者的研究

关于21世纪之前的上古汉语词类研究，必然要从中国第一部语法著作《马氏文通》说起。《马氏文通》对词类的划分依据是意义标准，其对名词和动词的定义分别是(马建忠 1998：20-21)[②]：

名词：凡实字以名一切事物者，曰名字，省曰名。

动词：凡实字以言事物之行者，曰动字。

此后的一些古汉语研究者对词类的定义大都沿袭这一标准，如杨伯峻在《文言法》中对名词和动词的定义分别为(杨伯峻 1963：7-8)：名词是表示事物名称的词，动词是用来述说一种动作或者情况的词；王力在《中国语法理论》中对名词和动词的定义分别是(王力 1984：21，24)：凡实物的名称，或哲学科学所创的名称，叫

[①] 本书中的古汉语默认为上古汉语，特此说明。
[②] 《马氏文通》中所说的"字"相当于现代汉语中所说的"词"。

作名词,凡词之指称行为或事件者,叫作动词。后来大概是受到20世纪50年代词类问题大讨论的影响,一些古汉语研究者意识到仅凭意义划分词类存在一定的问题,开始转向根据意义和语法功能相结合来划分词类,如王力后来提出以"词汇——语法范畴"作为词类划分的依据,即"词义标准、形态标准和句法(功能)标准的三结合"(王力1959);杨伯峻、何乐士(1992:78)提出根据"词的语法功能(词在句中的地位与作用)、词与词的结合关系、词的意义"来划分词类。李佐丰(1994:2)则完全抛弃意义标准,他指出"划分词类的主要标志是功能,具有相同功能的词,在语义上通常具有一定的共性"。总之,尽管汉语学界多数人都认识到:词类是词的语法分类;替汉语的词进行语法分类,不能依据意义,也没法依据狭义形态变化,而只能依据词的语法功能(或说"广义形态",或说"分布")(胡裕树、范晓1995:3),如朱德熙(1982:37)就明确指出"实际上根据词的意义划分词类是行不通的。因为表示相同概念的词,语法性质不一定相同","汉语不像印欧语那样有丰富的形态。因此给汉语的词分类不能根据形态,只能根据词的语法功能",但是由于汉语的特殊性,完全根据词的语法功能来给词分类,会造成大量的词属于不同的词类,这就是语言学界通常所说的"兼类"和"活用"。"兼类"和"活用"不仅现代汉语语法中经常论及,而且成了古代汉语语法中大谈特谈的内容。由于词类活用主要是有关名词、动词、形容词的问题(郭锡良2007:6),而且"词的兼类"和"词的活用"之间的关系往往很难分清,因此古代汉语讨论名动兼类和活用问题实质上还是属于讨论词类问题。后来一些搞古汉语研究的学者,对古汉语尤其是先秦汉语的词类问题几乎避而不谈,或者沿用前人的观点,实际上是在默认名动对立的同时讨论词类活用问题。因此,这样的研究很难认清先秦汉语词类的本质。

殷国光《〈吕氏春秋〉词类研究》(1997)是一本专门讨论上古汉语词类问题的专著,但是在其谈论词类划分的原则时,基本上还是沿袭前人的观点,即"词类是词的语法分类,划分词类自然是根据词的语法功能(主要指词的组合能力,以及词的造句功能)为标准。但是词是客观现实的反映,一类词之所以具有这样或那样的语法功能,有其深刻的语义基础(这里所说的'语义',不仅指词的稳定的、独立的逻辑意义,即我们常说的义项或义位,而且包含了概括的语法意义在内,如事物、动作、性质、状态、数量等),因此语义是划分词类的依据。以语法功能为标准,以语义为依据,二者不可或缺,这是我们划分词类的基本原则"(殷国光1997:11)。殷先生在讨论区分兼类和活用的标准时指出,区分词的兼类与活用的标准有二:一是频率,一是意义(殷国光1997:17)。我们认为,频率和意义对区分兼类和活用作用有限,而且兼类和活用之间到底有什么本质差异,早期研究很少谈及。总之,为什么上古汉语有那么多的兼类词或词语的活用现象,主要原因还是学者们没有认清上古汉语词类的本质现象。

二、国外学者的研究

何莫耶(1983—1985)在《古代中国》(*Early China*)连续两期刊登了他关于上

古汉语词类的新见解。他的新见解是，上古汉语的名词具有动词性，从本质上看是一种"表示类属的"分类性动词(classificatory verb)。也就是说，上古汉语的名词和动词不是完全对立的一个类，而只能算作动词的一个子类。何莫耶先生的证据如下：

(1) a. 旷，太师也。
    b. 我必不仁也。
    c. 丘也尝使于楚矣。
    d. 吾少也贱。
(2) a. 贤者则贵而敬之。
    b. 民者好利禄而恶刑罚。
(3) a. 仁者乐山。
    b. 仁者如射。
(4) a. 北宫黝之养勇也。
    b. 此匹夫之勇也。
(5) 人而无信，不知其可也。
    贤者而后乐此。
    贤者则贵而敬之。
(6) a. 虽博必谬。　　　凡虑事欲孰(熟)。　　伯宗每朝，其妻必戒之。
    b. 虽大国必畏之矣。　凡道不欲壅。　　　子如太庙，每事问。

通常认为"也"是名词性谓语的标记(1a)，然而动词性谓语也可以带"也"(1b)，主语和从句之后也可以带"也"(1c、d)。"者"可以跟在动词后面(2a)，也可以跟在名词后面(2b)，"者"既是名词化标记(3a)，又是从句句尾(3b)。要是把名词看作跟名词性谓语一样的分类性动词，就可以把名词后、动词后、从句后这三种位置上的"也"统一为一个，"者"也可以统一为一个。另外，"之"可以在动词前出现(4a)，也可以在名词前出现(4b)，"而、而后、则"连接句子，但是也可以出现在主语和谓语之间(5)，"虽、凡、每"等经常出现在动词前面(6a)，但也能出现于名词前面(6b)。要是把名词看作跟名词性谓语一样的分类性动词，就可以把起不同连接作用的"之"统一为一个，"而"统一为一个，"虽"统一为一个，这样就可以对这些虚词的用法做出十分简单的解释。

何先生的以上论证不仅是从词的"分布"状况出发的，而且是从解释要"简单"这个目标着眼的，这两点都是朱德熙先生所一贯坚持的重要原则(沈家煊 2012b)。朱德熙(1988)在肯定何文的同时也指出该文存在的问题。朱先生认为何莫耶把先秦汉语里的名词看成分类性动词这一说法有一个明显的优点，就是能够对某些由于所包含的词类不同过去一直把它们看成结构不同的句法格式做出十分简单的统一的解释。朱先生批评何文的观点，指出的关键事实是，名词性成分只有在主语位置上才表现出陈述性,在宾语和修饰语位置上没有这种性质。朱先生因此认为,名词的陈述性是主语这个句法位置赋予它的,而不是名词本身具有的。

10.1.2　21 世纪之后的上古汉语词类研究

一、国内学者的研究

21 世纪之后,虽然有不少学者对上古汉语词类进行过研究,但是真正提出新见解的不多。这里主要介绍崔立斌(2004)、姚振武(2005)、张文国(2005)和沈家煊(2012b)。

崔立斌《〈孟子〉词类研究》(2004)也是一本专门讨论词类问题的专著,但是该书对上古汉语词类划分的原则也没有提出自己的见解,只是沿用前人的观点。该书指出(崔立斌 2002:10),"要给《孟子》中的词分类就要有标准、有原则。我们给《孟子》中的词划分类别所依据的标准、原则是王力先生的'词汇·语法范畴'理论"。在上古汉语名词和动词的关系问题上,该书在第一章第 4 节、第二章第 4 节和第四章第 7 节专门讨论了动词、名词的活用和兼类问题。总之,该书认识到了上古汉语的名词、动词之间的纠葛关系,但是对于这种纠葛也是沿袭前人的一般看法。

姚振武《〈晏子春秋〉词类研究》(2005)也是一本专门讨论词类问题的专著,但是该书完全没有交代书中词类划分的标准、依据或原则,只是在绪言中指出该书大体采用传统语法的词类框架,并且认为,从总体上看,这个框架是适用的。在关于上古汉语名词和动词的关系上,该书在 1.5 节专门讨论了两个小问题:名词性成分用作动词和名词动词的兼类,并在 3.2.5 节和 3.3.7 节分别讨论了动词做主宾语和动词性成分的转指。从对上古汉语的名词用作动词、动词用作名词以及名词动词兼类等问题的讨论,我们可以看出姚先生清楚地认识到上古汉语名词动词之间的纠葛关系,但是基本上与前人对上古汉语词类活用与兼类看法无实质上的差异。

张文国《古汉语的名动词类转变及其发展》(2005)是一本专门讨论名词动词转类的专著,尽管该书也涉及一些动词转变为名词的讨论,但是相对名词转变为动词的讨论,篇幅很少,可以忽略不计。而且张文讨论的动词转变为名词的例子都是朱德熙(1983)所说的"转指"的情形,如"饮"从动词"饮用"义演变为"饮用之水"义就是动词"饮"的转指用法,张文认为"饮用之水"义的"饮"属于名词。但是张文国(2005)并没有讨论朱德熙(1983)所谓的"自指"的情形,实际上上古汉语有很多动词都可以自指动词所表示的事件,这也是上古汉语动词的一种常态用法,但是由于大多数研究者偏重意义分析,对上古汉语动词指称事件的用法视而不见,这也是导致人们至今无法认清上古汉语词类性质的原因。张文国(2005)实际上是讨论各类名词转变为动词的可能性问题,还是属于讨论名词活用的范畴,但是讨论名词活用往往又与讨论名动兼类问题密不可分。如何判断名动兼类和活用是一个老大难的问题,而张文国(2005)认为:"这个问题必须结合语义、语用、词频等才能解决,绝对不能只靠语法功能"(张文国 2005:350 - 351)。并且确定了判断名动兼类与活用的五条原则:

1. 本用和转用所对应的意义之间必须具有直接的引申关系,否则只能为纯粹的词义引申,不具有语法研究上的相当价值。
2. 只有特征意义来自所表人或事物的行为动作的名词才有兼作动词的可能,特征意义来自所表人或事物的形貌或性态的名词用作动词则为名词活用作动词。
3. 名动词类转变的词义引申方式符合同一义类的名词的意义活动范围者多为名动兼类,超出同一义类的名词的意义活动范围者则为名词活用作动词。
4. 名词用作动词是相应动词义的唯一或常见的表达形式时,该词为名动兼类;反之,则为名词活用作动词。
5. 名词用作动词出现的频率高者为名动兼类,低者为名词活用作动词。但因文体等语言外部因素带来的个别高频名动转类词则仍为名词活用作动词。

根据以上标准,张文对先秦常见的文献作了全面的调查分析,共发现常用的单音节普通名词约 1217 个。其中,通常只用作名词使用的共 971 个,约占 80%;名动兼类词共 246 个,占 20%强。据不完全统计,先秦汉语中活用作动词的名词约有 44 个,只占名词总数的 3.6%。如果把名动兼类的名词和名词活用作动词的名词相加,名词用作动词的比例达到 23.6%,也就是说接近四分之一的名词都可以用作动词。尽管如此,与绝大多数动词都可以转指事件的参与者或自指事件本身相比,动词用作名词属于一般情况,而名词用作动词则属于特殊情况。综合上古汉语名动互用或互转的一般情况和特殊情况,我们可以知道上古汉语词类具有很大的弹性,名动两可用法非常常见,而且动词都可以看成名词,但是名词不都是动词,这就是上古汉语词类的本质现象。

沈家煊《关于先秦汉语名词和动词的区分》(2012b)是一篇从理论上阐述上古汉语词类问题的文章,该文从何莫邪先生提出的上古汉语词类新见解出发(见上一小节介绍),引出朱德熙先生对何莫邪观点的批评,然后通过对"类别的两种对立[①]""要区分一般和特殊""先秦汉语是'类前型'[②]语言"等的讨论,最后明确提出自己对先秦汉语词类的观点,即"先秦汉语的动词实质上是一种'动态名词'。这就是说,先秦汉语有名词和动词的区分,但是这种区分不是相互排除的关系,而是名词包含动词的包容关系"。沈先生的对上古汉语词类问题的新观点可以说是反映了上古汉语的语言实际的,即上古汉语动词都可以看作名词,但是名词不都是动词,这一观点与前人观点相比,无疑是进步的。

二、国外学者的研究

近年来国外学者对上古汉语词类研究也有不少关注,这里主要介绍 Bisang

---

① "类别的两种对立"指的是甲乙两个事物之间的对立既可以是"甲乙分立"的对立,也可以是"甲乙包含"的对立。

② 所谓"类前型"(precategoriality)是指词在进入句法层面之前的词汇层面上没有词类区分。

(2008、2009、2013)和 Zádrapa(2011)。

Bisang(2008、2009、2013)都认为汉语是一种"前范畴型"[①](precategoriality)语言,所谓的"前范畴型"语言就是其词在进入句法层面之前在词汇层面上没有词类区分。Bisang 做出这一判断的依据就是 Evans & Osada(2005:366)提出的标准,要判定一种语言没有词类区分(monocategorial),特别是没有名动之分,必须满足三个条件:

1. 组合性条件(compositionality):一个词在不同句法位置(主宾语和谓语)上的语义差别完全可以从句法位置的功能来预测,也就是靠词义和句法位置的结合来预测。
2. 双向性条件(bidirectionality):表示动作的词也能做主宾语,表示事物的词也能做谓语。
3. 穷尽性条件(exhaustiveness):不能只是少数词满足上面两个条件。

Bisang 认为先秦汉语词汇层面上的词全部符合上面三个条件,他特别对第一条做了较详细的论证。他认为从组合性条件上看,先秦汉语表示事物的词做谓语的时候,其意义变化可以通过词义结合句式意义来推导和预测,具体就是看词在句式中的位置和功能。例如指人的词做谓语,出现在不及物句式和及物句式里表达的意义不一样:

(7) 君君臣臣父父子子。
(8) 吾於颜般也则友之矣。
(9) 君子不器。
(10) 及其使人也器之。

上面例(7)里"君"等做不及物句的谓语,语义是"像君王一样行事"或"成为君王";例(8)里"友"做及物句的谓语,语义是"使……成为朋友"或"使……像朋友一样行事",或者是"认为……是朋友"或"认为……像朋友一样行事"[②]。指工具的词语做谓语,出现在不及物句式和及物句式里表达的意义也不一样,上面例(9)里"器"做不及物句的谓语,语义是"成为器或用作器",例(10)里"器"做及物句的谓语,语义是"使……成为器或用作器"。根据以上例证,Bisang 认为名词做谓语的时候发生的语义变化是可以推导和预测的,所以符合组合性条件。

沈家煊(2012b)认为 Bisang 的论证是不成功的。沈先生认为名词做谓语时发生的语义变化用"词义+句式义"的办法,可以推导和预测的程度是极其有限的。沈先生指出,名词做谓语的时候是"境迁语",其意义是随着语境的变化而变化的,

---

① 沈家煊(2012b)把 precategoriality 翻译为"类前型",本书翻译为"前范畴型"。
② 事物名词(包括指人名词)在及物句中做谓语,就是传统语法分析所说的使动用法(Causative)和意动用法(putative),属于名词活用范畴。

无法做到真正的预测,如王克仲(1989)所举的方位名词"东"和普通名词"门"的例子:

(11) a. 栾黡曰:"晋国之命,未是有也。余马首欲东。"(《左传·襄公十四年》)
b. 齐侯执阳虎,将东之。(《左传·定公九年》)
c. 成子将杀大陆子方,陈逆请而免之。以公命取车于道,及耏,众知而东之。(《左传·哀公十四年》)
d. 仲子曰:"……今无故而废之,是专黜诸侯,而以难犯不祥也。君必悔之。"公曰:"在我而已。"遂东太子光。(《左传·襄公十九年》)

(12) a. 晋人不得志于郑,以诸侯复伐之。十二月癸亥,门其三门。(《左传·襄公九年》)
b. 四年春,蔡昭侯将如吴。诸大夫恐其又迁也,承,公孙翩逐而射之。入于家人而卒。以两矢门之,众莫敢进。(《左传·哀公四年》)

上面例(11a)里的"东"表示"向东",例(11b)里的"东"表示"囚禁于东鄙",例(11c)里的"东"表示"使……东返",例(11d)里的"东"表示"徙……于东鄙"。例(12a)里的"门"表示"攻门",而例(12b)里的"门"则表示"守门"。

不仅上古汉语的词在词汇层面上不能满足上面 Evans & Osada 所提的组合性条件,而且也不符合穷尽性条件,我们上文已经指出,虽然有近四分之一的名词可以用作动词,但是仍有很多名词从来都不用作动词,即上古汉语的动词都可以看作名词,但是名词不都是动词。

Zádrapa(2011)以 Langacker 的认知语法和 Croft 的激进构式语法作为自己的理论背景讨论上古汉语名词用作动词和名词作状语现象。在讨论名词用作动词的时候,Zádrapa(2011:117-118)认为张文国(2005)把名词的特征义决定了名词能否经常用作动词这一观点存在问题。首先,这一观点把语言单位所表征的周围现实(或非现实)世界的语义或概念过度简化了。尽管表示事物的词的语义结构对名词活用起决定性作用这句话没有错,但是词几乎从来都没有如此整齐的简单的语义结构。词所表示的概念总是整合到一个概念网络系统之中。其次,证明这一观点的例证也有问题。利用古代文献[①]作为最重要和常常是唯一的方法来确定相关词义很难让人接受。因为不同的文献有不同的注释方法,实际上会受到作者语言偏好和主观意识的影响。最后,张文国引用的许多词义特征的古代注释与自己的观点相矛盾。"刃"在《说文解字》中意为"刀坚",怎么可能常常用作"切割、用刀杀"之义呢?Zádrapa(2011:114-115)还反对张文国把名词用作动词现象分为"兼类"和"活用",认为它们的产生机制是一致的,即使是用例极少的个别名词用作动词现象也是值得研究的。该书还认为名词活用现象基本上代表着一种构词(word

---

[①] 这里的古代文献指《尔雅》《说文解字》《释名》等。

formation),而且认为名词用作动词具有理论上的共性(Zádrapa 2011:122)。

我们认为 Zádrapa 用认知语言学理论来研究上古汉语词类活用现象是值得肯定的,很多论证和解释都有很强的说服力。比如,认为"兼类"和"活用"不宜截然分开,它们之间的差别可能只是词汇化程度和规约化程度不同,认为词义是一个复杂的关系网络,很难从某一个语义特征去预测某一个名词是否具有活用的潜能,这也符合名词用作动词属于境迁语,随着语境的不同可能会有不同的解读,认为上古汉语词类具有弹性,名词活用属于一种构词行为,从而使一个词具有多义性,认为一个词的名用和动用不要处理为两个同源词,符合简洁性原则。但是该书(Zádrapa 2011:116)认为所有的名词都具有活用为动词的潜能,相反也成立,即所有的动词都具有用作名词的潜能,因为现实世界中物质和过程是密不可分的,上古汉语词类充分利用了词类的弹性来用一个语言形式指示现实世界中物质和过程两个方面。这一看法不仅与他自己下文所说的名动转换的不对称相矛盾(Zádrapa 2011:116),而且也不符合语言事实,因为上古汉语中动词都可以看作名词,但是名词不都是动词。

从上面的讨论可以看出,在名动转类的研究中,人们更多的关注是名词如何转变为动词,而很少关注动词如何转变为名词。朱德熙(1983)认为上古汉语"者"是名词化标记,也就是说,上古汉语动词转变为名词必须要有形式标记,否则它仍然为动词。我们下文将证明,上古汉语中的"者"并不是名词化标记,从而进一步证明上古汉语动词都可以看作名词,它们要么指称事件的参与者,要么指称事件本身。

10.2 上古汉语"者"字的功能

10.2.1 前人的观点

前人关于"者"字的功能主要有"名词化"标记说、"局部指称化"标记说和"局部话题"标记说三种不同的观点。

一、"者"字的"名词化"标记说

朱德熙(1983)认为,凡是真正的名词化都有实在的形式标记,并且认为"者"字是名词化标记,其语法功能是使谓词性成分名词化,其语义功能有自指和转指两种。转指的"者"用"者 t"表示,自指的"者"用"者 s"表示。所谓的转指就是"VP 者 t"表示动作的发出者和承受者,从语义角度看,即表示施事或受事等。所谓的自指就是"VP 者 s"表示 VP 所表示的事件或状态,用朱先生的话来说就是:如果说 VP 是表示行为、动作、状态的,那么"VP 者 s"表示的就是物化了的行为、动作和状态。下面的例(13)—例(15)为"者 t"表转指的例子,例(16)—例(18)为"者 s"表自指的例子。

(13) 臣弑其君者有之,子弑其父者有之。(《孟子·滕文公下》)

(14) 南门之外有黄犊食苗道左者。(《韩非子·内储说上》)
(15) 治于人者食人,治人者食于人。(《孟子·滕文公下》)
(16) 金重于羽者,岂谓一钩金与一舆羽之谓哉?(《孟子·告子下》)
(17) 然则舜有天下也,孰与之?曰,天与之。天与之者,谆谆然命之乎?(《孟子·万章上》)
(18) 秦攻梁者,是示天下要(腰)断山东之脊也。(《战国策·魏策四》)

朱先生还认为名词性成分后面的"者"属于"者 s",表自指,例如:

(19) 有颜回者好学。(《论语·雍也》)
(20) 虎者戾虫,人者甘饵也。(《战国策·秦策二》)

很明显,上面的例(19)和例(20)与朱先生的"名词化"标记说有矛盾,因为上述两例中"者"字前面已经是名词性成分了,还需要名词化吗?袁毓林(1997)也看到了其中的问题,因此他借助谓词隐含的观念,试图证明"名词性成分+者"中,名词性成分之前隐含了一个言说义动词"曰或谓"。袁文是这样说的:"者"还能加在名词性成分之后,构成"NP+者",它跟"VP+者"中的"者"在语法功能上有没有同一性呢?假如我们能够证明"NP+者"中隐含了"曰、谓"一类动词,"者"提取"(曰/谓)NP"的主语,那么就可以说这种"者"的语法功能也是名词化,语义功能也是表示转指。例如:

(21) 南方有倚人焉,曰黄缭,问天地所以不坠不陷风雨雷霆之故。(《庄子·天下》)
　　[→(名曰)黄缭者,南方之倚人也。]
(22) 南方有鸟焉,名曰蒙鸠,以羽为巢,而编之以发,系之苇苕。(《荀子·劝学》)
　　[→(名曰)蒙鸠者,南方之鸟也。]

从上面的两例可以看出,袁先生的证明似乎有一定的道理,但是我们认为谓词隐含只是一个假设,是专门为解释"NP+者"中的"者"也是名词化标记而特设的规则,应该抄起奥卡姆剃刀予以剔除。既然名词性成分后面都可以加"者",就没有必要认为这些名词性成分之前都隐含了一个言说义动词。而且孙洪伟(2015)指出,在上古汉语中并未发现"曰 VP/NP 者""为 VP/NP 者[1]"这样的例子。不仅如此,恐怕有的"NP 者"不都是可以这样补充的,例如[2]:

(23) 夫圣人者,不凝滞于物而能与世推移。≠(名曰/谓/为)夫圣人者,不凝滞于物而能与世推移。

---

[1] 袁毓林(1997)假设"NP 者"中隐含了"曰、谓"一类动词,在他的例(29)中实际上也包括系词"为",也就是说隐含的动词不仅包括言说义动词,也包括系词。
[2] 例(23)至例(25)引自芮月英(1999),其中"≠"表示"不能补充为"。

(24) 此三君者,皆各以变古者失其国而殃及其身。≯(名曰/谓/为)此三君者,皆各以变古者失其国而殃及其身。
(25) 此二人者,岂借宦于朝,借誉于左右,然后二主用之哉?≯(名曰/谓/为)此二人者,岂借宦于朝,借誉于左右,然后二主用之哉?

除了"NP+者"结构对朱先生的"名词化"说提出挑战以外,至少以下两个方面也可以证明"者"的"名词化"标记说是不成立的。

第一,既然认为"者"是名词化标记,那么就不好解释一些动词性成分不带"者"同样可以表示所谓的转指和自指。例如:

(26) a. 居是邦也,事其大夫之贤者,友其士之仁者。(《论语·卫灵公》)
　　　b. 举贤不避亲仇。(《吕氏春秋·去私》)
(27) a. 葬死者,养生者,死人复生不悔,生人不愧,贞也。(《国语·晋语二》)
　　　b. 哭死而哀,非为生者也。(《孟子·尽心下》)
(28) a. 来者勿禁,往者勿止。(《庄子·山木》)
　　　b. 饮食周急之厚弥衰,送往劳来之礼不行。(《汉书·薛宣传》)
(29) a. 仁者,人也;义者,宜也。(《礼记·中庸》)
　　　b. 仁,人之安宅也;义,人之正路也。(《孟子·离娄上》)
(30) a. 彭蒙、田骈、慎到不知道。虽然,概乎皆尝有闻者也。(《庄子·天下篇》)
　　　b. 子路有闻。未之能行,唯恐有闻。(《论语·公冶上》)
(31) a. 二者杂于方寸之间,而不知所以治之,则危者愈危,微者愈微,而天理之公卒无以胜夫人欲之私矣。(《中庸·章句》)
　　　b. 是故君子安而不忘危,忘而不忘亡,治而不忘乱,是以身安而国家可保也。(《易·系辞下》)

上面例(26)—例(28),a 中的"贤者""死者""往者"和 b 中的"贤""死""往"都是分别转指"贤德之人""死亡之人""离开之人",但是 a 中都含有一个"者"字,而 b 中都没有"者"字;例(29)—例(31),a 中的"仁者""闻者""危者"和 b 中的"仁""闻""危"都自指"仁这种德性本身""听说过某种事情""危险的事情",同样是 a 中有"者"而 b 中无"者"。姚振武(1994)对朱德熙(1983)认为的"凡是真正的名词化都有实在的形式标记"提出异议,并且指出,先秦汉语中有些谓词性成分可以不用任何形式标记而发生转指,并且名词化。这种名词化指的也是与谓词性成分所隐含的对象有关的施事、受事、与事、工具等。例如:

(32) 执事顺成为藏,逆为否。(《左传·宣公十二年》)
(33) 有灾,其执政之三士乎。(《左传·襄公十年》)
(34) 一箪食,一瓢饮,在陋巷,人不堪其忧,回也不改其乐。(《论语·雍也》)
(35) 侍食于君,君祭,先饭。(《论语·乡党》)

姚文指出,以上例子中的"执事""执政""饮""饭"分别转指"执事者""执政者""所饮""所饭"。不仅先秦汉语如此,现代汉语也如此。姚文(1994)指出,现代汉语里也有不少性质相同的事实。如"编"是动词,"辑"也是动词,二者合在一起成为"编辑"也还是动词,可是却转为了名词,成为"编辑者"的意思了,没有任何形式标记。相同或类似的例子还有:导演、裁判、招待、看守等。姚先生认为,不仅先秦汉语中的动词可以无标记转指施事、受事等,而且还可以无标记自指事件本身,例如:

(36) 男女授受不亲,礼也,嫂溺援之以手者,权也。(《孟子·离娄上》)
(37) 孩提之童,无不知爱其亲者。及其长也,无不知亲其兄也。(《孟子·尽心上》)

上面两个例子非常能够说明问题,例(36)中两个分句的主语分别是"男女授受不亲"和"嫂溺援之以手者",一个含有"者",一个无"者"。例(37)中前后两个小句中,动词"知"的宾语分别是"爱其亲者"和"亲其兄",一个含有"者",一个无"者"。这充分说明先秦汉语谓词性成分本身可以指称一个事件,加"者"不是其指称事件的必要条件。通过上面的例子可以证明,"者"字的"名词化"标记说是有问题的。既然"者"既用于转指又用于自指,不用"者"的 VP 也可以转指和自指,说明汉语并不重视转指和自指的区分。需要指出的是,姚振武用现代汉语"编辑"来证明先秦"执事"也能转指,这是用现代汉语"编辑者→编辑"来看先秦汉语,现代汉语是先有"编辑者"后有"编辑",先秦汉语则是"执事"本身就能指"执事者"。因此,与其说"执事"表"执事者"的时候是无标记转指,不如说先秦并不在形式上区分自指和转指。

第二,朱德熙(1983)自己承认其"名词化"标记说不好解释下列语言现象。

(38) 鲁无君子者,斯焉取斯?(《论语·公冶长》)
(39) 为君计者,勿攻便。(《战国策·魏策》)
(40) 若宿者,令人养其马,食其委。(《管子·大匡》)
(41) 客亦何面目复见文乎?如复见文者,必唾其面而大辱之。(《史记·孟尝君列传》)

朱先生认为,上面例子中的"VP 者 s"都表示假设意义,有的前边还有表示假设的连词"若"或"如"。这种场合的"VP 者 s"似乎应该看成是复句里的前置分句,不宜看成名词性主语。如果真是如此,那么其中的"者"字就只能解释为语气词,不能解释为名词化标记了。从上面朱先生的讨论可以看出,认为先秦汉语中"者"字是一个名词化标记确实面临很多困难,这不得不促使我们进一步思考该问题,找出一个更加合理的解释。

二、"者"字的"局部指称化"标记说

姚振武(1994)一文是对朱德熙(1983)一文的商榷,关于转指的"者",姚先生通过大量的实例证明[如上面的例(32)—例(35)]先秦汉语中有很多谓词性成分无须

形式标记就可以转指动词所表示的动作的施事、受事、工具或动作所产生的结果等。同时他通过实例证明先秦汉语的 VP 本身可能是指称性的,因而认为朱先生所说的"'VP 者 s'的作用就是把 VP 所表示的意义加以事物化"这句话欠妥。姚先生认为,"VP 者 s"只是一种指称性的谓词性成分,"者 s"只是一个表指称(自指)的形式标记。

我们认为姚振武指出先秦汉语中存在大量的动词不加任何形式标记既可以表示转指也可以表示自指,这完全正确,但是他的观点仍存在以下问题:一是既然动词无须加任何标记可以表示转指也可以表示自指,那么加"者"的目的到底是什么,对此问题姚振武没有给出明确答案;二是姚振武(1994)认为汉语"真正的名词化不都有实在的形式标记",姚振武(2015:60)认为汉语"名词和动词不仅相互对立,而且还相互转化",实际上还是承认汉语存在"零形式名词化",这是朱德熙先生明确反对的,因此他批评朱先生说的"凡是真正的名词化都有实在的形式标记"这句话是印欧语的概念,不符合汉语事实,而实际上朱先生说这句话恰恰是为了反对汉语有"零形式名词化",在朱先生看来,主张"零形式名词化"才是印欧语的眼光,所以他对朱先生的批评没有批到点子上;三、姚振武(1994)认为"VP 者 s"中"者 s"是一个表指称(自指)的形式标记,他提出"真正的名词化不都有形式化标记",这还是预设汉语存在 VP 的名词化,还是承认"VP 者 t"是名词化形式,那么"者 t"就是一个名词化标记,因此他没有考虑"者 s"和"者 t"之间到底是一种什么样的关系,更没有对它们做出统一的解释;四、而且他处理"者 s"跟他处理"者 t"的原则是矛盾的。处理"者 t"时,因为 VP 本来可以转指事物,故"者 t"不是转指标记,而处理"者 s",因为 VP 本来可以自指事件,却认为"者 s"是自指标记。

因为姚先生只是认为"者 s"是指称化标记,所以我们称其观点为"局部指称化"标记说。

三、"者"字的"局部话题"标记说

我们之所以称之为"局部话题"标记说,是因为有些学者(董秀芳 2004、2012,李小军、刘利 2008,李小军 2008)只认为朱德熙先生所说的表示自指的"者"具有话题标记功能而不承认朱先生所说的表示转指的"者"具有话题标记功能。董秀芳(2004、2012)认为"者"的话题标记功能是从其名词化标记用法发展出来的,话题的后面经常可以有停顿,表示提顿的语感即由此而来。董文指出,将这类"者"看作自指的名词化标记是有问题的,因为这类"者"可以跟在名词性成分后面,名词性成分后出现自指标记是没有合理的动因的。只有将这类"者"看作话题标记,才能对其用法做出合理的解释。李小军、刘利(2008)和李小军(2008)认为朱德熙先生所说的表示转指的"者"是指代词,其功能是名词化,而朱先生所说的表示自指的"者",由于指代功能弱化,很多人就把它们看作语气词,最终发展出话题标记功能。

虽然从话题角度来看"者"是一个新的角度,但是认为这种话题标记功能是从"者"字的名词化标记或指代功能发展出来的却不太合理,原因有:一、朱先生所说

的"者"字的转指和自指功能在先秦时期是同时出现的,很难说哪一个先出现,哪一个后出现,也就是说很难说哪一个是原生的,哪一个是派生的;二、而这一观点又带来一个新的问题是,先秦汉语无须加标记"者"同样可以做话题,那么加这个标记到底是干什么的呢?三、他们只看到话题后的"者",却忽视定语和宾语位置上的"者",这两种句法位置上的"者"不可能是话题标记吧;四、认为话题标记的"者"是从名词化标记的"者"演化而来,即从"者 t→者 s",这一演变路径也不符合一般的语法化演变路径,通常的语法化演变路径是:词项(lexical item)＞附缀(clitic)＞词缀(affix)(Hopper & Traugott 2003:142),因此从名词化标记到话题标记这种"逆附缀化"是否合理很值得商榷。

10.2.2 "者"字新解

一、"者"的性质和功能

由于自指的时候"者"总是可以去掉,有理由首先弄清,自指的时候加"者"干什么?我们的回答很简单,加"者"是复指前面那个指称性成分并起提顿的作用,"者 s"应定性为"提顿复指词",即兼具提顿作用的复指词。例如:

(42) 虎者戾虫。(《战国策·秦策二》)[老虎这种(动物)啊,是暴戾大虫。]
(43) 寡人夜者寝而不寐,其意也何?(《公羊·僖公二年》)[寡人夜里这个啊,睡不着觉,是什么原因啊?]
(44) 以顺为正者,妾妇之道也。(《孟子·滕文公下》)[以顺为正这一点呢,是为妇之道。]
(45) 此二人者实弑寡君。(《左传·隐公四年》)[这两个人他们啊,实际杀死了寡君。]
(46) 如有王者,必世而后仁。(《论语·子路》)[如果出现了真正的君王这样的人呢,也需要一代人才能形成仁的风气。①]
(47) 君:"曰告乎三子"者。(《论语·宪问》)[国君说,报告那三位大夫这么着吧。]
(48) 邾娄定公之时,有弑其父者,有司以告。(《礼记·檀弓下》)[邾娄国定公的时候,有杀死他父亲这种(事情)的,有司向定公报告。]

今译不是唯一的译法,但"者 s"大致相当于现代汉语口语里常用的提顿复指词"这个",被复指的指称性成分,类型上不受限制,可以是体词性成分,也可以是谓词性成分。所谓"提顿","提"就是说话的人提请对方注意这个指称语,也是给自己要说的话起个头,提挈下面的话,"顿"就是说话的人稍作停顿延宕让对方准备好收听下面的话,也是给自己一点时间思考怎么接着往下说。复指和提顿都是说话的人

---

① 甲柏连孜(2015:275)指出,此例的"者"有突出的修饰效果,表示"真正的、地地道道的"。

为了加强对方对指称对象的注意,同时也提请对方注意接下去的话。当他觉得需要这种加强的时候就加个"者 s",他觉得不需要加强的时候就不加,这就是加"者 s"的用意,也是它总是可加可不加的原因。这个定性跟姚振武(1994)"加强指称语气"的说法一致,也可解释"者 s"有明显的"引进话题"的语用功能(袁毓林,1997),"者"字结构有 50%是充当句子主语的(芮月英,1999),因为话题具有"更加明显的指称特点"(徐烈炯、刘丹青,2007:138-139),更需要提顿。例(46)—例(48)"X者"出现在宾语位置上,按照"链式话题结构"的分析,它们也都是潜在的话题,当然也得承认这个位置上"者"的"顿"的作用大于"提"的作用。但是把"者 s"定性为话题标记不妥,因为无"者"同样可以做话题,汉语的话题从古至今都没有强制性的标记,跟日语的话题标记"は"不同,"は"一般不可省略。

对"者 s"的这一定性跟清代袁仁林在《虚字论》里说"者"为"倒指顿住之辞"完全一致,我们舍弃《马氏文通》"接续代词"的名称,因为"者"的主要作用不在"代"而在"指"(倒指,复指)。吕叔湘(1979/2007:37)讲代词的时候说,"指别和称代是不同的句法功能",分为两类"也许更合理些","指别是这类词不同于他类词的主要特征,至于称代,反而不是这类词独有的功能"。《马氏文通》虽然用了"接续代词"的名称,但是按《说文》解为"别事词",即指别词,"或指其事,或指其物,或指其人",强调的也是"指"不是"代"(360 页)。倒是后人比附英语的 pronoun 理解"代词",以为"者"代的是跟动词对立的名词,于是有"者"是"名词化标记"一说,反而把"者"的性质和功能理解偏了。

总之,"者 s"根本上是一个复指词,兼具提顿作用,复指提顿根本上是语用性质的,都是为了在实际语言交流中加强对方的注意,提高指称语的指别度。近年对语言演化的研究发现,"指"(手指和指示词)很可能是语言起源的初始或准备阶段。(Diessel 2013)

二、"者 t"的形成

汉语的动词自指和转指的时候本来都无须加标记,以"御"字为例:[另见例(36)和例(37)]

(49) 吾何执?执御乎?执射乎?吾执御矣。(《论语·子罕》)(自指)
(50) 与其射御,教吴乘车,教之战陈,教之叛楚。(《左传·成公七年》)(转指)

由于识别转指对象比识别自指对象需要更多的认知付出(多一个转移对象的心理步骤),当说话的人意图用"御"这个指称驾车动作的词来转指驾车人的时候,他会觉得比"御"自指驾车动作的时候更有必要在后头加个"者"来加强对方的注意,使对方有较充足的时间来根据上下文识别转指对象,于是"者"就在双方的这种经常性互动过程中逐渐演变成一个后附的转指标记,我们假设"者"的演化方向因此是"自指→转指"。需要指出的是,"者"虽然演变成了转指标记,但仍然不失为一个提顿复指词,它仍然有加强对方注意指称对象的作用,这种演变是不彻底的,理由是:"者 t"在形式上看不出变化,加"者 t"还不是强制性的,有时候转指和自指都讲得通,"者 t"的转指功能在发展过程中还呈衰落的趋势(董秀芳2002:222),根据《倒序现代汉语词典》,加附缀"者"构成名词的数量不大,只有"编者、读者、记者、劳动者、使者、侍者、行者、学者、著者、作者"等十来个。

董秀芳(2004、2012a)将"者 t"视为名词化标记,将"者 s"视为(语法化程度不高的)话题标记,并认为"者"是从名词化标记演化出话题标记,演化方向为"转指→自指",李小军、刘利(2008)和李小军(2008)有相似看法,认为"者 t"是有名词化功能的指代词,而"者 s"的指代功能弱化,最终发展成(经常加在话题后的)语气词。这个假设还缺乏充分的证据,"者 t→者 s"这种"逆附缀化"是否合理值得商榷(参见10.2.1节讨论)。如果重视"指"和"代"的区分,承认"指"比"代"更基本,"者 t"不是名词化标记,主要功能不是"代"而是"指","指"根本上是语用性质的,那么较合理的假设应该是,不是"者 s"减弱了复指的功能,而是"者 t"增加了转指的功能(保持复指功能),"者"是从自指的提顿复指词衍生出转指的附缀,这是个附缀化的过程,只是这种"化"在汉语里是不彻底的,"者 t"还没有成为一个道地的语法标记或词缀。支持我们这个假设的是吴语(上海话)的提顿复指词"葛个"(这个)和弱化的"个":

(51) 甲:你还是学开车吧!
　　乙:开车葛个 s 末,蛮危险的。(开车这个末,挺危险的。)
(52) 甲:刚才到底是啥人开车?
　　乙:开车葛个 s 末,是他不是我。→ 开车个 t 末,是他不是我。

(51)里的"葛个"是"葛个 s",复指开车并提顿;(52)里的"开车"后的"葛个"本来也是"葛个 s"(汉语的主语只是个话题),也是起复指提顿的作用,当它演化为一个转指附缀的时候就变为形式上弱化的"个"。又例如:

(53) 我是喜欢教师葛个 s 职业。/ 我是喜欢教师葛 s 职业。→
(54) 我是喜欢教师个 t 假期。

(53)自指的"葛个 s"可以弱化为"葛 s",但是这个"葛 s"还不能轻读,变为(54)"个 t"后就可以轻读了。细讲的话,复指和提顿,二者也有先后,先是复指,复指是根本,后是提顿,历史的顺序是"复指→提顿→转指",例如:

(55) 教师|葛个职业(复指)→ 教师葛个|职业(复指+提顿)→ 教师个|假期
　　 (复指提顿+转指)

请注意,提顿不失复指,是复指+提顿,转指不失提顿复指,是复指提顿+转指,所以逻辑的顺序可以表示为:(复指(提顿(转指)))。没有复指就没有提顿,没有复指提顿就没有转指,转指因此是自指(定义为"提顿复指")一种特例,逻辑上是自指包含转指。

我们假设的这个"自指→转指"的演化方向有利于解释"者"和"的"的异同。在朱德熙(1983)一文里,"NP者"都是"NP者 s","而"NP的"都是"NP的 t"没有"NP的 s"。其实"NP的 s"是存在的,如"教师的职业""父亲的称呼""主任的头衔""留学生的身份"等等,"的"的这种提顿复指(自指)功能应该也是"的"的根本功能。如果我们接受"自指→转指"这个演化方向,那么一个合理的解释就是,在这个共同的演化道路上"的"比"者"走得远,"的"已经变得更像一个转指附缀。

假设"自指→转指"的演化方向也有利于解释先秦"者"和"之"的异同。根据吴道勤(1985)的研究,出现于西周中晚期的"者"字主要用作指示代词和表示顿宕的语气词,与当时虚词"之"的用法完全相同,是"之"的通假字,在《诗经》中"者"与"之"经常混用,如"有栈之车"和"有芃者狐"相对成文(《小雅·何草不黄》),"裳裳者华"对应于"渐渐之石"(《小雅·渐渐之石》),"始者不如"对应于"兹之永叹"(《邶风·泉水》),"薄言观者"对应于"薄言采之"(《周南·芣苢》)。吴文说"之"和"者"二者都是从其指示代词用法开始发展成一个独立的虚词的,从例证看所谓"指示代词用法"实际是"指"不是"代",是复指某种状态。"者"和"之"的差别在于"者"出现复指用法比"之"晚(按照吴文"之"的这种用法可追溯到甲骨文和西周初年)①,后来"之"循着语法化路径"指词>代词"向第三人称代词发展(Heine & Kuteva 2002),"者"走的语法化路径则是"指词>转指附缀"。

三、转指是自指的一种特例

朱德熙(1983)将"者"统一为转指标记之所以不成功,前文 10.2.1 节已经说明,是因为在名词和动词的关系上还是受印欧语眼光的支配,以为汉语也是"名动分立",进而把"者 t"定性为名词化标记。其实汉语的动词本来也属于名词,沈家煊(2016b)有全面详细的论证,不仅"者 s"不是名词化标记,"者 t"也不是名词化标记,只是个转指标记。对英语来说,转指就是名词化,edit→editor,drive→driver,对汉语来说,转指只是转指,谈不上名词化,因为"编辑"既是 edit 又是 editing,"御"既是 drive 又是 driving,况且还有"NP 者 t"。而"者 t"的转指功能是从自指功能演化而来,演化得并不彻底,仍然不失为一个起提顿复指作用的自指标记。静心想一想,转指和自指其实是这样的逻辑关系:转指总是以自指为基础的,没有自指就没有转指,反之则不然。例如:

(56) 如有用我者,吾其为东周乎?(《论语·阳货》)(假如有起用我这样一个人……)

(57) 虽小道,必有可观者焉。(《论语·子张》)(即使在小径[小事情]上,也一定有值得一观这样一种东西。)

甲柏连孜(2015:277)指出,在"有 X 者"这样的句式里,"者 t"有类似"这样"的

---

① 李小军(2008)没有区分指代的"指"和"代"而且主要按"代"理解指代,所以他认为话题标记"者"比指代词"者"晚出现的说法不可靠,也违反词缀化的一般规律。

复指功能。其实这并不限于"有 X 者"句式,《马氏文通》(第 66 页)解释"为此诗者,其知道乎?"(《孟子·公上》),"为此诗者"犹云"为此诗之人","是故知命者,不立乎严墙之下"(《孟子·尽上》),"知命者"犹云"知命之人",释语中都有复指"为此诗""知命"的"之"字,可见所谓的"者 t"都有自指的功能。甚至不加"者"的时候也是如此,例如,"发现汽车有剐蹭",转指的"剐蹭"(指剐蹭的痕迹)一定也是自指(指剐蹭的事情),但是自指的"剐蹭"不一定是转指。同样,"跑官裸官不提拔","跑官"要转指跑官的官必定先自指跑官的行为,反之则不然。

因此汉语"者 t"和"者 s"之间的关系是,转指是自指的一种特例,如下图所示:

"者"是个"大自指标记",记为"者$_{大S}$",它的性质是提顿复指词,复指功能是根本,复指的成分不管是 NP 还是 VP 都是指称语,而具有转指功能的"者 t"是这个大自指标记的一种特例,"转指"的含义不是从陈述语转变为指称语,而是从自指的指称语变为所指不同的指称语。如果用特征来表示就是:(其中[〜转指]是表示"未规定是否转指",[-转指]是表示"规定非转指",[+转指]表示"规定转指")

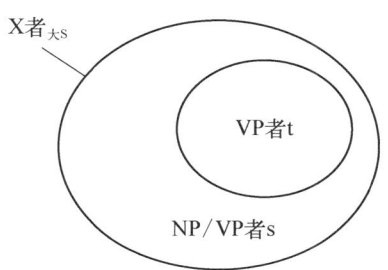

者$_{大S}$　[+提顿复指][〜转指]
者 t　　[+提顿复指][+转指]
者 s　　[+提顿复指][-转指]

这个包含格局实现"者"的三个统一:名词后的"者"和动词后的"者"统一,自指的"者"和转指的"者"统一,句中的"者"和句末的"者"统一。因为 VP 后的"者"不再定性为名词化标记,朱先生假设的那个包含格局存在的问题就不复存在,理论上的不自洽得以消除。至于"NP 者 t",因为少见所以图示里没有标出来,但完全可以纳入(自指(转指))这一包含格局。

本书把上古汉语"者"看作提顿复指词,而不是朱德熙(1983)所说的名词化标记,更不是指称标记或话题标记,不仅可以解决前人关于"者"字研究中存在的矛盾和问题,而且有力地证明了上古汉语动词既可以转指事件的参与者也可以自指事件本身,无须"者"字来标记它的转化。

10.3　如何看待上古汉语的词类问题

10.3.1　上古汉语词类也是名动包含

关于上古汉语名词和动词的关系也是名动包含关系,沈家煊(2012b)已经做了充分的证明,我们支持这一观点,此处不赘。这里主要想说明以下两个问题:

一、前人为何只重视名词转变为动词而不重视动词转变为名词;二、我们如何正确地理解名动包含模式。

　　前人之所以只重视名词转变为动词而不重视动词转变为名词,主要有两个方面的原因,一个是汉语缺乏形态变化,人们判断转类的标准往往只能根据语义,另一个原因是名词动词之间的不对称关系,导致人们理解名词转变为动词时需要更多的认知努力。王克仲(1989:137-139)和张文国(2005:61-69)在谈论动词活用为名词时,只认为动词转指事件参与者的才是动词活用为名词,对于动词指称事件本身的情况则视而不见,原因就是动词转指事件参与者时语义有明显变化,例如[①]:

　　(58) 哭死而哀,非为生者也。(《孟子·尽心下》)
　　(59) 民有为其亲杀其杀,而民不非也。(《庄子·天运》)
　　(60) 年饥,用不足,如之何?(《论语·颜渊》)

　　上面例(58)中的"死"指"死者",例(59)第二个"杀"指"该杀的人",例(60)中的"用"指"用项",它们的名词义与动词义差别很大。

　　名词和动词之间的不对称关系是指,名词所表示的概念属于自足概念,而动词所表示的概念属于依存概念,事物可以独立于过程而存在,而过程则必须依赖于事物才能得到彰显。完全可以想象一个事物而不联想到动作,相反,动作概念总是依附于相关的事物,不可能想象一个动作而不同时联想到跟动作有关的事物。例如,"殴打"这个动作概念不能离开"人"这个事物概念而独立存在,而"人"的概念完全可以脱离"殴打"这个动作概念而独立存在(参看 Langacker 1987:299)。因此,动作与事件的参与者之间联系紧密,所以动词指称事件的参与者也更加容易理解。动作指称事件本身则属于把动态的过程当作一个静态的整体,Langacker(1991:24)把这个过程叫作总括扫描(summary scanning)。也就是说,动词不论指称事件的参与者还是事件本身,二者之间的语义联系紧密,便于人们的认知解读。而名词用作动词属于境迁语,同一个名词可以根据不同的语境解读为不同的过程,参见上面的例(11)和例(12),因此人们要想获得正确的解读必然要结合具体的语境做语用推理,因此需要付出更多的认知努力。也就是说,名词与其所转指的动作之间的联系并不是很紧密,到底转指哪一个具体的动作往往需要结合具体的语境来判定,这种不确定性,自然增加了人们识解的难度。

　　以上两种原因导致了人们偏重名词转变为动词的研究而忽视动词转变为名词的研究,然而忽略后者往往就不能正确认识上古汉语词类的本质,也就不能理解名动包含模式。我们如何正确理解上古汉语词类的名动包含模式,除了要知道名词动用属于特殊现象,而动词名用则属于一般现象外(沈家煊 2012b),还要知道只有

[①] 例(58)—(60)来自王克仲(1989)。

第十章　古汉语证据：古汉语"者"和古汉语词类

近四分之一的名词可以有动词用法(参见 10.1.2 节张文国的统计)，但是动词几乎都可以有名词用法(要排除一些非动作动词，如能愿动词、关系动词和存在动词等)。崔立斌(2004：80)把动词处于主宾语位置时分为四种情况：一、动词词性未改变，意义基本没有变化，是动词作主语、宾语[例(61)和例(62)]；二、动词词义有了变化，临时活用为名词作主语、宾语[例(63)和例(64)]；三、动词兼名词，是兼类词作主语、宾语[例(65)和例(66)]；四、作主语、宾语的词与动词是不同的词[例(67)和例(68)]①。

(61) 死亦我所恶。
(62) 子好游乎？
(63) 养生丧死无憾，王道之始也。
(64) 耳之余声也，有同听焉。
(65) 立乎人之本朝，而道不行，耻也。
(66) 君子有三乐。
(67) 今病小愈。
(68) 文王，我师也。

崔先生没有对动词活用为名词、动名兼类词和名动是不同的词这三种情况做出界定，通过例子我们发现，这三种情况基本上都是动词指称事件的参与者，只有第一种情况属于动词指称事件本身，在这种情况下崔先生不认为是名词，认为是动词做主宾语。这与崔先生的词类划分原则是一致的，因为他的词类划分原则是王力先生提出的"词汇•语法范畴"理论，依句法和语义相结合为标准，这些指称事件本身的词由于意义没有发生变化，所以被认为还是动词。但是，由于词类的本质是句法范畴，名词和动词的本质是指称语和陈述语，那么只要动词具有指称性用法，我们完全可以认为它就是一个名词。崔先生没有对动词用作名词做出统计。尽管他给出的例子大多属于动词指称事件参与者，而给出的动词指称事件本身的例子却很少，但是我们认为动词能够指称事件本身才是值得重视的语言现象。殷国光(1997：163 - 165)在讨论上古汉语动词的语法功能时，认为动词做主语是不自由的，频率低，约占动词总量的 6%，殷先生还认为除了助动词外，各类动词都可以充当宾语，约占动词总量的 23.8%。以下是《吕氏春秋》中动词做主宾语的例子：

(69) 生，性也；死，命也。
(70) 凡遇，合也。
(71) 告我忧也。
(72) 贤者出走，命曰崩。

---

① 例(61)—例(68)均出自《孟子》。

上面例(69)—例(72)都是动词指称事件本身。从殷先生的统计,给我们的感觉好像能做主宾语的动词只约占全部动词的四分之一,与前面所说的名词用作动词的比率差不多。但是需要注意的是,殷先生自己也认为除了助动词外,各类动词都可以充当宾语,这说明各类动词都有指称性用法,都可以看作是名词。而且殷先生的统计,都是光杆动词充当主宾语的例子,不包括动词短语作主宾语的例子,而且如果排除一些非事件性动词(系词、助动词等),几乎所有的事件性动词本身都可以指称事件。还有,对一部专书的语料进行统计,本身就存在一定的局限性,专书中没有出现某一动词用作名词的用例,并不代表古代语言的实际状况。总之,由于动词指称事件比名词表示动作更加容易理解,上古汉语动词都具有指称潜能,都可以理解为名词。这时就可以说,上古汉语的动词都是名词,但是名词不都是动词,这就是名动包含的实质。

10.3.2 上古汉语词类属于弹性词类

上古汉语的词类属于名动包含模式,与上古汉语的词类也同样属于弹性词类之间并不存在矛盾。名动包含,说明所有的陈述语都可以做指称语,但是不是所有的指称语都可以做陈述语,所以上古汉语也属于指称语包含陈述语,即所谓的指述包含(沈家煊 2012c)。而弹性词类主要指这种语言的指物词不需要陈述化可以充当陈述语,指事词不需要指称化可以充当指称语。我们所说的弹性,并非像 Evans & Osada(2005:366)所说的第三个原则"彻底性",即所有的词都具有弹性,也就是说并不是要求所有的指物词都可以有陈述用法,所有的指事词都可以有指称用法,而是从形态—句法的角度考察指物词和指事词在充当指称语和陈述语时有什么形态—句法编码上的差异。指物词充当陈述语和指事词充当陈述语时形态—句法表现一致,指事词充当指称语和指物词充当指称语时形态—句法表现一致,这时候就可以认为这种语言属于弹性词类系统的语言。

回顾我们前文对词类系统形成的假设,即名词具有初始性,动词是从名词中分化出来的见 9.3.1 节,通过我们对古代汉语词类的讨论可以看出,上古汉语属于弹性词类表明上古汉语的动词还没有完全从名词中分化出来,有力地证明了我们的假设是正确的。

10.4 小　　结

本章首先对上古汉语词类研究做了一个简要的综述,从中可以看到前人对上古汉语词类研究有三个特点:一、词类划分多以意义为标准;二、重名词动用(即通常所说的"名词活用"),轻动词名用;三、除了何莫邪(1983—1985)、Bisang(2008、2009、2013)和沈家煊(2012b),很少从理论上思考上古汉语词类的本质。

其次,本章通过对上古汉语"者"字功能的讨论,认为它是一个提顿复指词,根

第十章 古汉语证据：古汉语"者"和古汉语词类

本不是名词化标记，表明上古汉语动词本身既可以指称事件的参与者也可以指称事件本身。

最后，本章认为上古汉语词类属于名动包含模式，也同样属于弹性词类，进而证明词类系统形成的假设具有合理性。

第十一章　符号语、混合语和语言习得方面的证据

本章将从符号语(sign language)、混合语①(mixed language)和语言习得(language acquisition)等方面的研究成果找出更多的证据,来证明词类系统形成的假设具有合理性。

11.1　符号语的词类

11.1.1　符号语词类研究争议

符号语言是否有名动区分,也同样受到符号语研究者的重视。在起初对美国符号语(ASL)的研究中,Stokoe,Castorline and Croneberg(1965)宣称这种语言在名词和动词方面缺少任何的形式区别。然而后来,Supalla and Newport(1978)认为,Stokoe和他的同事们不能发现名动区别可以从他们的方法论上得到解释,实际上美国符号语有着非常可靠的形态方式来区分一组组语义和构成相关的名动对(noun-verb pairs)中的名词动词。实际上随后的许多研究都证明在这样的名动对中存在名动区分(Tkachman and Sandler 2015)。符号语言主要靠手形(hand shape)、位置(location)和移动(movement)组合来构成不同的词义。但是符号语言的形式和意义之间具有很强的相似性(iconicity)。正因为如此,相似性使得单用语义难以区分符号语言中的词类。如下面图11.1中a既可以表示名词"刷子"也可以表示动词"刷",b既可以表示名词"钢琴"也可以表示动词"弹(钢琴)"(Tkachman and Sandler 2015)。

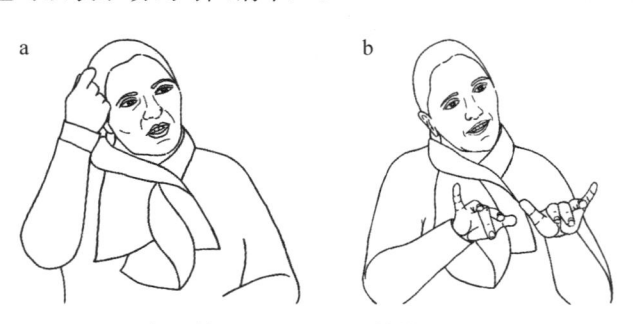

图11.1　以色列符号语(ISL)相似性符号"刷"和"弹"示例

---

① 主要指皮钦语(Pidgin)和克里奥尔语(Creole)。

形态句法测试也同样面临挑战,因为单个的符号可以充当不同的句法功能。例如早期的关于德国符号语(GSL)(Erlenkamp 2000)和印度—巴基斯坦符号语(IPSL)(Zeshan 2000)的研究都宣称符号语中的大多数符号都既可以出现于谓语槽位(predicate slot)也可以出现于论元槽位(argument slot),而且没有任何的形式标记。Meir(2012)证明克里奥尔口语和符号语都存在许多这样的多功能词,即那些既可以作名词也可以作动词或既可以作名词也可以作形容词的词。而 Haviland (2015)一书[①]则倾向于支持符号语中存在名动区分。

总之,在符号语研究中关于是否存在名动区分也是一个热点问题,这一问题似乎也没有得到很好的解决。

11.1.2 符号语词类的特点

关于符号语词类的特点,我们主要根据 Tkachman and Sandler(2015)的研究展开讨论(下文缩写为 T&S)。T&S(2015)主要讨论了两种符号语,分别为以色列符号语(ISL)和 Al-Sayyid Bedouin 符号语(ABSL)。这两种符号语都是非常年轻的符号语,它们出现的历史都只有 80 年左右的时间。二者的差异是,ABSL 是乡村符号语,而 ISL 则是聋人社区符号语。ABSL 起源于四个聋人兄弟的家庭符号系统,现在该符号语有大约 130—150 个聋人在使用。ISL 起源于 20 世纪 30 年代,当时一些聋人在特拉维夫进行有规律的集会。1932 年特拉维夫第一所聋人学校建立,1944 年又成立了国家聋人协会。现在以色列的聋人约有 1 万人,大多数人都能使用 ISL。

T&S(2015)的研究方法如下:

参与者(Participants):7 位使用 ISL 的聋人,其中 6 女 1 男;8 位使用 ABSL 的聋人,其中 6 女 2 男。所有参与者都至少有一个聋人父亲或母亲,或者有一个聋人哥哥或姐姐。

刺激和程序(Stimuli and procedure):启发材料(如图 11.2)都是由图画构成,这些图画描绘具体的物体和操纵这些物体的人。这些图画用 PPT 不定序地向参与者展示。然后要求参与者把他们看到的图画用符号语向在年龄和语言上和他一样的同辈说出来,当参与者的话语不清楚时,这个同辈可以要求其澄清。

图 11.2　一组名动对比对的启发材料示例

---

① 该书是由四篇论文和一篇引文构成的论文集。

T&S(2015)选择了41组名动对比对，但是只有24组有效的展示和统计。这24组名动对比对分别是①：

苹果-吃苹果/牙刷-刷牙/相机-拍照/雪茄-吸烟/梳子-梳头/玉米-吃玉米/门-开门/生面团-揉捏/刺绣（名）-刺绣（动）/叉-用叉吃/吉他-弹吉他/锤子-锤/钥匙-用钥匙开/刀子-用刀子砍（或屠杀）/口红-涂口红/睫毛膏-涂睫毛膏/一杯奶-挤奶/钢琴-弹钢琴/皮塔饼-做皮塔饼/擀面杖-用擀面杖擀生面团/剪子-用剪子割/秋千-荡秋千/鞭子-用鞭子抽

结果（Results）：在ISL中，名词和动词可以通过两个特征得到有效的区分，这两个特征是移动方式（manner of movement）和动嘴（mouthing）。而在ABSL中，没有发现什么特征可以有效地区分名词和动词，但是有些有趣的倾向已经出现。

讨论（Discussion）：1.作者认为ISL中区分名词和动词，但是无法断定这种区分是独自发展的还是借自其他符号语言。作者认为他们的研究支持威尔伯假说（Wilbur's Hypothesis），即事件可视性假说（Event Visibility Hypothesis）：事件结构的语义在谓词的音系形式中是可以看见的。ISL中70%名动对是通过移动方式加以区分的，这表明：动词用持续的移动反映出它们描绘的事件的持续性本质，而名词则用限制性的移动方式刻画，那是因为物体不指示任何类型的事件（因而既无时间上的持续也无终点）。2.作者认为最有趣的研究结果是ABSL缺乏形式手段区分名动对。其他符号语言所使用的区分名词动词的方式，如移动方式、移动频率和动嘴等，在该符号语中都没有发现。但是作者指出，ABSL现在不区分名动对并不代表将来它们不会发展出区分名动对的手段。而且事实上作者发现有两种倾向，将来可能会发展出区分名动对的区别性特征。第一种倾向是29%的ABSL名动对，描绘动词的符号相对描绘名词的符号来说，明显大一些。第二种倾向是15%的名词与大小形状指示词（size and shape specifier）搭配使用。3.作者认为，尽管ISL和ABSL都是比较年轻的符号语，但是二者存在一定的差异与社会因素有关。前者属于聋人社区符号语，而后者属于乡村符号语。两种符号语的社会同质性②程度存在很大的区别，ISL的社会同质性程度低于ABSL，而社区人口数量对相同形式的使用和曝光频率有影响，从而使范畴进一步稳定化，降低符号的变异，促进不同符号语使用者之间的可理解性。作者认为这些社会因素可以解释ISL需要规则的型式而ABSL可以容忍语法形式的欠系统性。总之，其他符号语中普遍发现的名动对比对的系统的区分却在ABSL中还未得到

---

① 原文中"刀"除了对应于"用刀砍"，还对应于"屠杀"，记作两组，所以共有24组名—动对比对。

② 社会同质性（social homogeneity）指的是聋哑人社团人员构成的复杂度，大社团的聋哑人可能来自不同地区或国家，小社团的聋哑人指的就是很小地域内或某一村庄中的几个聋哑人。Tkachman and Sandler(2015)认为社会同质性程度是影响符号语语法规则形成的一个因素，社会同质性低的聋哑社团更有利于形成规则的语法形式。

第十一章 符号语、混合语和语言习得方面的证据

证实。

从 T&S(2015)所选的名动对比对可以看出,事物与事物相关的动作在语义上差异很大,事物都具有三维空间,具有直观性,而动作因为与这些事物相联系而显得具体。这些名动对比对中的名词与动词的关系就如同我们前文所说的事件与事件参与者之间的关系,这些事件的参与者在语义角色上主要是工具,其次是受事。而我们认为名词动词区分的辨识应该重点考察事件名词的形态——句法特征,它是名动区分的一个接口,因为事件名词在语义上表示动作,在功能上具有指称功能。事件和事件参与者在语义上差异明显,而事件名词与事件动词在语义上没有差异。从上面关于符号语的研究可以看出,ABSL 在事件和事件参与者的表达上几乎都不存在形式差异,那么它们在指称一个事件和陈述一个事件上也必然没有差异,因为施事名词等比事件名词更需要形式编码以与其来源动词相区别。其他认为有名动差异的符号语,如果名动对比对的选择不是动作及其参与者,而是动作及其所代表的事件,恐怕结果将是另一种景象。我们猜测陈述一个事件与指称一个事件在符号语中应该使用同一个符号,如同 Erlenkamp(2000)和 Zeshan(2000)所宣称的那样。

如果符号语中用于指称事件和用于陈述事件的符号是同一个符号,那么说明我们提出的词类系统形成的假设,即名词具有初始性,动词是从名词中分化出来的,具有一定的合理性。

11.2 混合语的词类

11.2.1 混合语词类的特点

本书所谓的混合语就是通常所说的皮钦语和克里奥尔语。通过调查,我们发现到目前为止还没有专门的文章讨论混合语的词类问题,很多混合语研究中都提到了混合语词类的一个重要特点——词语的多功能性(multifuctionality)(Lefebvre 2004：155 - 180,Siegel 2008：29,Mühlhäusler 2008,Crowley 2008)。所谓的词语的多功能性就是指一些词语可以充当多种句法功能,如名词不仅可以做主宾语也可以做谓语,动词不仅可以做谓语也可以做主宾语。如果名词和动词都可以自由地充当主宾语和谓语,说明它们可以归为一类。但是西方学者会受印欧语语法的影响,认为其他语言的指事词充当主宾语时即使没有形式标记,他们也把这种现象称作无标记转换或零形式派生。但是我们认为词语的多功能性表明这些混合语的词类具有弹性。因为混合语都是通过语言接触而新产生的语言,所以从语言产生的这种个体发生学的角度看,新产生语言的词类具有弹性可以看作词类还没有完全分化,因为这些词语都具有指称性,因此都可以看作名词。从这个角度看,我们提出的词类系统形成假设同样具有合理性。下面我们先举一些海地克

里奥尔语①和 Norf'k 语②的名动具有弹性的例子,海地克里奥尔语的例子来自 Lefebvre(2004),Norf'k 语的例子来自 Mühlhäusler(2008),下一节我们专门讨论一个没有名动区分的混合语 Riau Indonesian 语③。

海地克里奥尔语名动弹性举例：

(1) apèsi　　　　　　名：一瞥　　动：注意
　　bezwen　　　　　名：需要　　动：需要
　　koze　　　　　　名：聊天　　动：聊天
　　sòti　　　　　　 名：散步　　动：出去

Norf'k 语名动弹性举例：

(2) aansa　　　　　　名：答案　　动：回答
　　beng　　　　　　名：爆炸　　动：坠毁
　　bliem　　　　　　名：责备　　动：责备
　　cheing　　　　　名：变化　　动：变化
　　exsaited　　　　名：兴奋　　动：感到
　　jok　　　　　　　名：玩笑　　动：开玩笑
　　kamfram　　　　名：源头　　动：起源
　　smail　　　　　　名：微笑　　动：微笑
　　stoli　　　　　　 名：谎话　　动：撒谎

11.2.2　一个个案研究

关于 Riau Indonesian 语讨论最多的当属 David Gil(2000、2005、2013)。Gil(2013)认为 Riau Indonesian 语是一种没有名词和动词区分的语言,但是 Gil(2001)却认为虽然 Riau Indonesian 语在语法结构上非常简单,然而它也不属于混合语。Gil(2001)认为,在历史进程中一个古老的语言也有可能变得比一个典型的混合语还要简单。他还认为,可以从三个方面对 Riau Indonesian 语的简单性做出解释:

1. 种族性(ethnicity)：Riau Indonesian 语如此简单是因为它是一种接触性语言(contact language)。

2. 语域性(register)：Riau Indonesian 语如此简单是因为它是一种特定语言的名声较差的方言或变体(basilectal)。

---

① 海地克里奥尔语是以法语为基础的混合语,受到葡萄牙语、西班牙语、Taíno 语和非洲语言影响。

② Norf'k 语是英语和 Tahitian 语的混合语,使用于诺福克岛(澳大利亚位于西南太平洋的岛屿)。

③ Riau Indonesian 语是马来西亚语的一个变种,详见下节讨论。

3. 地域性（geography）：Riau Indonesian 语如此简单是因为它是一种东南亚的语言。

总之，Gil 不赞同 McWhorter(2001a) 的观点，即语言越古老，其结构就越复杂。Gil 认为一种语言的结构复杂性也可能与 McWhorter(2001a) 的观点相反，即从复杂结构变得越来越简单。

McWhorter(2001b) 则认为，Riau Indonesian 语是马来语的一个变种，而且它作为一种混合语已经服务于无数民族有几乎两千年的历史了。自从公元 600 年开始，马来语作为民族内部的交际工具被苏门答腊岛东南部各个王朝所使用，已有上千年的时间。在古爪哇语、他加禄语和马拉加西语中的马来语借词就是充分的证据。今天的马来语（通常叫作印度尼西亚语）继续像一种共同的货币那样服务于跨地域的各个民族，而这一地域又是数百个少数民族语言的区域。沿着这些线索，正如 Gil 指出的那样，Riau Indonesian 语诞生于许多操非本族语语言习得者的语言习得过程之中。因此，McWhorter 认为 Riau Indonesian 语完全可以算得上是一种混合语。我们根据 Gil(2001) 对 Riau Indonesian 语的相关介绍和 McWhorter(2001b) 的讨论，赞同 McWhorter 的观点，认为 Riau Indonesian 语是一种混合语。下面我们来看看 Riau Indonesian 语名词和动词的表现。

(3) 并列结构：
Kerja　　sama　　　　sekolah　　g-i-tu
工作　　一起（和）　　学校　　　像-指示词-远指
"（谈论生活）工作和上学，生活就是那样。"

(4) 存在结构：
a. Ada　　ikan　　besar　　se-kali　　di　　　sana
　 存在　　鱼　　　大　　　有时候　　处所格　那里
"（钓鱼）那边有时候有大鱼。"
b. Ada　　　baca?
　 存在　　　读
"（说话者回家问对方）你看过我留给你的便条了吗？"

(5) 话题结构：
a. Kalau　　　filem-filem　　sedih-sedih　　i-tu　　　tak　　suka
　 话题标记　电影　　　　　难过　　　　　指示词　　否定　喜欢
"（讨论电影）对于那些让人难过的电影，我不喜欢。"
b. Kalau　　　dapat　　burung　　bawa　　pulang
　 话题标记　捉到　　　鸟　　　　带　　　　回家
"（来自民间故事）假如你捉到了鸟，就把它带回家。"

吴怀成(2014b) 根据 Riau Indonesian 语的动词名词可以构成并列结构，都可以充当"有"字宾语,都可以作话题等特征,认为 Riau Indonesian 语像汉语一样,属于弹性词类系统的语言。因为汉语的动词也是名词,我们也可以说 Riau Indonesian 语的动词也是名词。根据本节的讨论,我们认为混合语的名词动词的这种弹性现象也许说明混合语的动词还没有从名词中彻底分化出来。

最后有两点需要说明:1. 由于形成混合语的底层语言(substrate language)和上层语言(superstrate language)①本身的形态影响,尽管混合语的形态相对匮乏,但是混合语的词汇并非都具有弹性,有些混合语与其他混合语相比,有着更多的形态型式,而且有些被认为与语言长期进化相关的特征甚至在混合语出现初期就可以被发现(Crowley 2008);2. 尽管汉语的词类系统与 Riau Indonesian 语的词类系统有着十分相近的特征,但是我们不能贸然得出汉语也是一种混合语。

11.3　名词动词的习得顺序

11.3.1　前人的相关研究

Bleser and Kauschke(2003)指出,在儿童习得名词和动词的顺序方面,有一种规范性的假设认为,儿童倾向于先习得名词后习得动词或其他词类,名词构成大多数儿童的早期词库(所谓的"名词偏见")(参见 Bates et al. 1994;Gentner 1981、1982)。对于"名词习得早于动词"这一观点,也有一些学者通过跨语言的调查提出了挑战。他们支持这样一种观点,即认为名词和动词哪一个先习得可能与所习得语言的自身特征有关(Bleser and Kauschke 2003)。

Bleser and Kauschke(2003)指出,儿童习得动词居尾的亚洲语言(如普通话、韩语)②或者习得 Tzeltal 语(一种玛雅语)时,在他们词汇发展的早期,就有很大比例的动词出现。Choi(1998)报告指出,韩语儿童习得名词和动词的比例一样。Tardif(1996)甚至认为在自发状态下,儿童习得普通话动词的比例甚至超过名词。

总之,关于儿童习得名词动词孰先孰后的问题,至今仍然存在争议。但是通过笔者对自己女儿一周半岁的时候习得名词动词情况的观察以及 Bleser and Kauschke(2003)和 Gentner(1982)关于名词动词习得顺序的研究,我们认为名词习得早于动词更加符合事实。

11.3.2　名词习得早于动词

下面是笔者大女儿一周半岁时习得名词动词的记录:

---

①　上层语言属于强势语言,通常为混合语提供大量词汇,而底层语言则属于弱势语言,通常会吸收或改造强势语言的词汇、形态和句法,有时甚至被强势语言所取代。
②　不知道 Bleser and Kauschke(2003)为何把普通话归入动词居尾的语言。

第十一章 符号语、混合语和语言习得方面的证据

爸爸、妈妈、姑姑、哥哥、姐姐、怡怡（小孩名）、羊羊、猫猫、狗狗、脚、鞋、帽帽、幼幼（小狗名）、鸟、猪猪；走、抱、哈去（下去）、打、喝

从上面的记录可以看出，名词有 15 个，动词有 5 个，名词明显多于动词。

Bleser and Kauschke(2003)不仅考察名词动词习得情况，而且也考察名词动词在失语症患者中丢失情况，其最终结论支持名词动词习得和丢失之间存在一定程度的对应关系。本书关心的是儿童习得名词动词的情况。Bleser and Kauschke 调查了 240 名没有认知缺陷的语言发展正常的德国单语儿童。这些儿童的年龄在两周岁 6 个月至七周岁 11 个月之间。他们把这些儿童分为 8 个组，每组 30 人，每一组的年龄段具体见表 11.1。调查所用材料是 36 张画有物体的黑白画和 36 张画有动作行为的黑白画。其中 36 张物体黑白画中有一半是生物物体，一半是人造物体；36 张动作行为黑白画中有一半画的是及物动词，一半是不及物动词。调查方法就是让被试看到图画后对他们所看到的物体或动作行为命名。调查结果如下(Bleser and Kauschke 2003)：

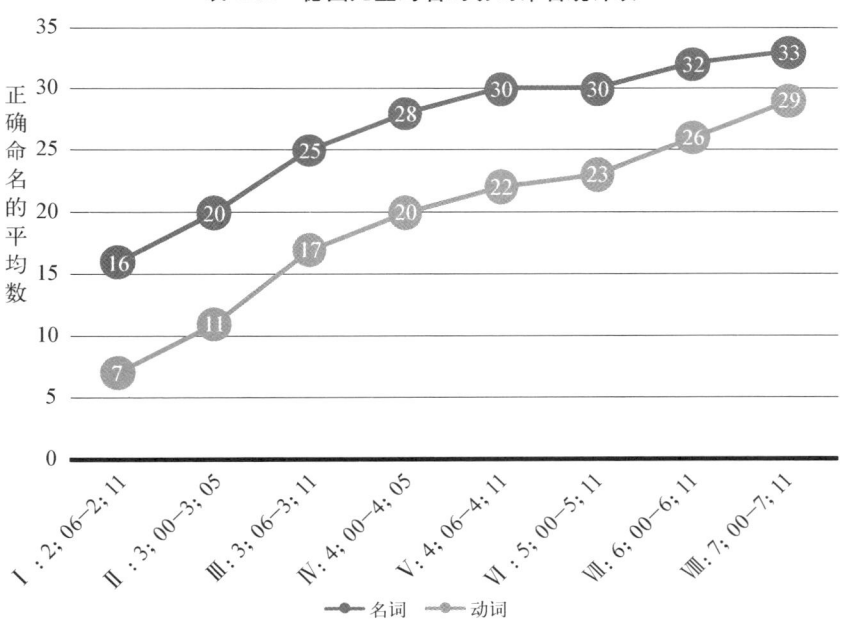

表 11.1 德国儿童对名词动词命名统计表

年龄段	名词	动词
Ⅰ: 2;06–2;11	16	7
Ⅱ: 3;00–3;05	20	11
Ⅲ: 3;06–3;11	25	17
Ⅳ: 4;00–4;05	28	20
Ⅴ: 4;06–4;11	30	22
Ⅵ: 5;00–5;11	30	23
Ⅶ: 6;00–6;11	32	26
Ⅷ: 7;00–7;11	33	29

（纵轴：正确命名的平均数）

从表 11.1 可以看出，在 2 周岁 6 个月至 7 周岁 11 个月这 8 个年龄段中，德国儿童对他们所看到的图画进行命名，无论在哪个年龄段，他们对名词的命名正确率都高于对动词的命名。这一结果可以看作是儿童习得名词早于动词的一个很好的证明。因为名词习得早于动词，因此儿童对它们的印象和记忆就比动词深刻，他们对名词的再认就比动词要容易得多。需要指出的是，儿童习得名词早于动词主要是从相对数量上来说的，不是从一种绝对的时间性上来说的。也就是说，儿童习得

名词早于动词,不能理解为儿童先习得一些名词以后,过了一段时间才习得动词。他们也许在很早甚至在咿呀学语的阶段就习得了名词和动词,只是名词的数量要多于动词。原因也许从自然分割假说(Natural Partitions Hypothesis)那里能够得到合理的解释。自然分割假说认为:名词动词的区分是建立在预先存在的人们对事物概念和行为概念的区分基础之上;名词范畴在概念上比动词范畴在概念上更简单和更基本。这一假说似乎认为名词动词的区分具有认知普遍性。但是这种认知普遍性只能说明词类在语义类型上具有共性,如各种语言都有指物词、指事词和指性词(见中篇部分的讨论),并不能说明词类在形态句法类型上具有共性。

Gentner(1982)通过对英国儿童习得词汇和说其他语言的儿童习得词汇情况的展示,进一步证明自然分割假说的合理性,同时也有力地证明了儿童习得名词早于动词。下面的表 11.2 是一名说美国英语的儿童 Tad 词汇习得统计表。该表中的词汇是照看儿童者和研究者所做的记录,其中分为四项:名词(nominal)、不确定词(indeterminate)(指名动两可的词)、动词(predicate)和表达语(expressive)(指感叹词或习语)。他们一共记录了该儿童从 11 个月大到 21 个月大这一时间段里每个月(17 月和 20 月除外)该儿童习得词语的情况。具体统计见表 11.2(Gentner 1982):

表 11.2 说美国英语的男孩 Tad 11 个月大—21 个月大名动习得统计表

年龄(月)	名　　词	不确定词	动　词	表达语
11	狗			
12	鸭子			
13	爸爸、妈妈、泰迪熊、车		呸①	
14	尿布、猫头鹰	嘟嘟(喇叭)		
15	钥匙、奶酪			
16	眼			
总数:13 百分比	11(85%)	1(8%)	1(8%)	0
18	奶牛、杯子、卡车	洗澡	热	
19	猫、果汁、瓶子、勺子、碗、毛巾、苹果、牙、脸颊、膝盖、肘、地图、球、石块、公交车、吉普车	尿、电视	高兴、下、上	哎哟、嘘、你好!再见!啊!
总数:44 百分比	30(68%)	4(9%)	5(11%)	5(11%)

---

① "呸"属于感叹词,应该归入"表达语"。

续 表

年龄(月)	名 词	不确定词	动 词	表达语
21	脚趾、苹果汁、月亮、蜜蜂、树、鸟、杆子、车轮、水、曲奇饼干、桃子	背驮	粘贴(刺)、关、小	
总数：59① 百分比	41(69%)	5(8%)	8(14%)	5(8%)

从上表可以看出，Tad 无论在哪个月，其所习得的名词都比动词要多，进而说明名词比动词先习得。如果只是从这一个案例得出以上结论，有人也许会说这种结论下得过于武断，那么表 11.3 则是另一个关于早期词汇产出的例子，可以为以上结论再添加一份证据。表 11.3 是 8 个孩子早期学习 8—10 个单词的情况统计表。这些孩子对指称具体事物和个体物体的名词显示出一种强烈的优势，如表 11.3 所示(Gentner 1982)：

表 11.3 八个儿童早期名动习得统计表

孩子编号	名词总数	专有名词	普通名词	动 词	表达语	其他	总数
1	8	爸爸、妈妈、丹尼尔	女孩、球、学校、薄脆饼干、曲奇饼干		再见	那	10
2	6	爸爸(Daddy)、妈妈、爸爸(Papa)	船、卡车、地图	坐		这、呃	9
3	8	爸爸	鸭子、球、苹果、狗、猫、驴、瓶子	汪汪(狗叫)	谢谢		10
4	6	爸爸、妈妈、娜娜	狗、洋娃娃、牛奶	充满活力的	喂、你好！		9
5	5	爸爸、妈妈、Daisy	小狗、球	看	喂、是！	哪里	9
6	4	妈妈、爸爸	织物、球		喂	那儿、热	8
7	5	妈	狗、牛奶、车、水		拜拜、不！	那儿	8
8	6	爸爸、妈妈	狗、猫、老虎、牛奶		喂、不！		8
总数：48 平均：68%		18 25%	30 42%	4 6%	11 15%	8 11%	71

从上表可以看出，8 个儿童早期习得名词的数量占 68%，而习得动词的数量仅

---

① Gentner(1982)原表统计可能有误，21 个月大时，动词数为 8 个，而原表统计为 9 个，因此原表总数为 60，名词和动词原表的百分比分别是 60% 和 15%。

占 6%,两者悬殊十分明显。如果说表 11.2 和表 11.3 只是对说某一种语言的儿童习得名词动词情况的考察,那么表 11.4 则是跨语言词汇习得统计表,从而证明名词习得早于动词具有跨语言的共性(Gentner 1982)。

表 11.4 儿童早期词汇习得跨语言统计表

语言	孩子	年龄	性别	词的总数	形式类的百分比			
					名词	动词	表达语	不确定词/其他
汉语	明明	1—5	男	20	65%	30%	0%	5%
	小晶	1—6	女	37	59%	24%	2%	14%
日语	Masatsugu	2—5	男	15	73%	13%	7%	7%
	Mikiko	2—0	女	16	81%	13%	0%	6%
	Shunsuke	1—2	男	19	68%	26%	5%	0%
	Sayaka	1—11	女	110	69%	25%	7%	5%
Kaluli 语	Suella	1—8	女	16	50%	31%	6%	13%
	Wanu	1—11	男	54	61%	20%	11%	7%
德语	Johannes	1—6	男	4	50%	0%	50%	0%
	Martin	1—8	男	33	67%	27%	3%	3%
英语	Tad	1—4	男	13	85%	8%	0%	8%
	Mollie	1—2	女	39	69%	13%	13%	5%
	Scooter	1—10	男	79	75%	11%	8%	6%
	Dewey A.	1—7	男	115	60%	35%	5%	0%
土耳其语	Turkish 1	1—2	女	27	71%	18%	4%	7%
	Turkish 2	1—4	女	42	57%	24%	7%	12%

表 11.4 中的孩子从一周岁 2 个月大到两周岁 5 个月大不等,他们的早期词汇统计,有的是全部积累的词汇总数,有的是一个代表性的词汇总数[可参见 Gentner (1982)的附录 A],但是其结果都是名词数量占绝对优势。

通过本节的讨论可以看出,名词习得早于动词基本上是一个不争的事实,进而说明名词具有初始性,动词是从名词中分化出来的。早期儿童习得的词汇,我们把它们分为名词动词实际上只是从语义角度上说的,即表示人和事物名称的词是名词,表示动作行为的词是动词,而没有考虑形态句法问题。在儿童的独词句阶段,所谓的动词名词都具有指称性,是对事物和行为的一种指称,从这个角度看,动词也具有指称性,也是指称语,这正是名词动词的共同之处,认清这一点对认清词类问题的本质具有一定的启示意义。句法范畴意义上的词类是词类系统语法化和句法化的结果①。

11.4 小　　结

本章从符号语言的词类、混合语的词类以及儿童语言的习得顺序等角度证明我们提出的假设"名词具有初始性，动词是从名词中分化出来的"具有一定的合理性。进而为我们中篇提出的世界语言有三种不同类型的词类系统提供进一步的证明。

从符号语来看，在很多符号语言中或者说至少在早期的符号语言中，同一个符号往往既可以用来指称事件也可以用来陈述事件。从而说明这些语言符号具有弹性，指称语和陈述语使用同一个符号，说明动词名词还没有分化，这可以为弹性词类系统的语言提供合理的解释。

从混合语来看，大多数混合语的词类都呈现出不同程度的多功能性，也就是我们所说的弹性。尽管有些混合语的词汇受到上层语言和底层语言形态系统的影响，但是形态的简单性是混合语的一个共性特征。混合语名词动词使用同一个词，说明动词名词还没有分化。

从儿童语言习得来看，儿童早期语言习得有一个明显的倾向是名词早于动词，儿童习得名词的数量与习得动词的数量相比，明显占有绝对的优势。这些独词句，如果不考虑形态，实际上都具有指称性。儿童在独词句阶段使用的动词实际上是对整个事件的指称性打包，属于 Langacker 所谓的总括扫描（summary scanning）。从这一角度说，没有形态上的分化，儿童早期习得的词汇也就没有真正意义上的名动分化。

总之，通过本章的讨论，我们可以看出词类系统形成假设"名词具有初始性，动词是从名词中分化出来的"具有一定的合理性。而名词动词不分，就表明这个词项具有弹性，它既可以用作指称语也可以用作陈述语。我们的假设蕴含着动词也具有指称性，更加准确地讲，名词的初始性来源于语言符号的指称性本质。而语言符号具有指称性是因为所有的符号都具有指示性（indexicality）。下一章我们将从语言符号起源的角度来讨论名词的初始性问题，从而为词类系统的演变提供更有力的证据。

---

①　词类系统的"语法化"指的是语言从弹性词类系统向刚性词类系统演化，这是从词类系统历时演变的角度上说的；而词类系统的"句法化"则是词类系统语法化的一种结果和表现，是从词类与句法成分一一对应的角度上说的。

第十二章　从语言演化看词类分化

本章将从语言产生的三个假说谈起,然后进一步讨论语法是如何产生的,最后再反思一下名词具有初始性的合理性。由于人类的起源尚存争议,那么语言的起源问题肯定也存在一定的争议,因为我们不可能回到几百万年以前去看看人类刚刚产生的时候是如何交际的。因此,本章的讨论主要是基于前人的一些研究成果而展开的。总之,我们认为语言的演化应该遵循万事万物发展的一般规律:产生——发展——消亡。本章主要讨论语言的产生和发展,不讨论语言的消亡问题。语言的产生就是语言从无到有的过程,而语言的发展则是语言从简单到复杂的过程。

12.1　语言产生的三个假说

根据 Fitch(2010),关于语言演化方面的理论可以分为两个阶段:前一个阶段是达尔文之前的语言演化理论;后一个阶段是现代的语言演化理论。

达尔文之前的语言演化理论最早可以追溯到圣经《创世纪》,该书认为词语都是亚当给动物取的名字,而且词语与动物名字之间的联系是任意的(Fitch 2010:390)。之后,还出现了词语来源的象声词理论(onomatopoetic theory),认为词语来源于人类模仿自然界的声音。与象声词理论同期的还有情感表达理论(expressive theory),认为早期词语来源于天生的叫喊声(如尖叫声或笑声)。后来又出现了三种关于语言产生的理论,分别为"吆喝理论"(heave-ho theory)、音乐理论、手势理论。达尔文的语言演化理论主张语言起源于音乐(这一阶段受性选择驱动,类似于鸟叫),这种音乐元语言与真正的有意义的语言之间的桥梁是智力发展使然,一旦这种过渡合适,真正词语的来源就是折中主义的,既包括象声模仿也包括情感表达模仿(Fitch 2010:391-399)。

现代的语言演化理论包括:词汇元语言理论、手势元语言理论和音乐元语言理论。Fitch(2010:399)对元语言(protolanguage)的定义是:语言演化的一个假设性阶段,处于现代语言和人类最近的共同祖先的思维和交际系统之间。

12.1.1　词汇元语假说

词汇元语言理论假定存在一个词汇元语言,该元语言拥有一个很大的通过学习得到的有意义的词语组成的词库,但是没有复杂的句法。元语言中的词不能够组合成复杂的句法结构,把现代句法留作语言演化的最后一步。词汇元语假说认为人类存在声音模仿能力和指称交际的能力以及驱动力。根据 Fitch(2010),

Bickerton(1990)是关于词汇元语言理论的坚决捍卫者。在《语言与物种》一书中，Bickerton提出了窥探元语言的现代视窗，分别是儿童语言、混合语、猿猴学语和野人的语言行为，并把这些看作是元语言的"活化石"。Bickerton的词汇元语言包括以下三个方面的要素表征：一、通过听说形式而产生的声音学习与表达（信号）；二、单一形义投射的词项（语义）；三、分享信息的动因。同时，Bickerton的词汇元语言缺乏现代句法，主要包括：一、缺乏语法项目（功能词和屈折语素）；二、缺乏短语结构；三、缺乏必要的论元结构表达；四、缺乏易辨识的零成分；五、缺乏为了各种语义语用目的而产生的语序变化。后来在Bickerton(1998)中，又提出了句法突变论（syntactic catastrophism），认为句法是语言演化的最后一步也是最关键的一步，但是这一转变是突发的。Jackendoff(1999、2002)扩展了Bickerton的词汇元语言理论，但是与Bickerton不同之处主要包括以下三个方面：一、他拒绝句法演化的突变论，提出句法演化的渐变论；二、提出了窥探元语言的新视窗，即通过对正常成年人所说的现代语言的检测；三、提出假设，认为促使语言演化的关键的选择驱动力就是交际。

Fitch(2010：424)指出，Bickerton、Dunbar和Deacon等人[①]关于语言演化的驱动力之间尽管存在重要的差异，但是他们都认为不相关的群居成人之间的信息交换是命题交际（propositional communication）[②]的基本驱动力。Fitch本人观点是：一、亲属选择（kin selection）[③]不仅在命题交际中扮演者重要的角色，而且还是关键性的一步；二、不相关的成人之间的相互交际则是第二步。

总之，词汇元语言理论认为交际是产生有声语言的动因，在句法产生之前，词汇元语言在早期人类交际中扮演者重要的角色。

12.1.2 手势元语假说

Fitch(2010：433)指出，词汇元语假说对人类语言演化的早期阶段太过想当然，尤其是在有声表达的自发控制方面。该假说的更大的弱点是认为这种假定的元语言在现代人类社会中基本上消失了，元语"化石"使它们在特定社会背景下（如混合语和儿童语言等）得以显现。正因为词汇元语言假说对语言演化的一些问题不能够做出很好的解释，所以才产生了其他两个语言产生的假说：手势元语假说和音乐元语假说。

手势元语假说认为，在现代声音控制的语言系统演化中，视觉或手控的（visual/manual）交际系统扮演着一个非常重要的中介作用。但是手势元语假说的重要缺陷在于它很难解释它是如何彻底转化为现代智人（Homo sapiens）的有声

---

① Dunbar和Deacon也讨论了语言演化的动因，限于篇幅本书不再展开讨论。
② 这里的"命题交际"并非现代意义上命题交际，实际上还是符号交际（symbolic communication）。
③ Fitch(2010：425)认为亲属选择是为了信息交换，因为亲属之间的信息交换完全是利他的。

语言的。具有讽刺性的是,现代符号语言的存在为反对手势元语言假说提供了有力证据,因为符号语言是人类的非有声语言,可以有效地、无限地用于交际。这意味着人类语言依然可以保留在手控或视觉领域阶段。

Fitch(2010:440)认为人类学家 Gordon Hewes 是现代手势元语理论的创始人。Gordon Hewes 的元语指的是人类交际的早期发生阶段。他为自己的手势元语理论提供了以下一些证据:第一,巨型猿猴能够很容易地掌握和使用手势;第二,现代人类仍然可以使用手势进行交际;第三,现代的符号语。后来神经科学家 Giacomo Rizzolatti 和 Michael Arbib(1998)通过对猕猴镜像神经元[1]的发现,为手势元语理论提供了新的具有影响力的神经方面的证据。

总而言之,手势元语假设与人类语言的一些重要方面是一致的,如符号语言的易于习得和现代人类使用手势进行成功的交际等。但是,该理论最大的缺陷就是不能够令人信服地解释手势元语向有声语言的转换(Hewes 1973、Fitch 2010:465)。

12.1.3　音乐元语假说

Fitch(2010:466)指出,词汇元语假说可以为复杂句法提供脚手架(由先前存在的概念原始因子派生而来),而手势元语假说可以通过相似性的有意图的手势为开放式的指称提供一条路径,但是两种假说在解释人类的音系能力时都存在很大的困难。因此,音乐元语假说也许可以对此做出合理的解释。

Fitch(2010:468)指出,音系是一个独立的生成系统,而音系中的核心生成过程就是在原始因子(primitive)基础上形成更大的单位。由于歌曲拥有开放性、生成性以及文化传承性等特点,而这些特点都是语言所需要的,因此,这种音乐与音系之间的极端平行性为音乐元语假说的形成提供了一定的基础。根据 Fitch(2010),达尔文、叶斯柏森、Livingstone、Brown、Mithen、Wray 和 Kirby 等人都对音乐元语假说有一定的贡献,由于本节只是简要介绍该假说,因此我们只对达尔文和叶斯柏森的观点做一些介绍,然后对该假说总体观点做一个总结性介绍。

达尔文通过对人类有声语言与鸟的叫声加以比较,认为鸟所发出的歌声在好几个方面都可以为人类语言提供最接近的类推。他还提出了人类语言演化的三个阶段:第一阶段,人类祖先甚至在使用最不完美的语言形式之前,他们的心理能力与任何现存的猿类相比一定有了一个更高程度的发展;第二个阶段,也是关键性的一步,即用于产生真正韵律的有声模仿的演化;第三阶段,性选择(sexual selection)在语言演化过程中扮演着重要的角色,即性选择促进了有声模仿的产生(Fitch 2010:472)。

叶斯柏森对音乐元语假说的贡献是在音乐元语言与意义之间建立起了联系。叶氏的主要观点是:语言开始于用半音乐的不可分析的形式表达单个的人和孤立

---

[1]　镜像神经元指的是动觉神经元,这种神经元通常在猴子执行某种行为时处于激活状态,但是当猴子看到别的猴子执行同种行为时这种神经元也处于激活状态。

的事件。该观点主要包括两个要点：一个是元语是半音乐性质的，另一个是元语具有不可分析性。

总之，音乐元语假说关于语言形成过程可以概括如下：一、音系第一，即复杂的声音学习出现在开始像歌声那样的没有命题意义的交际阶段；二、任意性整体意义，即添加意义经历了两个阶段：第一阶段是复杂的整个音系信号整体投射（mapping）到整个复杂的语义单位，这一过程通过简单的联系建立起来，第二阶段是该系统用于交际并影响其他使用者（包括成人之间或父母与孩子之间）；三、分析意义的产生，即整体的形义结合体开始分裂成若干组成部分；四、现代语言的形成，即随着语言变得更加具有分析性，在儿童快速习得的压力之下，最终形成现在的由原子意义单位（语素或真正的词）组成的语言。

12.1.4 本节小结

本节简要介绍了三种语言产生的假说，词汇元语假说、手势元语假说和音乐元语假说。不论哪种元语假说都有一些拥护者，也有一些反对者。正如 Fitch(2010：509)所言，这三种假说并不是三个相互冲突的理论模型。Fitch 认为手势元语假说聚焦于语言发展的连续性（猿猴与人类在使用手势方面具有相似性），而音乐元语假说聚焦于语言发展的非连续性（猿猴与人类在声音学习方面突然分开）。他还认为应该把这两个假说整合在一起，为后来的词汇元语提供信号表达的先决条件。因此，在 Fitch 看来，人类语言产生应该经历三个阶段：

图 12.1　语言演化的三个可能阶段

如果说，三种元语假说只是为人类语言产生提供了不同的视角，那么对于语言的演化，要想得到科学的学术上的一致看法，第一步就是要承认这些研究忽略了一些重要的问题，即人类大脑中关于语言的神经和遗传基础是什么（Fitch 2010：510）。因此要想完全解决人类语言产生的机制和过程，仍然有很长的路要走。

即使人类发展到一定阶段，人们的发音器官可以发出一定形义结合的语言单位，那么根据词汇元语假说，语法是语言演化的最后一步，也就是说从词汇元语到现代语言，实际上就是语法的形成过程。这将是下一节要讨论的内容。

12.2　语言的发展：语法的形成

对于语法的形成过程，人们的一般直觉应该是从无到有、从简单到复杂。学界已经有很多专著讨论语言的语法形成过程（Hirsh-Pasek and Golinkoff 1996、Heine and Kuteva 2007、Edwardes 2010、Hurford 2012 等）。本节不打算对这些专著做详细的介绍，只是谈论三个问题：一、语言符号的指称功能；二、语言符号形成之初都具有名词性；三、语法形成于人们的语言习惯。

12.2.1 符号的指称功能

Sadowski(2009)是一本专门研究语言演化的著作，从书名《从互动到符号：关于符号和交际演化的系统观》便可以得知。该书把交际定义为发出者(sender)制造的原件(original)变换为接收者(receiver)制造的镜像过程，根据物质状态之间的不同，把信息定义为任何与别的物质状态不同的状态(Sadowski 2009：31)。据此，该书把交际类型分为四种，分别为毗邻交际(contiguous communication)、指示交际(indexical communication)、图像交际(iconic communication)和象征交际(symbolic communication)(Sadowski 2009：32-40)。毗邻交际指的是，原件信息直接对应于镜像信息，Sadowski 也称之为直接交际(direct communication)。毗邻交际又可以分为三个类型：镜像与原件共存于同一个时空域中的毗邻交际，如两只动物之间的打斗或交配，或者两个人相互看着对方或面对面交谈；镜像与原件共存于同一个时空域，但不在同一时间域的毗邻交际，如地理学家检测几百万年前形成的一块岩石或考古学家发掘一个古老的花瓶；镜像与原件共存于同一个时间域，但是不在同一个空间域的毗邻交际，如两个人通过电话交谈。互动系统中发出者制造的物质变化可以被叫作该系统的指示(Index)，如炸弹爆炸在地面上造成一个坑，这个坑就是炸弹的指示，柔软的地面上留下的脚印就是踏过该地面的那个人的指示。因此，指示交际指的是，原件信息与镜像信息要通过一个指示信息才可以建立联系，即原件在物质上先制造一个指示，该指示再与镜像对应。以脚印为例，走路的人是原件，脚印是指示，那么对脚印的视觉感知就是镜像。再如，一个动物是原件，它所留下的蹄印可以作为一个镜像(指示)，该镜像(指示)反过来又可以作为一个原件被猎人所注意(新镜像)。可以图示如下：

原件 → 指示 → 镜像

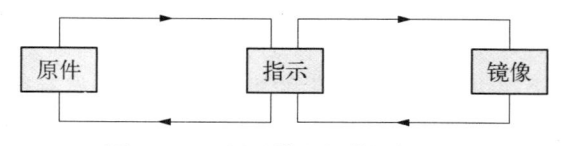

图 12.2　不同系统之间的间接交际

上图中动物是一个系统，猎人是一个系统，两个系统的之间的信息交换通过另一个系统(指示)实现的，Sadowski 把指示交际又称为间接交际。指示交际与毗邻交际都是两个系统直接通过互动交换信息的，但是不同之处是间接交际需要通过指示作为中介。根据原件、指示和镜像之间的时空关系，指示交际也可以分为三种类型：原件、指示、镜像共存于同一个时空域的指示交际，如人们感知(镜像)到某个物体(原件)的影子(指示);原件、指示、镜像共存于同一个时间域,但是原件与镜像不在同一个空间域的指示交际,如电话交谈,呼叫者(原件)在很远的地方,其声音(指示)都可以被听到(镜像);镜像、指示在同一个时空域,但是指示与原件不在同一时空域的指示交际,如猎人感知到(镜像)一只不在现场的动物(原件)在很久以前留下的脚印(指示)。从镜像间接通过指示与原件的互动角度看,指示交际相对来说更加接近直接的毗邻交际。

有时候,还会存在这样一种关系,即镜像和原件不是建立在物质互动(直接或间接)基础之上,而是建立在二者包含的信息的对应基础之上。在这种情况下,(信息)接收者(不像指示交际中的发出者)制造出一种情景变化,这种变化与原件所包含的信息对应,但是它不是原件物质上引起的变化。在缺乏与发出者有任何物质互动的情况下,好像接收者制造了一个原件的镜像,从而构建了一个并不存在的信息互动的相似情形。由接收者制造的与原件对应的物质变化被叫作图像(Icon)。在上述情况下,发出者与接收者并不是通过直接或间接的互动交换信息,而是通过接收者制造的原件的表征(图像)交换信息。Sadowski 把这种交际称为图像交际。

图 12.3 图像交际中原件与镜像之间的信息对应

上图中的虚线表示,图像与原件的联系不是通过像毗邻交际或指示交际那样的物质互动,而是通过信息的对应(correspondence of information),信息对应被定义为不同系统之间的结构等价(structural equivalency)。例如,一个用塑料制作的埃菲尔铁塔的纪念品模型从外观上看与真实的埃菲尔铁塔是等价的,尽管它们的材料大小均不相同。这个纪念品模型就是埃菲尔铁塔的图像,因为这个纪念品模型并不是埃菲尔铁塔(原件)物质上制造的,而是接收者(人)制造了一个在结构上与原件等价的模型(图像)。当结构上的等价物是由原件物质上引起的,这个等价物就是指示而不是图像。指示和图像之间根源上的不同可以对摄影和绘画做出不同的解释(Sadowski 2009:37)。Sadowski 认为照片是指示,因为它是摄影者(发出者)制造的,而认为绘画是图像,因为它是由画家(接收者)制造的。Sadowski 根据原件与图像之间可能存在的时空关系,把图像交际分为三种类型:原件和图像共存于同一个时空关系之中的图像交际,如模特坐在那里让画家画他的肖像,又称之为直接图像交际;原件与图像共存于同一个时间域,但不在同一个空间域的图像交际,如一个人展示他在别处由某一画家所画的肖像,又称之为同时图像交际;原件与图像在时空上均不共存的图像交际,如一张多年以前画的肖像,肖像中的人现在已经变老了,而且生活在远离这张肖像的地方,又称之为移位的图像交际。

原件和镜像可能还存在一种关系,即它们不像毗邻交际或指示交际那样建立在物质互动基础之上,甚至它们也不是像图像交际那样建立在信息对应基础之上。在这种情形下,原件和图像之间的关系纯粹是任意性的。例如,在图像交际中,肖像(图像)与模特(原件)之间保持着可以辨认的相似性,但是在上述关系中,镜像所含信息与原件所含信息可以完全不相干。人类语言与它们的外部指称最能够代表上述这种原件与镜像之间的关系。一个人名无论在形式上还是在物质上都不像它所指称的人的长相或性格。也就是说,一个人名不是图像,也不是那个人的指示或身体的一部分。由接收者制造的物质变化,虽然结构上与原件不相干但可以指称它,这种物质变化可以叫作表征(Symbol)。在上述情形下,发出者和接收者之间并不通过物质互动交换信息,而是通过接收者制造的表征交换信息。Sadowski 把这种交际称为表征交际。可以图示如下:

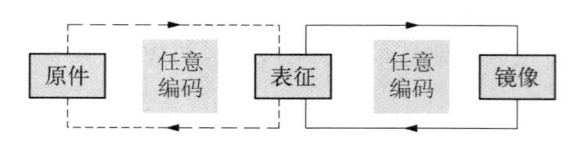

图 12.4　表征交际中原件与镜像之间的任意关系

上图中的虚线表示表征与原件之间的联系既不像毗邻交际和指示交际那样通过物质互动的方式,甚至也不像图像交际那样通过信息对应的方式,而是通过纯粹任意和无动因的方式①。因此,表征仅仅通过接收者使用任意编码以一种习惯的方式指称原件,从而使原件与镜像连接起来。图中的编码可以理解为接收者内在使用的把原件所含信息转换为镜像所含信息的一种方法。依据原件、表征和镜像之间的时空关系,Sadowski 把表征交际分为三种类型:原件、表征和镜像共存于同一时空域的表征交际,如两个人面对面的交谈,又称之为毗邻表征交际;原件、表征和镜像共存于同一个时间域,但是镜像和表征在空间上与原件之间存在移位的表征交际,如电话交谈,又称之为同时表征交际;镜像和表征共存于同一个时空域(它们是完全毗邻的),但是表征在时空上与原件之间存在移位的表征交际,如我们读他人所写的信件或听别人的讲话录音,又称之为移位的表征交际。

通过上述的讨论可以知道,语言符号的本质就是交际符号,不管什么符号,从其所传递的信息角度看,都具有指称性。Sadowski(2009:97-105)讨论了两个问题:一个是身体信号是指称性的开端,另一个是身体装饰是最早的指示性符号。从这两个问题的讨论,我们可以看到符号的指称性本质。指称性在大多数的交际

---

① 图 12.3 和图 12.4 中,连接中介系统(图像或表征)与原件的虚线仅代表二者之间不存在物质因果关系(Sadowski 2009:40)。

类型中都可以找得到,它就是在发出者和接收者的大脑中通过把准信息[1]与符号连接起来从而使符号具有指示除了自身以外的其他某种事物的能力(Sadowski 2009:244)。从 Sadowski 一书第十章的讨论可以看出,他似乎更支持 Bickerton 的词汇元语假说。我们认为,不管语言起源争议有多大,语言符号具有指称性是不容否认的,一旦建立在任意性基础上的语言符号产生以后,符号的指称功能便随之建立。这些具有指称性的符号运用于早期人类的交际过程中,逐渐形成复杂的句法,但是复杂句法形成之前,这些指称性符号都应该看作名词性的符号。我们的这种看法得到了 Heine and Kuteva(2007)的支持。

12.2.2　Heine and Kuteva 的讨论

我们前文已经指出,讨论语法形成过程的专著很多,但是我们不想对此一一加以介绍。本小节主要对 Heine and Kuteva(2007)关于语法形成的过程构建做一些介绍,进而证明本书提出的假设"名词具有初始性,动词是从名词中分化出来的"具有一定的合理性。

Heine and Kuteva(2007:100)指出,名词有时候可以用作动词,动词有时候又可以用作名词,从这一角度看,人们不可能建立起这两个范畴之间的语法化的方向性,然而实际上这两个范畴之间的关系远非对称性的,而存在一种单向性的发展,即专为名词或名词概念保留的一些表达形式往往会被用作编码行为或事件(也就是动词所表达的概念),这种策略被他们称为"把事件看作事物"(Treating events like objects)。跨语言的证据表明这种策略包含以下若干现象:

1. 用名词形态组织动词谓语[从属化(subordination)];
2. 动词像名词那样被呈现[助词化(auxiliation)];
3. 动词补足语像名词补足语那样被对待(否定);
4. 行为和事件像代词(像名词)那样被对待。

对于上述现象,下面各举一例加以证明:

(1) Ik 语(Kuliak, Nilo-Saharan; Heine and Kuteva 2007:101-102)
  a. bɛɗ- ía mes-ᵃ.
    想要- 一单 啤酒- 主格
    "我想要啤酒。"
  b. bɛɗ- ía ats'- ésa ŋkáɓa- é.
    想要- 一单 吃- 不定式.主格 食物- 属格
    "我想要吃食物。[字面:我想要食物的吃。]"

---

[1] 准信息(parainformation)是准镜像(paraimage)所含的信息,而准镜像则是非原件所制造的镜像,它是镜像在接收者内部的转换(Sadowski 2009:41)。

例(1a)中的名词"啤酒"与例(1b)中的动词"吃"都带主格,说明动词和名词用同样的编码形式,即动词性从属小句使用名词性的编码手段(名词形态)。

(2) Maninka 语(Mande, Niger-Congo; Heine and Kuteva 2007:105)
    a. Seku   yé   bún   ná.
       人名   进行时标记 房子 在
       "Seku 现在在家。"
    b. à   yé   kàrán ná.
       三单   进行时标记 学习   在
       "他现在在学习。"

例(2a)中的名词"房子"和例(2b)中的动词"学习"的进行体使用相同的编码方式,汉语在这一点上与 Maninka 语很相似。

(3) 汉语(汉藏语系;Heine and Kuteva 2007:80)
    a. měi[yǒu]   rén   zài   wàimian.
       否定.存在   人   在   外面
       "没有人在外面。"
    b. tā   měi[yǒu]   sǐ.
       三单   否定.存在   死
       "他/她没有死。"

例(3a)对名词的否定与例(3b)中对动词的否定用的是同一个否定词"没有"。

(4) 标准 Ewe 语(Kwa, Niger-Congo; Heine and Kuteva 2007:106)
    nú-ka   wo-   ḿ   ne-   le?
    什么   宾语   进行体标记 二单- 进行体标记
    "你在做什么?"

例(4)中的疑问代词"什么"历史上意思为"哪一个东西",但是现在既可以指称名词也可以指称动词。

从上面的例子可以看出,人们在认知上一旦把"事件看作事物",那么一切语言符号都具有指称性,因而都可以看作名词。因此,Heine and Kuteva 也认为名词具有初始性,它们对词类的语法化路径的构建与我们的看法不谋而合。下面图 12.5 是他们对词类范畴历时发展的一种再构建(Heine and Kuteva 2009:111)。

尽管 Heine and Kuteva 对词类历时发展的构建可能存在一些问题,如汉语和英语的动词也可以发展出形容词用法,如"开会时间""打击手段""developing countries""boiled water"等,但是认为语言符号产生之初都是名词无疑是正确的。

第十二章 从语言演化看词类分化

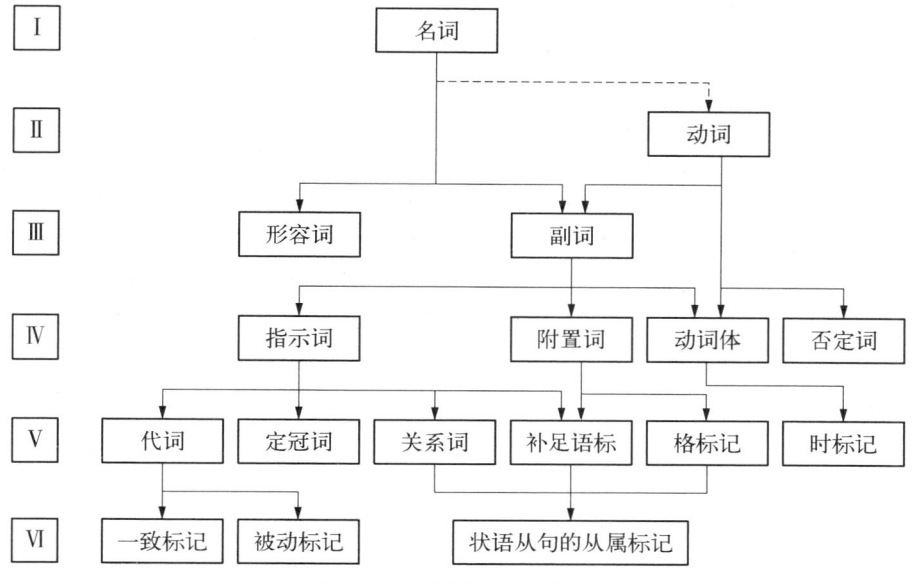

```
Ⅰ                    名词
                      │
Ⅱ                    动词
                      
Ⅲ         形容词      副词
                      
Ⅳ      指示词   附置词  动词体  否定词
         
Ⅴ    代词 定冠词 关系词 补足语标 格标记 时标记
         
Ⅵ   一致标记 被动标记    状语从句的从属标记
```

图 12.5　词类历时发展的层级

12.2.3　语法来自用法

我们在本书第 2.2 节就指出，本书的理论背景是基于使用的语法理论。按照该理论，语法来源于用法。我们认为语法实际上就是一种语言习惯，仿照鲁迅先生的一句名言，我们可以这么说：语言本无语法，人用习惯了便成了语法。这不仅可以从语言的方言形成得到印证，也可以从儿童语言习得得到印证。不同方言的词汇和语法结构实际上就是不同地域的人们的一种语言习惯。本书暂不讨论方言问题，只想从儿童习得语言的角度简要地谈谈语法来源于用法问题。Tomasello (2003：99) 指出，对于基于使用的理论家们来说，语言的根本现实性就是人们在特定的使用场合相互制造话语。当人们在"类似的"（引号为原文所加）场合中反复使用相同的、具体的语言表征 (linguistic symbol) 来制造话语时，经过一段时间一种语言使用的型式 (pattern of language use) 就可能形成，并且图式化 (schematize) 在使用者的大脑中作为一个或另一个语言范畴或构式。儿童早期一个单词构成的话语被看作独词句 (holo phrase)，它们传递一个整体的、一致的交际意图，大多数情况下这种交际意图和成人所表达的交际意图是一样的，因为这种交际意图就是他们从成人的交际意图中学来的。而且许多儿童早期的独词句是相对异质性的，这些独词句的使用可以改变，经过一段时间会以某种不稳定的方式演化 (Tomasello 2003：36)。对于语言后期的发展来说，一个重要的问题是，儿童选择成人话语的哪一部分作为他们最初的独词句。该问题的解答也许在于他们所学的是什么具体的语言以及他们和成人参与的会话类型是什么，包括他们所感知到的成人话语中某些特定词和短语的显著性(Tomasello 2003：36，转引自 Slobin 1985)。也就是说，儿童语言习惯实际上是在感知和模仿成人话语过程中不断养成的。

Tomasello(2003：114-115)指出，很多儿童到了大约 18 个月左右就可以把两个词或两个独词句组合起来，甚至形成关键性模式(pivot schemas)。这表明儿童早期就具有一定的抽象能力，也说明儿童在习得语言的过程中，不是被动机械地模仿成人语言，而是有一定的创造性。他们发现 22 个月的儿童已经能够把刚学到的新词用于已经存在的关键性模式当中，如用独词句教一个孩子名词(看！wug!)，这个孩子可以把这个新词用到现存的模式中(如 More 或 gone)，造出"Wug gone"或"More wug"。Tomasello 认为这些关键性模式并没有句法，因为当"Gone juice"和"Juice gone"表达相同意思的时候，语序没有任何的句法上的重要性。笔者也发现，笔者大女儿在 26 个月左右的时候，会说"再见飞机/飞机再见""猫猫再见/再见猫猫""大鱼再见/再见大鱼"等，儿童的这种语言现象明确表明儿童的语言习惯是从成年人那里学习来的，而且一旦形成关键性模式，儿童还会创造性地运用该模式造出更多的话语，从而说明这些关键性模式具有一定的能产性。

总之，以上儿童早期语言习得情况，不仅与 Heine and Kuteva 关于词类形成过程的历时建构一致，而且也与笔者的关于词类形成过程的假设一致，语言形式产生之初，每一个音义配对都可以看作名词，这些名词与名词搭配构成复杂的结构，然后慢慢形成语法。

12.3　名词初始性再思考

从上古汉语(一种古老且死亡的语言)词类范畴的考察，到符号语、混合语和儿童语言词类范畴的考察，再到语言演化假说的考察，种种迹象表明本书所主张的"名词具有初始性，动词是从名词中分化出来的"这一观点具有一定的合理性。Hurford(2007)指出，一些研究者觉得把通常使用的语言学术语"指示"(deictic)应用到古老的前语言(prelinguistic)的指称形式是比较合适的。周一民(2006)把"单脚离地叫走，双脚离地叫跑"中的"走"和"跑"看作名词，实际上就是看到了语言符号具有指称性，尽管能否把具有指称性的符号都叫作名词可能存在争议，但是从任何符号都具有指称性角度来说，周先生的看法无疑具有一定的合理性。吴怀成(2011c)认为，周先生的上述看法是把动词的概念指称义与物化事件指称义相混淆了，并且认为单音节动词的动作性很强，很难变成一个真正的名词。从本书的主张看，笔者以前的观点还是受传统名词化思想的影响太深，认为动词的指称用法只有发生指称化[①]才具有指称义，而实际上动词本身就是来自名词，其具有指称义是与

[①] 这里的"指称化"相当于传统语法中的名词化或名物化，与本书中篇里所说的指称化意义不同，本书中篇里所说的指称化指的是词库中的词项入句时是否有一个形态化过程，如带上限定词(指示词、冠词、属格)等标记。

生俱来的,只是不同语言由于其语法化程度不同,动词用于指称用法时,其句法表现可能不同而已。

Hurford(2007)还认为,关于下面三组次系统,即词汇范畴——名词/动词、句法功能——主语/谓语、话语功能——话题/说明,在一些语言中,只有两组(词汇范畴和句法功能)是不存在的或非常微弱的,即也许有些语言没有名动区分,也许有些语言主语的句法功能不能确认,但是从没有听说有文章宣称某种语言缺乏话题/说明机制的。他引用 Hockett(1963:23)的观点如下:

每种语言都有一种普通的句子类型,其具有两分结构(bipartite structure):可以分别叫作话题和说明。

从 Hurford(2007)的讨论可以看出,尽管"话题/说明"结构也许具有语言共性,但是并不能以此得出"名词/动词"范畴和"主语/谓语"范畴也具有语言共性,这一观点与本书的主张也是基本一致的。从符号的指示功能和语言符号的指称功能之间的关系看,我们认为指称功能来自指示功能,语言产生之初的元语言阶段,每个语言符号既具有指示功能,也具有指称功能。许立群(2015)对《指示:语言、文化、认知交汇之处》(*Pointing: Where Language, Culture and Cognition Meet*)一书做了介绍,并且从指示与语言的关系角度认为,指称与陈述并不是并行对立关系,指称义的名词是认知上更为基础性的词类,陈述性动词是在指称性名词的基础上发展而来的,这也许是词类演化的基本过程。通过本书的研究,我们认为动词来源于名词,名词更具有基础性地位应该是不成问题的,本书的研究也是对沈家煊先生提出的"名动包含"理论的进一步佐证。下面是 Luuk(2009)提供的在演化首要性方面名词优于动词[①]的 11 个证据。

1. 动词预设有它们施加作用力的对象名词。这实际上与 Langacker(1987:486)所提出的"名词是自主概念,动词是依存概念"这一观点是一致的,依存概念不可能独立于自主概念而独立存在。

2. 儿童早期能产性词汇以名词为主,婴儿理解物体名称早于理解关系词语。

3. 有模拟实验证明名词是人类最早的词语。

4. 名词求助于几何学性质的想象,动词求助于动觉性质的想象,人类离开时空去想象移动是不可能的,动觉性质以几何学性质为先决条件。

5. 不同范畴的词语在受损方面具有选择性,动词的选择性损失比名词选择性损失更常见。

6. 在所有自然语言中,动词是句法的基石,自然语言句法是建立在动词带可以通过分析性格标记加以区分不同论元的原则基础之上。似乎可以把自然语言的句法与动词画上等号。然而,没有句法而使用名词似乎很明显,然而没有句法而使用

---

① Luuk(2009)原文是说语言的论元(Linguistic Argument,缩写为 LA)在演化首要性方面优于语言的谓词(Linguistic Predicate,缩写为 LP),同时他认为名词与论元对齐,动词与谓词对齐,因此我们认为他实际上也主张名词在演化首要性方面优于动词。

动词值得怀疑。

7. 在分析主要词类的句法功能时,经常暗示名词的功能是最基本的。

8. Nichols(1986:86)提出了两个关于历史形态的重要原则:(1)向核心迁移原则(Headward Migration):任何附置词或词缀如果移动,它将从依存成分向核心成分移动而不是相反;(2)降级原则(Reduction):原先的依存成分附缀化(cliticized),并最终变成它们核心的形态标记。有一个默认的假设是,变为依存物的元素要比变为它的核心物的元素要古老,而跨语言的研究发现,动词的形态比名词的形态丰富,这蕴含着名词比动词更古老。

9. 自发的成人第二语言习得的第一阶段的特征是以名词为基础组织话语,并且缺少动词/论元结构。

10. 世界语言中,名词比动词多,而且名词的能产性比动词派生要高很多。

11. 在世界语言中,至少有一个语言案例[Chamicuro 语(Nordlinger and Sadler 2004)]是动词的标记加在名词的标记上面[即时体态标记(TAM)加在指示词标记(DET)上],相反的情况还没有发现。

总之,很多研究,甚至跨学科研究都倾向于支持名词相对于其他词类的基础性地位,直接或间接支持本书所主张的"名词具有初始性,动词是从名词中分化出来的"这一假说。正确认识这一假说,对世界语言中的事件名词和词类问题的认识具有启示性作用。

12.4 小　　结

本章首先简单介绍了三种关于语言起源的假说:词汇元语假说、手势元语假说和音乐元语假说,认为元语言是不存在句法的;然后讨论了语法的形成过程,分别从符号的交际性本质角度讨论了语言符号的指称性本质,从 Heine and Kuteva 关于词类范畴演化构建方面讨论了名词的初始性问题,从儿童语言习得角度讨论了语法来源于用法问题;最后综合多位学者的研究成果,为名词的初始性观点提供更多的有力证据。

余 论

第十三章　主要观点与研究展望

本书从事件名词入手，探讨世界语言的词类问题。选择从事件名词入手，主要是因为事件名词往往是研究动词名词关系的一个接口。本书之所以选择词类研究作为课题，主要原因是，词类问题既是语法研究的基本问题之一，任何语法理论都无法绕过词类问题而单独讨论句法问题，同时词类问题也是一个极具争议性的问题，无论国内还是国外，争议都很大。通过本书的研究，我们就是想看看词类问题的本质到底是什么，词类到底是不是一个普遍性的语法范畴。尽管我们的研究也不敢保证就完全解决了所谓的词类问题，但是通过我们的研究，可以对词类问题的研究有一个较为全面的认识和系统的理解，对该问题的进一步深入讨论至少有一定的启示作用。本书共分上篇、中篇、下篇、续篇和余论五个部分，上篇主要是讨论本书的理论背景和研究意义，中篇讨论事件名词的类型学特征，下篇讨论词类类型学问题，续篇讨论词类分化的证据，是对本书提出的假说的进一步证明，余论是全书总结。因此，下面的总结主要是针对中篇、下篇和续篇的总结。

13.1　本书的主要观点

13.1.1　事件名词的类型学特征

事件名词的类型学特征分为共性特征和类型学差异两个部分。通过本书的研究，我们得出四条关于事件名词的类型学共性，分别是：

1. 事件指称构式是一个寄生物，各种语言不会专门为事件指称构式进行形式编码；

2. 主宾格语言的施事容易属格化，作对格语言的受事容易属格化；

3. 各种语言的事件指称构式具有一个蕴含层级：如果一个语言拥有词汇层面的事件指称构式，那么这种语言也有短语层面和小句层面的事件指称构式，反之则不然，如果一种语言拥有短语层面的事件指称构式，那么这种语言也具有小句层面的事件指称构式，反之则不然；

4. 各种语言的事件指称构式在语用功能和句法功能上具有一致性，语用上指称事件，句法上充当句子的论元。

本书得出三条关于事件名词的类型学差异，分别是：

1. 事件名词不具有跨语言共性，即有的语言没有事件名词；

2. 事件名词不都是由动词派生而来的；

3. 有的语言的事件名词具有名动混合性特征。

13.1.2 世界语言的词类系统

本书明确提出世界语言的词类系统可以分为三类：弹性词类系统、去弹性词类系统和刚性词类系统。三种不同词类系统的差异主要表现在指物词和指事词在充当指称语和陈述语时的形态—句法差异上。对于弹性词类系统的语言来说，指物词和指事词都可以充当指称语和陈述语，而且指物词和指事词在充当指称语时形态—句法表现一致，在充当陈述语时它们的形态—句法表现也一致，这时我们可以说名词、动词还没有分化，动词也是名词。对于去弹性词类系统的语言来说，指物词和指事词都可以充当指称语和陈述语，指物词和指事词在充当陈述语时形态—句法表现一致，但是在它们充当指称语时形态—句法表现就不一致了，指物词可以无标记充当指称语，而指事词充当指称语则需要特殊标记，或者说需要更加复杂的形式，这时我们可以说，动词开始从名词中分化出来了，但是还不彻底。对于刚性词类系统的语言来说，指物词和指事词也都可以充当指称语和陈述语，但是它们充当指称语时和充当陈述语时在形态—句法表现上都有差异，指物词充当指称语时是无标记的，而充当陈述语时则是有标记的，同理，指事词充当陈述语时是无标记的，而充当指称语时则是有标记的。根据指物词和指事词在充当指称语和陈述语时的形态—句法表现，我们可以把三种词类系统的差异归纳如下（"＋"表示有特殊标记，"－"表示无特殊标记）：

		指称语	陈述语
弹性词类系统	指物词	－	－
	指事词	－	－
去弹性词类系统	指物词	－	－
	指事词	＋	－
刚性词类系统	指物词	－	＋
	指事词	＋	－

13.1.3 词类分化的证据

在对事件名词的类型学特征和世界语言词类系统的全面考察以后，本书明确提出了一个关于词类范畴形成的假设就是：名词具有初始性，动词是从名词中分化出来的。为了证明我们提出的假设具有一定的合理性，我们从先秦汉语的词类、符号语言的词类、混合语的词类、儿童语言的词类习得顺序、语言的演化历史等多重角度加以证明。

第十三章 主要观点与研究展望

通过我们的考察发现,先秦汉语的词类也属于名动包含模式,属于弹性词类系统;早期符号语言的词类、混合语的词类都具有弹性倾向,而儿童语言的词库中,名词占绝对的优势;从语言演化的角度看,语言产生之初的音义结合体从元语层面看,都可以看作是名词,这是由符号的指示性本质决定的。此外,Luuk(2009)给出了 11 个方面的证据,有力地证明了在语言演化的过程中,名词相对于动词来说,其首要性非常明显。

13.2 未来研究展望

13.2.1 本书的不足之处

本书的研究尽管对事件名词和世界语言词类系统做了一个较为全面系统的考察,但是由于类型学研究中普遍存在的问题,即材料的二手性,因此最终得出的结论难免会存在一定的偏差。除了以上问题外,我们还认为本书的不足之处还有:由于时间问题,我们对一些问题如语言的演化问题、混合语词类问题、符号语词类问题以及儿童语言习得方面的词类问题都没有能够深入展开,这不能不说是一个遗憾,而且某些方面还显得有些粗糙,值得在今后的研究过程中做进一步的完善。另外,不仅词类问题是一个国内外极具争议性的问题,而且关于词的问题也是国内外极具争议性的问题,在讨论词类问题之前,应该先弄清楚什么是词的问题,遗憾的是,前人在讨论词类问题时没有给词作一个明确的界定,我们在讨论词类问题时也没有给词作一个明确的界定,这不能不让人怀疑,不同语言的词可能都不一样,那么不同语言的词类是否具有可比性呢?以上问题都值得今后做进一步研究来加以完善。

13.2.2 未来研究的展望

本书在 6.1.2 节开头指出,目前词类研究主要存在三个方面的问题:一、词类的划分前提是词,然而词在不同语言中的表现都不一样,因此在没有对词进行有效的界定和跨语言比较之前去谈论词类的跨语言比较,必然存在问题;二、词类到底是不是一个具有普遍意义的语法范畴,用某一标准确定的某一语言的词类系统是否可以运用到另一种语言的词类系统以及词类转换在不同的语言中表现是否一致,如有的语言词类之间转换需要形式标记而有的语言不需要这种形式标记,该如何看待这种现象;三、如何认识词类的本质问题以及如何进行不同语言间的跨语言的词类比较。

通过本书的研究,我们对后面两个问题已经有了清楚的认识,即词类不具有跨语言的共性,词类的本质是形态—句法类别。而对于第一个问题,我们认为到目前为止还没有很好地解决。这个问题需要今后花大力气去研究。只有对词进行跨语言的比较研究且对不同语言的构词法或造词法进行跨语言的比较研究,我们才能够认清不同语言的词类系统和语法系统。

  总之,通过本书的研究,我们可以清楚地认识到词类的本质是什么以及如何进行跨语言的词类范畴比较,解决词类研究中一些长期争议的问题。今后词类研究中需要解决的问题就是关于词的界定及词(包括构词法)的跨语言比较问题。有的语言一个语素就是一个词,而有的语言则是几个语素通过合成和加缀等方式构成一个词。不同的构词法可能对不同语言的词类系统产生一定的影响,这些都值得今后做进一步的研究。

参 考 文 献

Abdel-Hafiz, Ahmed. 1988. A Reference Grammar of Kunuz Nubian[D]. A dissertation summited to the faculty of the Graduate School of State University of New York at Buffalo in partial fulfillment of the requirements for the degree of Doctor of Philosophy.
Aikhenvald, Alexandra Y. 2003. *A Grammar of Tariana, From Northwest Amazonia*[M]. Cambridge: Cambridge University Press.
Aitchison, Jean. 1996. *The Seeds of Speech: Language origin and evolution*[M]. Cambridge: Cambridge University Press.
Aldridge, Edith. 2009. Minimalist questions for the nominalist analysis of Tagalog syntax[J]. *Theoretical Linguistics* 35(1): 51-62.
Alexiadou, Artemis. 2010a. Nominalizations: A Probe into the Architecture of Grammar I: The Nominalization Puzzle[J]. *Language and Linguistics Compass* 4/7, Pp 496-511.
—. 2010b. Nominalizations: A Probe into the Architecture of Grammar Ⅱ: The Aspectual Properties of Nominalizations, and the Lexicon vs. Syntax Debate [J]. *Language and Linguistics Compass* 4/7, Pp512-523.
Aitchison, Jean. 2001. *Language change: Progress or Decay?* [M]. Cambridge: Cambridge University Press.
Baker, Mark C. 2003. *Lexical categories: Verbs, nouns and adjectives* [M]. Cambridge: Cambridge University Press.
Baker, Mark C. and Nadya Vinokurova. 2009. On Agent Nominalizations and Why They Are Not like Event Nominalizations[J]. *Language* 85 (3): 517-556.
Bates, E., Dale, P., Fenson, L., Hartung, J., Marchman, V., Reilly, J., Reznick, S., & Thal, D. 1994. Developmental and stylistic variation in the composition of early vocabulary[J]. *Journal of Child Language* 21: 85-121.
Beck, D. 1999. The Typology of Parts of Speech Systems: The Markedness of Adjectives[D]. A dissertation for doctor's degree in philosophy, University of Toronto.
—. 2013. Unidirectional flexibility and the noun-verb distinction in Lushootseed[A]. In Jan Rijkhoff and Eva van Lie (eds.), *Flexible Word Classes: Typological studies of underspecified parts of speech*[C]. Oxford: Oxford University Press.
Bhat, D. N. S. 1994. *The Adjectival Category*[M]. Amsterdam: Benjamins.
Bickerton, D. 1990. *Language and Species*[M]. Chicagao: Chicago University Press.
—. 1998. Catastrophic evolution: The case for a single step from protolanguage to full human language[A]. In J. R. Hurford, M. Studdert-Kennedy, and C. Knight (eds.), *Approaches to the Evolution of Language*[C]. New York: Cambridge University of Press.
Bisang, W. 2008. Precategoriality and syntax-based parts of speech: The case of late

Archaic Chinese[J]. *Studies in Language* 32(3): 568–589.

—. 2009. Precategoriality and argument structure in Late Archaic Chinese[A]. In Leino, Jaakko (ed.), *Constructional Reorganization*[C]. Amsterdam / Philadelphia: John Benjamins Publishing Company.

—. 2011. Word Classes[A]. In Song, Jae Jung (ed.), *The Oxford Handbook of Linguistic Typology*[C]. New York: Oxford University Press.

—. 2013. Word class systems between flexibility and rigidity: an integrative approach[A]. In Rijkhoff & Lier (eds.), *Flexible Word Classes: Typological studies of underspecified parts of speech*[C]. 278–287.

Bleser, R. De & Kauschke, C. 2003. Acquisition and loss of nouns and verbs: parallel or divergent patterns? [J]. *Journal of Neurolinguistics* 16: 213–229.

Blevins, James P. & Blevins, Juliette. 2009. Introduction: Analogy in grammar[A]. In *Analogy in Grammar*[C]. James P. Blevins & Juliette Blevins (eds.), 1–12. New York: Oxford University Press.

Bloomfield, Leonard. 1933. *Languge*[M]. New York: Henry Holt and Company.

Boas, Franz. 1911. *Introduction. Handbook of American Indian languages*, vol. 1. (*Bureau of American Ethnology, bulletin 40.*)[M]. Washington, DC: Government Printing Office.

Bornstein, Diane D. 1984. *An Introduction to Transformational Grammar*[M]. Lanham, MD: University Press of America.

Bossong, Georg. 1992. Reflections on the history of the study of universals: the example of the partes orationis[A]. In Michel Kefer & Johan van der Auwera (eds.), *Meaning and grammar: cross-linguistic perspectives*[C]. 3–16. Berlin: Mouton de Gruyter.

Broschart, Jürgen 1997. Why Tongan does it differently: Categorial distinctions in a language without nouns and verbs[J]. *Linguistic Typology* 1: 123–165.

Bybee, J. 1985. *Morphology: A study of the relation between meaning and form*[M]. Amsterdam: John Benjamins.

—. 2006a. From usage to grammar: The mind's response to repetition[J]. *Language* 82 (4): 711–733.

—. 2006b. *Frequency of Use and the Organization of Language*[M]. Oxford: Oxford University Press.

—. 2010. *Language, Usage and Cognition*[M]. Cambridge: Cambridge University Press.

Bynon, Theodora. 2004. Approaches to morphological typology[A]. In Geert Booij, C. Lehmman, J. Mugdan (eds.), *Morphology: An International Handbook on Inflection and Word-Formation*[C]. Berlin & New York: Mouton de Gruyter.

Cable, Seth. 2008. Lexical Categories in the Salish and Wakashan Languages[R]. Theoretical Perspectives on Languages of the Pacific Northwest Proseminar on Semantic Theory.

Chao, Yuen Ren 1968 A Grammar of Spoken Chinese[M].《中国话的文法》Berkeley and Los Angeles: University of California Press. 吕叔湘节译本《汉语口语语法》,商务印书馆(1979)。丁邦新全译本《中国话的文法》,香港中文大学出版社(1980)。

Chirikba, Viacheslav A. 2003. *Abkhaz*[M]. Munich: Lincom Europa.

Choi, S. 1998. Verbs in early lexical and syntactic development in Korean[J]. *Linguistics* 36: 755–781.

Chomsky, Noam. 1970. Remarks on nominalization[A]. *Readings in English transformational grammar*[C]. ed. by Roderick Jacobs and Peter Rosenbaum, 184–221. Waltham, MA: Ginn and Company.

Chung, Sandra. 2012. Are lexical categories universal? The view from Chamorro[J]. *Theoretical Linguistics* 38(1–2): 1–56.

Comrie, Bernard. 1976. The Syntax of Action Nominals: A Cross-linguistic Study[J]. *Lingua* 40, Pp177–201.

—. 1989. *Language universals and linguistic typology (2nd Edition)*[M]. Chicago: University of Chicago Press.

—. 2009. *The World's Major Languages*[M]. London & New York: Routledge.

Comrie, Bernard and Thompson, Sandra A. 1985/2007. Lexical Nominalizaiton[A]. In Shopen, Timothy (ed.), *Language Typology and Syntactic Description* 3 [C]. Cambridge: Cambridge University Press, Pp349–398.

Grimshaw, Jane. 1990. *Argument Structure*[M]. Cambridge, Mass.: MIT Press.

Croft, William. 1991. *Syntactic Categories and Grammatical Relations: The Cognitive Organization of Information*[M]. Chicago: University of Chicago Press.

—. 1995a. Autonomy and functionalist linguistics[J]. *Language* 74: 490–532.

—. 1995b. Review of Maria Koptjevskaja-Tamm, Nominalizations[J]. *Nordic Journal of Linguistics* 18 (1): 75–83.

—. 2001. *Radical construction Grammar: Syntactic Theory in Typological Perspective*[M]. Oxford: Oxford University Press.

—. 2003. *Typology and Universals (Second Edition)*[M]. Cambridge: Cambridge University Press.

Croft, William and Eva van Lier. 2012. Language universals without universal categories[J]. *Theoretical Linguistics* 38(1–2): 57–72.

Crowley, Terry. 2008. Pidgin and Creole Morphology[A]. In Kouwenberg, Silvia and John Victor Singler (Eds.), *The Handbook of Pidgin and Creole Studies*[C]. Chichester: Wiley-Blackwell.

Davis, Henry & Lisa Matthewson. 1999. On the functional determination of lexical categories [J]. *Revue québécoise de linguistique* 27(2): 29–69.

Devane, Melissa. 2008. The Syntax and Semantics of Tongan Noun Phrases[D]. A thesis submitted in partial fulfillment of the requirement for the degree of Bachelors of Arts in Linguistics from The College of William and Mary.

Dik, S. 1968. *Coordination*[M]. Amsterdam: North Holland.

Dixon, R. M. W. 2010. *Basic linguistic theory. Vol. 2. Grammatical topics*[M]. Oxford: Oxford University Press.

Dixon, R. M. W. (ed.) 1976. *Grammatical Categories in Australian Languages*[M]. Australian Institute of Aboriginal Studies, Canberra; Humanities Press, New Jersey.

Dryer, Matthew S. 1989. Large linguistic areas and language sampling[J]. *Studies in language* 13: 257-292.

—. 1997. Are Grammatical Relations Universal? [A]. In J. Bybee, J. Haiman, and S. Thompson (eds.), *Essays on Language Function and Language Type: Dedicated to T. Givón*[C]. Amsterdam: John Benjamins, 115-143.

—. 2014. Why Do Languages Have Nouns and Verbs? [R]. A report delivered in Institute of Linguistics, Chinese Academy of Social Science, July the 4th.

Edwardes, Martin. 2010. *The Origins of Grammar: An Anthropological Perspective*[M]. London / New York: Continunm International Publishing Group.

Egan, T. 2008. *Non-finite Complementation: A usage-based study of infinitive and -ing clauses in English*[M]. Amsterdam: Rodopi.

Erlenkamp, Sonja. 2000. *Syntaktische Kategorien und lexikalische Klassen: Typologische Aspekte der deutschen Gebardensprache*[M]. Munchen: LINCOM Europa.

Evans, Nicholas. 2000. Kinship verbs[A]. in Vogel, P. M. & B. Comrie(eds.), *Approaches to the Typology of Word Classes*[C]. Berlin / New York: Mouton de Gruyter.

Evans, Nicholas & Toshiki Osada. 2005. Mundari: The myth of a language without word classes [J]. *Linguistic Typology* 9(3): 351-390.

Evans, Nicholas & Stephen C Levinson. 2009. The myth of language universals: Language diversity and its importance for cognitive science[J]. *Behavioral and Brain Sciences* 32(5): 429-448.

Fitch, W. T. 2010. The *Evolution of Language*[M]. Cambridge: Cambridge University Press.

Floyd, Simon. 2011. Re-discovering the Quechua adjective[J]. *Linguistic Typology* 15: 25-63.

Gentner, D. 1981. Some interesting differences between verbs and nouns[J]. *Cognition and Brain Theory* 4: 161-178.

—. 1982. In S. Kuczaj (Ed.), Why nouns are learned before verbs: Linguistic relativity versus natural partitioning[A]. *Language development volume 2, language, thought and culture* [C]. Hillsdale: Erlbaum.

Georg, Stefan. 2007. *A Descriptive Grammar of Ket*[M]. Folkestone: Global Oriental LTD.

Gerner, Matthias. 2012. The Typology of Nominalization[J]. *Language and Linguistics* 13 (4): 803-844.

Gil, David. 2000. Syntactic categories, cross-linguistic variation and universal grammar[A]. In Petra M. Vogel & Bernard Comrie (eds.), *Approches to the typology of word classes*[C]. 173-216. Berlin: Mouton de Gruyter.

—. 2001. Creoles, complexity, and Riau Indonesian[J]. *Linguistic Typology* 5 (2&3): 325-371.

—. 2009. Austronesian Nominalism and the Thinginess Illusion[J]. *Theoretical Linguistics* 35-1: 95-114.

—. 2013. Riau Indonesian: a language without nouns and verbs[A]. In Jan Rijkhoff and Eva van Lie eds., *Flexible Word Classes: Typological studies of underspecified parts of speech*[C]. Oxford: Oxford University Press.

Givón, T. 1979. *Understanding Grammar*[M]. New York: Academic Press.

—. 1984. *Syntax: A Functional Typological Introduction. Vol. 1*[M]. Amsterdam: John Benjamins.

—. 1990. *Syntax: A Functional Typological Introduction. Vol. 2*[M]. Amsterdam: John Benjamins.

Goldberg, A. E. 1995. *Constructions: A Construction Grammar Approach to Argument Structure*[M]. Chicago: Chicago University Press.

Green, Rebecca. 1995. A Grammar of Gurr-goni[D]. A thesis submitted for the degree of Doctor of Philosophy of the Australian National University.

Greenberg, J. 1966. *Language universals: With special reference to feature hierarchies*[M]. The Hague: Mouton.

Gundel, J. K. 1988. Universals of Topic-comment Structure[A], In *Studies in Syntactic Typology* [C]. edited by Michael Hammond, Edith A. Moravcsik and Jessica Wirth, Amsterdam/Philadelphia: John Benjamins Publishing Company, 209 – 242.

Haiman, John. 1978. Conditionals Are Topics[J]. *Language* 54, 3: 564 – 589.

Halliday, M. A. K. 1967 /1968. Notes on transitivity and theme in English[J]. *Journal of Linguistics* 3: 37 – 81 /199 – 244.

—. 1994. *An Introduction to Functional Grammar*[M]. London: Edward Arnold.

Halliday, M. A. K. & M. I. M. Matthiessen. 2014. *Halliday's Introduction to Functional Grammar*[M]. London & New York: Routledge.

Haspelmath, Martin. 2001. Word Classes and Parts of Speech[A]. in P. B. Baltes, and N. J. Smelser (eds), *International Encyclopedia of the Social and Behavioral Sciences* [C]. Amsterdam: Pergamon, 16538 – 16545.

—. 2007. Pre-established categories don't exist: Consequences for language description and typology[J]. *Linguistic Typology* 11(2): 119 – 132.

—. 2010a. Comparative concepts and descriptive categories in cross-linguistic studies [J]. *Languge* 86: 663 – 687.

—. 2010b. The interplay between comparative concepts and descriptive categories (Reply to Newmeyer)[J]. *Language* 86(3): 696 – 699.

—. 2011. The indeterminacy of word segmentation and the nature of morphology and syntax[J]. *Folia Linguistica* 45, 1: 31 – 80.

—. 2012a. Escaping ethnocentrism in the study of word-class universals [J]. *Theoretical Linguistics* 38 (1 – 2): 91 – 102.

—. 2012b. How to compare major word-classes across the world's languages[A]. In: Graf, Thomas & Paperno, Denis & Szabolcsi, Anna & Tellings, Jos (eds.) *Theories of everything: in honor of Edward Keenan* [C]. 109 – 130 (UCLA Working Papers in Linguistics, 17.) Los Angeles: UCLA.

Haspelmath, Martin &Andrea, D. Sims. 2010. *Understanding Morphology(2nd edtion)*[M]. London: Hodder Education, an Hachette UK Company.

Hébert, Y. M. 1983. Noun and Verb in Salishan Language[A]. *Kansas Working Papers in*

Linguistics, Vol. 8/2[C]. Pp31-81.

Heine, Bernd & Tania Kuteva. 2002. World Lexicon of Grammaticalization. Cambridge: Cambridge University Press. 龙海平等译(2012),《语法化的世界词库》,北京:世界图书出版公司。

Heine, Bernd and Kuteva, Tania. 2007. *The Genesis of Grammar: A Reconstruction*[M]. New York: Oxford University Press.

Hejl, Bc. Leoš. 2014 Evolution of the Conception of Parts of Speech[D]. A thesis for a master's degree of Univerzita Palackého v Olomouci.

Hengeveld, K. 1992a. *Non-verbal Predication: Theory, Typology, Diachrony*[M]. Berlin/New York: Mouton De Gruyter.

—. 1992b. Non-verbal Predicability[A]. In M. Kefer and J. van der Auwera (eds.), *Meaning and Grammar: cross-linguistic perspectives*[C]. Berlin/New York: Mouton De Gruyter. 77-94.

—. 1992c. Parts of Speech[A]. In M. Fortescue, P Harder & L. Kristoffersen (eds.), *Layered Structure and Reference in a Functional perspective*[C]. Amsterdam: John Benjamins. 25-55.

Hengeveld, Kees & Rijkhoff, Jan N. M. 2005. Mundari as a flexibl language[J]. *Linguistic Typology* 9.3: 406-431.

Hengeveld, Kees & Eva van Lier. 2008. Parts of speech and dependent clauses in Functional Discourse Grammar[J]. *Studies in Language* 32(3): 753-785.

Hengeveld, Kees & Eva van Lier. 2010. An implicational map of parts of speech[J]. *Linguistic Discovery* 8(1): 129-156.

Hengeveld, Kees, Jan Rijkhoff & Anna Siewierska. 2004. Parts-of-speech systems and word order[J]. *Journal of Linguistics* 40(3): 527-570.

Hengeveld, Kees and Marieke Valstar. 2010. Parts-of-speech systems and lexical subclasses[J]. *Linguistics in Amsterdam* 3(1): 1-24.

Hewes, G. W. 1973. Primate communication and the gestural origin of language[J]. *Current Anthropology* 14, Pp5-24.

Himmelmann, Nikolaus P. 2008. Lexical categories and voice in Tagalog[A]. In: Austin, Peter K. & Musgrave, Simon (eds.) *Voice and grammatical functions in Austronesian languages*[C]. Stanford: CSLI, 247-293.

Hirsh-Pasek, K. and Golinkoff, R. M. 1996. *The Origins of Grammar: Evidence from Early Language Comprehension*[M]. Cambridge/London: The MIT Press.

Hockett, C. F. 1963. The Problem of Universals in Language[A]. In Joseph H. Greenberg (ed.) *Universals of Language*[C]. 1-29. Cambridge, MA: M. I. T. Press.

Hoffmann, John. 1903. *Mundari Grammar*[M]. Calcutta: The Secretariat Press.

Hoffman, T. 2011. *Preposition Placement in English: A Usage-based Approach*[M]. Cambridge: Cambridge University Press.

Hopper, Paul J. 1987. Emergent grammar[J]. *Berkeley Linguistics Society* 13: 139-157.

Hopper, P. J., and S. A. Thompson. 1980. Transitivity in grammar and discourse[J].

Language 56 (2): 251-299.

—. 1984. The Discourse Basis for Lexical Categories in Universal Grammar[J]. *Language* 60 (4): 703-752.

Hopple, Paulette M. 2011. *The Structure of Nominalization in Burmese*[M]. SIL e-Books, 22. Dallas: SIL International.

Hurford, J. R. 2007. The origin of noun phrases: Reference, truth and communication[J]. *Lingua* 117, Pp 527-542.

—. 2012. *The Origins of Grammar*[M]. New York: Oxford University Press.

Jackendoff, R. 1999. Possible stages in the evolution of the language capacity[J]. *Trends in Cognitive Science* 3, Pp272-279.

—. *Foundations of Language*[M]. New York: Oxford University Press.

Jacobsen, W. H., Jr. 1979. Noun and Verb in Nootkan[A]. *Proceedings of the Victoria Conference on Northernwestern Languages*[C]. 1976, ed. by Barbara S. Efrat, 83-153. Victoria: British Columbia Provincial Museum Heritage Record No.4.

Jelinek, Eloise and Richard A. Demers. 1982. Adjoined clauses in Lummi[A]. *Papers from the 17th International Conference on Salish and Neighboring Languages*[C]. 201-240. Portland: Portland State University.

—. 1994. Predicates and Pronominal Arguments in Straits Salish[J]. *Language* 70 (4): 697-736.

Jesperson, Otto. 1984. *Analytic Syntax*[M]. Chicago: University of Chicago Press.

John B. Haviland. 2015. *Where do nouns come from?*[M]. Amsterdam and Philadelphia: John Benjamins Publishing Company.

Kaufman, Daniel 2009. Austronesian Nominalism and its consequences: A Tagalog case study [J]. *Theoretical Linguistics* 35 (1): 1-49.

Keenan, E. and Comrie, B. 1997. Noun phrase accessibility and universal grammar[J]. *Linguistic Inquiry* 8 (1): 63-99.

Ketzner, Kenneth. 2002. *The Languages of the World (Third Edition)*[M]. London & New York: Routledge.

Kinkade, M. D. 1983. Salish evidence against the universality of noun and verb[J]. *Lingua* 60 (1): 25-39.

Kirk, J. W. C. 1905. *A grammar of Somali language with examples in prose and verse and an account of the Yibir and Midgan Dialects*[M]. Cambridge: Cambridge University Press.

Koptjevskaja-Tamm, Maria. 1993. *Nominalizations*[M]. London: Routledge.

—. 2003. Action Nominal Constructions in the Language of Europe[A]. In *Noun Phrase Structure in the Language of Europe*, Frans Plank (ed.), Pp723-761[C]. Berlin and New York: Mouton de Gruyter.

—. 2005. Action Nominal Constructions[A]. In Martin Haspelmath, Matthew S. Dryer, David Gil and Bernard Comrie (eds.), *The World Atlas of Language Structures*[C]. Oxford: Oxford University Press.

Koptjevskaja-Tamm, Maria, Martine Vanhove and Peter Koch. 2007. Typological Approaches to

Lexical Semantics[J]. *Linguistic Typology* 11 (4): 159-185.

Kroeger, Paul. 1988. Nouns and Verbs in Tagalog: a reply to Foley[R]. Draft of paper to be represented at the 3rd LFG Conference, Brisbane, 30 June-3 July.

Kuipers, A. H. 1968. The categories verb-noun and transitive-intransitive in English and Squamish[J]. *Lingua* 21.610-626.

Langacker, R. 1987. *Foundations of cognitive grammar, vol. 1: Theoretical prerequisites*[M]. Stanford, CA: Stanford University Press.

—. 1991. *Foundations of Cognitive Grammar, vol. II : Descriptive application*[M]. Stanford University Press.

—. 2013. *Essentials of Cognitive Grammar*[M]. Oxford: Oxford University Press.

LaPolla, Randy J. and Dory Poa. 2005. Direct and Indirect Speech in Tagalog[R]. Workshop on Direct and Indirect Speech Research Centre for Linguistic Typology, La Trobe University, 8 June.

Launey, Michel. 1994. *Une grammaire omniprédicative*[M]. CNRS Editions, Paris.

Lecarme, Jacqueline. 2009. On tensed Nominalizations[Z]. Mini-workshop on Nominalizations, Universitat Pompeu Fabra, Barcelona.

Lefebvre, Claire. 2004. *Issues in the Study of Pidgin and Creole Languages*[M]. Amsterdam/Philadelphia: John Benjamins Publishing Company.

Lewis G. L. 1967. *Turkish Grammar*[M]. Oxford: Oxford University Press.

Lier, Eva van and Jan Rijkhoff. 2013. Flexible word classes in linguistic typology and grammatical theory[A]. In Jan Rijkoff and Eva van Lier (eds.), *Flexible Word Classes: Typological studies of underspecified parts of speech*[C]. Oxford: Oxford University Press.

Luuk, Erkki. 2009. The noun /verb and predicate /argument structures [J]. *Lingua* 119, Pp 1707-1727.

Macdonald, Catherine. 2005. Tongan Nominalization: Complexity in a Deficient Clause Type[A]. In *Proceedings of the 2005 Bilingual Workshop in Theoretical Linguistics* [C]. ed. Claire Gurski, 14 pages.

Mairal, Ricardo and Juana Gil. 2006. *Linguistic Universals* [M]. Cambridge: Cambridge University Press.

Malchukov, Andrej L. 2006. Constraining nominalization: function /form competition [J]. *Linguistics* 44 (5): 973-1009.

Martinet, A. 1960. *Éléments de lingustique générale*[M]. Paris: Armand Colin.

—. 1962. *A functional view of language*[M]. Oxford: Clarendon.

McCawley, James D. 1992. Justifying part-of-speech assignments in Mandarin Ch[J]. *J. of Chinese Linguistics* 20(2): 211-246.

McGregor, William B. 2013. Lexical categories in Gooniyandi, Kimberley, Western Austrlia[A]. In Jan Rijkhoff and Eva van Lier (eds.), *Flexible Word Classes: Typological studies of underspecified parts of speech*[C]. Oxford: Oxford University Press.

McWhorter, J. H. 2001a. The world's simplest grammars are creole grammars [J]. *Linguistic Typology* 5(2&3), 125-167.

—. 2001b. What people ask David Gil and why: Rejoinder to the replies[J]. *Linguistic Typology* 5(2&3), 388–412.

Meir, Irit (2012). Word classes and word formation[A]. In Roland Pfau, Markus Steinbach, & Bencie Woll (Eds.), *Sign language: An international handbook*[C]. Berlin: Mouton de Gruyter, Pp77–111.

Mithun, M. 2000. Noun and verb in Iroquoian languages: Multicategorisation from multiple criteria[A]. In Vogel & Comrie (eds.), *Approaches to the Typology of Word Classes*[C]. Berlin / New York: Mouton de Gruyter.

Montler, Timothy. 2003. Auxiliaries and Other Categories in Straits Salishan[J]. *IJAL* 69(2): 103–134.

Mosel, Ulrike & Even Hovdhaugen. 1992. *Samoan reference grammar*[M]. Oslo: Scandinavian University Press.

Montgomery-Anderson, Brad. 2008. A Reference Grammar of Oklahoma Cherokee [D]. Submitted to the Linguistics Program and the Faculty of the Graduate School of the University of Kansas In partial fulfillment of the requirements for the degree of Doctor of Philosophy.

Morrison, M. E. 2011. A Reference Grammar of Bena[D]. A thesis submitted to Rice University at Houston, Texas in partial fulfillment of the requirements for the degree of Doctor of Philosophy.

Mühlhäusler, Peter. 2008. Multifunctionality in Pitcairn Norfolk and Tok Pisin[J]. *Journal of Pidgin and Creole languages* 23 (1): 75–113.

Muravyovai, A., Daielm A. and Zhdanovat JU. 2001. Chukchi language and folklore in texts collected by V. G. Bogoraz[R]. A RSS/OSSF report (Research Support Scheme of the Open Society Support Foundation, grant No 584/1999).

Murray, Lindley. 1860. *English Grammar: Adapted to the Different Classes of Learners, with an Appendix, Containing Rules and Observations for Assisting the More Advanced Students to Write with Perspicuity and Accuracy*[M]. Philadelphia: J. B. Lippincott.

Newmeyer, F. J. 2003. Grammar is grammar and usage is usage[J]. *Language* 79 (4): 682–707.

Nichols, J. 1984. Functional theories of grammar[J]. *Annual Review of Anthropology* 13: 99–117.

—. 1986. Head-marking and dependent-marking grammar[J]. *Language* 62(1): 56–119.

Nordlinger, R. and Sadler, L. 2004. Tense beyond the verb: encoding clausal tense/aspect/mood on nominal dependents[J]. *Natural Language & Linguistic Theory* 22: 597–641.

Paul, Waltraud. 2005. Adjectival modification in Mandarin Chinese and related issues [J]. *Linguistics* 43(4): 757–793.

Pavey, Emma L. 2010. *The Structure of Language: An Introduction to Grammatical Analysis* [M]. Cambridge: Cambridge University Press.

Proefschrift. 2007. *A grammar of Abui*[M]. Utrecht: LOT.

Rauh, Gisa. 2010. *Syntactic Categories: Their Identification and Description in Linguistic Theories*[M]. Oxford: Oxford University Press.

Reid, L. A. 2002. Determiners, Nouns, or What? Problems in the Analysis of Some Commonly Occurring Forms in Philippine Languages[J]. *Ocianic Linguistics* 41(2): 295–309.

Richards, Norvin. 2009. Nouns, verbs, and hidden structure in Tagalog[J]. *Theoretical Linguistics* 35(1): 139–152.

Rijkhoff, Jan. 2002. Verbs and nouns from a cross-linguisitc perspective[J]. *Rivista di Linguistica* 14 (1): 115–147.

Rijkhoff, Jan, Dik Bakker, Kees Hengeveld and Peter Kahrel. 1993. A method of language sampling[J]. *Studies in language* 17 (1): 169–203.

Rijkhoff, J. & E. van Lier eds. 2013. *Flexible Word Classes*[M]. Oxford: Oxford University Press.

Rizzolatti, G. and Arbib, M. A. 1998. Language within our grasp[J]. *Trends in Neuroscience* 21: 188–194.

Sadowski, Piotr. 2009. *From Interaction to Symbol: A systems view of the evolution of signs and communication*[M]. Amsterdam / Philadelphia: John Benjamins Publishing Company.

Sapir, Edward. 1921. *Language: An Introduction to the Study of Speech*[M]. New York: Dover Publications.

Sasse, Hans-Jürgen. 1991. Predication and sentence constitution in universal perspective[A]. In: Zaefferer, Dietmar (ed.) *Semantic universals and universal semantics*[C]. Berlin: Foris, 75–95.

—. 1993. Syntactic categories and subcategories[A]. In Joachim Jacobs, Arnim von Stechow, Wolfgang Sternefeld and Theo Vennemann (eds.), *Syntax: An International Handbook of Contemporary Research*[C]. Berlin & New York: Walter de Gruyter, Pp646–686.

Schachter, P. 1985. Parts-of-speech Systems[A]. In T. Shopen (ed.), *Language Typology and Syntactic Description*, vol. 1: *Clause Structure* [C]. Cambridge: Cambridge University Press, Pp 3–61.

Scheffler, Tatjana. 2005. Nominalization in German[Z]. Unpublished Manuscript, University of Pennsylvania.

Sebba, Mark. 1986. Adjectives and copulas in Sranan Tongo[J]. *Journal of Pidgin and Creole languages* 1(1): 109–121.

Seuren, Pieter A. M. 1986. Adjectives as adjectives in Sranan: A reply to Sebba[J]. *Journal of Pidgin and Creole languages* 1(1): 123–134.

Siegel, Jeff. 2008. *The Emergence of Pidgin and Creole Languages*[M]. New York: Oxford University Press.

Siewierska, Anna. 2011. Functional and cognitive grammars[J].《外语教学与研究》43(5): 643–664.

Slobin, D. 1985. Crosslinguistic evidence for the language-making capacity[A]. In Slobin, ed., *The crosslinguisitc study of language acquisition*, vol. 2[C]. Hillsdale, NJ: Erlbaum.

Smith, Mark. 2010. Pragmatic functions and lexical categories[J]. *Linguistics* 48 (3): 717–777.

Stassen, Leon. 1997. *Intransitive Predication*[M]. Oxford: Oxford University Press.

Štekauer, Pavol, Salvador Valera & Lívia Körtvélyessy. 2012. *Word-formation in the world's languages: a typological survey*[M]. Cambridge: Cambridge University Press.

Stokoe, William, Dorothy Castorline, and Carl Croneberg. 1965. *A dictionary of American Sign Language on linguistic principles*[M]. Washington, DC: Gallaudet College Press.

Stone, M. S. 2012. Aspect in Cherokee Nominals[R]. Coyote Papers 19, University of Arizona Linguisitcs Circle.

Supalla, Ted & Elissa Newport. 1978. How many sits in a chair? The derivation of nouns and verbs in American Sign Language[A]. In Patricia Siple (Ed.), *Understanding language through sign language research*[C]. New York: Academic Press, Pp91–132.

Tardif, T. 1996. Nouns are not always learned before verbs: Evidence from Mandarin speaker's early vocabularies[J]. *Developmental Psychology* 32: 492–504.

Thananjayarajasingham, S. 1972. The Verbal Noun System in Sri Lanka Tamil[J]. *Vidyodaya J. Arts, Sci, Lett* 5(1–2): 29–34.

Thomas, Margaret. 2011. *Fifty Key Thinkers on Language and Linguistics*[M]. Milton Park, Abingdon, Oxon; New York, NY: Routledge.

Thompson, Sandra A. 1987. Subordination and narrative event structure[A]. In Tomlin (ed.), *Coherence and Grounding in Discourse*[C]. Amsterdam: John Benjamins, Pp435–454.

Tkachman, Oksana and Wendy Sandler. 2015. The noun-verb distinction in two young sign languages[A]. In John B. Haviland (Ed.), *Where do nouns come from?*[C]. Amsterdam and Philadelphia: John Benjamins Publishing Company.

Tomasello, M. 2003. *Constructing a language: A Usage-Based Theory of Language Acquisition Cambridge*[M]. MA: Harvard University Press.

Toosarvandani, M. 2010. Patterns of nominalization in Numic[J]. *International Journal of American Linguistics* 76 (1): 71–100.

Topping, Donald. 1973. *Chamorro reference grammar* [M]. Honolulu: University Press of Hawai'i.

Van de Velde, Mark L. O. 2008. *A Grammar of Eton*[M]. Berlin/New York: Mouton de Gruyter.

van Eijk, J. P. & T. Hess. 1986. Noun and verb in Salish[J]. *Lingua* 69(4): 319–331.

van Lier, Eva H. 2009. *Parts of speech and dependent clauses: A typological study* [M]. Leiden: LOT.

Vogel, P. M., & B. Comrie. 2000. *Approaches to the Typology of Word Classes*[M]. Berlin/New York: Mouton de Gruyter.

Vonen, Arnfinn Muruvik. 2000. Polynesian multifunctionality and the ambitions of linguistic description[A]. In Petra M. Vogel & Bernard Comrie (eds.), *Approaches to the typology of word classes*[C]. 479–487. Berlin: Mouton de Gruyter.

Weber, David John. 1989. *A Grammar of Huallaga (Huánaco) Quechua*[M]. Berkeley: U. of California Press.

Winford, Donald. 1997. Property items and predication in Sranan[J]. *Journal of Pidgin and Creole languages* 12(2): 237–301.

Wulff, S. 2008. *Rethinking idiomaticity: A Usage-based Approach*[M]. London: Continuum.

Yap, Foong Ha, Karen Grunow-Hårsta and Janick Wrona. 2011. *Nominalization in Asian Languages: Diachronic and Typological Perspectives*[M]. Amsterdam & Philadelphia: Benjamins.

Zádrapa, Lukáš. 2011. *Word-class Flexibility in Classical Chinese: Verbal and Adverbial use of nouns*[M]. Lenden & Boston: Koninklijke Brill NV.

Zeshan, Ulrike. 2000. *Gebardensprachen des indischen Subkontinents*[M]. Munchen: LINCOM Europa.

Zucchi, Alessandro. 1993. *The Language of Propositions and Events*[M]. Boston /London: Kluwer Academic Publishers.

[德]甲柏连孜著,姚小平译 2015,《汉文经纬》,北京:外语教学与研究出版社。

[美]爱德华·萨皮尔著,陆卓元译,陆志韦校订 2003,《语言论——言语研究导论》,北京:商务印书馆。

[美]威廉·克罗夫特著,龚群虎等译 2009,《语言类型学与语言共性》,上海:复旦大学出版社。

[美]泽诺·万德勒著,陈嘉映译 2008,《哲学中的语言学》,北京:华夏出版社。

[英]伯纳德·科姆里著,沈家煊、罗天华译,陆丙甫校 2010,《语言共性和语言类型》(第二版),北京:北京大学出版社。

[英] R. H. Robins 著,许德宝等译 1997,《简明语言学史》,北京:中国社会科学出版社。

陈亚川、郑懿德 2000,《吕叔湘著〈汉语语法分析问题〉助读》,北京:语文出版社。

程 工 1999,名物化与向心结构理论新探,《现代外语》第 2 期。

储泽祥 2000,名词的时间适应性情况考察,《名词及其相关结构研究》,长沙:湖南人民出版社。

曹逢甫著,谢天蔚译 1999,《主题在汉语中的功能研究——迈向语段分析的第一步》,北京:语文出版社。

崔立斌 2004,《〈孟子〉词类研究》,开封:河南大学出版社。

邓永红、吴贤英 2009,桂阳方言的代词,《湖南方言的代词》伍云姬主编,长沙:湖南师范大学出版社。

董秀芳 2004,从话题结构到复句结构:以"者"和"所"的功能演变为例(A),Takshima, K & Jiang Shaoyu(eds.). Meaning and Form: Essays in Pre-Modern Chinese Grammar(《意义和形式:古代汉语语法论文集》)(C),Muenchen: Lincom Europa。

—— 2012a,话题标记来源补议,《古汉语研究》第 3 期。

—— 2012b,上古汉语议论语篇的结构与特点:兼论联系语篇结构分析虚词的功能,《中国语文》第 4 期。

范慧琴 2007,《定襄方言语法研究》,北京:语文出版社。

范文芳、汪明杰 2003,论三大流派对英语名词化现象的研究,《外语研究》第 3 期。

方 梅 1994,北京口语中语气词的功能研究,《中国语文》第 2 期。

高 航 2009,名词化的概念组织层面:从认知语法的视角,《解放军外国语学院学报》第 3 期。

高名凯 2011,《语法理论》,北京:商务印书馆。

郭 锐 2002,《现代汉语词类研究》,北京:商务印书馆。

郭锡良 2007,《古代汉语语法讲稿》,北京:语文出版社。

韩 蕾 2004,现代汉语事件名词分析,《华东师范大学学报》第 5 期。

—— 2006,事件名词的语义基础及相关句式,《语言研究》第 3 期。

—— 2007,事件名词与量词的选择关系——以含有语素"雨"的名词为例,《华东师范大学学报》第 3 期。
—— 2010a,事件名词研究综述,《枣庄学院学报》第 1 期。
—— 2010b,试析事件名词的词类地位,《宁夏大学学报》(人文社会科学版)第 1 期。
何莫邪(Harbsmeier, Christoph) 1983—1985,先秦汉语的名词从何处来?(Where do Classical Chinese nouns come from?)《古代中国》(Early China) 9—10 期。
胡明扬 1995,现代汉语词类问题考察,《中国语文》第 5 期。
胡裕树、范晓 1994,动词形容词的"名物化"和"名词化",《中国语文》第 2 期。
胡裕树、范晓 1995,《动词研究》,开封:河南大学出版社。
黎锦熙 2007,《新著国语文法》,长沙:湖南教育出版社。
黎锦熙、刘世儒 1960,语法再讨论——词类区分和名词问题,《中国语文》第 5 期。
李冬香 2009,浏阳焦溪方言的代词,《湖南方言的代词》伍云姬主编,长沙:湖南师范大学出版社。
李金涛 1996,《波兰语语法》,北京:外语教学与研究出版社。
李小军 2008,从指代到语气,从句法到语用——以"者""焉"为例试论主观性对语气词形成的影响,《汉语史学报》第七辑。
李小军、刘利 2008,语气词"者"的形成及其语气义,《南京师范大学文学院学报》第 4 期。
李宇明 1986,所谓的"名物化"现象新解,《华中师范大学学报》第 3 期。
李佐丰 1994,《文言实词》,北京:语文出版社。
林亦、覃凤余 2008,《广西南宁白话研究》,桂林:广西师范大学出版社。
刘国辉、陆建茹 2004,国外主流语言学派对名词化的研究,《外语与外语教学》第 9 期。
刘凌云、郑美光 1997,《普通动物学》,北京:高等教育出版社。
刘 顺 2004,普通名词的时间性研究,《语言教学与研究》,第 4 期。
陆丙甫 2005,语序优势的认知解释(上):论可别度对语序的普遍影响,《当代语言学》第 1 期。
—— 2012,汉、英主要"事件名词"语义特征,《当代语言学》第 1 期。
—— 2014,沈家煊"名动包含"理论正反说,《英汉对比与翻译》第二辑。
陆俭明 1994,关于词的兼类问题,《中国语文》第 1 期。
—— 2003,对"NP + 的 + VP"结构的重新认识,《中国语文》第 5 期。
吕叔湘 1979,《汉语语法分析问题》,北京:商务印书馆。
吕叔湘 1984/2002,《汉语语法论文集》(增订本),北京:商务印书馆。
马 彪 1994,运用统计法进行词类划界的一个尝试,《中国语文》第 5 期。
马建忠 1998,《马氏文通》,北京:商务印书馆。
马庆株 1995,指称义动词和陈述义名词,《语法研究和探索》(七),北京:商务印书馆。
苗启川 1997,近 20 年古汉语词类问题研究刍议,《四川师范大学学报》(社会科学版)第 4 期。
芮月英 1999,《史记》中的"者",《徐州师范大学学报》(哲学社会科学版)第 3 期。
邵敬敏、刘焱 2001,论名词的动态性及其鉴测方法,《汉语学习》第 6 期。
沈家煊 2008,汉语里的动词和名词,《汉藏语学报》第 1 期。
—— 2009a,我看汉语的词类,《语言科学》第 1 期。
—— 2009b,我只是接着向前跨了半步——再谈汉语的名词和动词,《语言学论丛》(第四十辑),北京:商务印书馆。

—— 2010a,英汉否定词的分合和名动分合,《中国语文》第 5 期。
—— 2010b,从"演员是个动词"说起——"名词动用"和"动词名用"的不对称,《当代修辞学》第 1 期。
—— 2011,从韵律结构看形容词,《汉语学习》第 3 期。
—— 2012a,"零句"和"流水句"——为赵元任先生诞辰 120 周年而作,《中国语文》第 5 期。
—— 2012b,关于先秦汉语名词和动词的区分,《中国语言学报》第十五期。
—— 2012c,名词和动词:汉语、汤加语、拉丁语,《现代中国语研究》(日)第 14 期。
—— 2013,谓语的指称性,《外文研究》第 1 期。
—— 2014,汉语的名词和动词书稿。
施关淦 1981,"这本书的出版"中"出版"的词性——从"向心结构理论"说起,《中国语文通讯》第 4 期。
—— 1988,现代汉语里的向心结构和离心,《中国语文》第 4 期。
石定栩 2003,动词的名词化和名物化,《语法研究和探索》(十二),北京:商务印书馆。
—— 2005,动词的"指称"功能和"陈述"功能,《汉语学习》第 4 期。
—— 2007,区分名词与动词的标准、方法及后果,《汉语学习》第 4 期。
—— 2009a,谓词性宾语的句法地位,《语言科学》第 5 期。
—— 2009b,汉语词类划分的若干问题,《语言学论丛》(第四十辑),北京:商务印书馆。
沈家煊、完权 2009,也谈"之字结构"和"之"字的功能,《语言研究》第 2 期。
史秀菊 2011,山西方言的特指疑问句(一),《山西大同大学学报》(社会科学版)第 5 期。
史振晔 1960,试论汉语动词、形容词的名词化,《中国语文》第 12 期。
孙洪伟 2015,上古汉语"者"的所谓自指标记功能再议,《中国语文》第 2 期。
完权、沈家煊 2010,跨语言词类比较的"阿姆斯特丹模型",《民族语文》第 3 期。
王灿龙 2010,关于汉语词类理论的两个问题,第十六次现代汉语语法学术讨论会论文。
王克仲 1989,《古汉语词类活用》,长沙:湖南人民出版社。
王　力 1984,《王力文集·第一卷·中国语法理论》,济南:山东教育出版社。
—— 1959,汉语实词的分类,《北京大学学报》第 2 期。
王甦、汪安圣 1992,《认知心理学》,北京:北京大学出版社。
吴春相 2005,事件名词的时间量认知,《言语文化研究》(日本松山大学)第 25,卷第 1,号。
吴道勤 1985,虚词"者"溯源,《湘潭大学学报》(社会科学版)校庆特刊。
吴怀成 2010,从英日汉对比分析看汉语动名兼类、转类及动词的名词化问题,黎锦熙先生诞辰 120 周年纪念暨学术思想研讨会会议论文(北京师范大学)。
—— 2011a,词类的本质、划分及动词的指称化,《东方语言学》第十辑。
—— 2011b,单音节动词的类事件指称化,《海外华文教育》第 4 期。
—— 2011c,关于现代汉语动转名的一点理论思考,《外国语》第 2 期。
—— 2012,从动词指称化的类型学特征看汉语事件名词,第十七次现代汉语语法学术讨论会论文。
—— 2013,指人疑问代词复数形式的类型学考察,首届语言类型学国际学术研讨会暨第二届方言语音与语法论坛(常熟理工学院)。
—— 2014a,《现代汉语动词的指称化研究》,上海:学林出版社。
—— 2014b,从施事名词化和事件名词化差异看汉语的词类问题,第十八次现代汉语语法学术讨论

参考文献

会论文(澳门大学)。又载《语法研究和探索》(第十八辑),96—117,北京:商务印书馆,2016。
—— 2018,指人疑问代词复数形式的类型学考察,《中国语文法研究》(日)第 7 期。
—— 2019,造词即造语:对汉语语言单位层级划分的反思,纪念五四运动 100 周年国际学术研讨会论文(斯洛伐克),5 月 1 日—4 日。
吴为善 2012,"NP 受+VPt+QM"句式的多义性及其同构性解析,《世界汉语教学》第 2 期。
项梦冰 1991,论"这本书的出版"中"出版"的词性:对动词、形容词"名物化"问题的再认识,《天津师范大学学报》第 4 期。
邢向东 2002,《神木方言研究》,北京:中华书局。
熊仲儒 2001,零成分和汉语"名物化"问题,《现代外语》第 3 期。
徐 杰 2007,生成语法的"语类"与传统语法的"词类"比较研究,《对外汉语研究》第 3 期。
徐列炯、刘丹青 2007,《话题的结构与功能》(增订本),上海:上海教育出版社。
许立群 2015,《指示:语言、文化、认知交汇之处》介绍,《当代语言学》第 2 期。
杨伯峻 1963,《文言文法》,北京:中华书局。
杨伯峻、何乐士 1992,《古代汉语语法及其发展》,北京:语文出版社。
杨成凯 1991a,动词作主宾语是汉语的语法特点吗?《汉语学习》第 6 期。
姚振武 1994,关于自指和转指,《古汉语研究》第 3 期。
—— 2005,《〈晏子春秋〉词类研究》,开封:河南大学出版社。
—— 2015,《上古汉语语法史》,上海:上海古籍出版社。
叶蜚声、徐通锵 1997,《语言学纲要》,北京:北京大学出版社。
余金枝 2011,《湘西矮寨苗语参考语法》,北京:中国社会科学出版社。
袁毓林 1997,"者"的语法功能及其历史演变,《中国社会科学》第 3 期。
曾毓美 2009,韶山方言的代词,《湖南方言的代词》伍云姬主编,长沙:湖南师范大学出版社。
曾毓美 2009,湘潭方言的代词,《湖南方言的代词》伍云姬主编,长沙:湖南师范大学出版社。
张伯江 1993,"N 的 V"结构的构成,《中国语文》第 4 期。
张伯江、方梅 1996,《汉语功能语法研究》,南昌:江西教育出版社。
张高远 2008,《英汉名词化对比研究》,北京:中国社会科学出版社。
张文国 2005,《古汉语的名动词类转变及其发展》,北京:中华书局。
张一舟等 2001,《成都方言语法研究》,成都:巴蜀书社。
赵元任 2002,汉语词的概念及其结构和节奏,《赵元任语言学论文集》,北京:商务印书馆。
周一民 2006,名词化标记"一个"构句考察,《汉语学习》第 2 期。
邹 卉 2009,湘阴方言的代词,《湖南方言的代词》伍云姬主编,长沙:湖南师范大学出版社。
朱德熙 1982,《语法讲义》,北京:商务印书馆。
—— 1983,自指和转指——汉语名词化标记"的、者、所、之"的语法功能和语义功能,《方言》第 1 期。
—— 1984,《定语和状语》,上海:上海教育出版社。
—— 1985a,《语法答问》,北京:商务印书馆。
—— 1985b,现代书面汉语里的虚化动词和名动词,《北京大学学报(人文社科版)》第 5 期。
—— 1988,关于先秦汉语里名词的动词性问题,《中国语文》第 2 期。
朱德熙等 1961,关于动词形容词的"名物化"问题,《北京大学学报(哲社版)》第 4 期。

图书在版编目(CIP)数据

事件名词和词类类型/吴怀成著. —上海：学林出版社，2020
ISBN 978 - 7 - 5486 - 1620 - 7

Ⅰ.①事… Ⅱ.①吴… Ⅲ.①世界语-事件-名词-研究 Ⅳ.①H91

中国版本图书馆CIP数据核字(2020)第205492号

责任编辑 吴耀根
特约编辑 刘 娴
封面设计 严克勤

事件名词和词类类型

吴怀成 著

出　版	学林出版社
	(200001 上海福建中路193号)
发　行	上海人民出版社发行中心
	(200001 上海福建中路193号)
印　刷	上海商务联西印刷有限公司
开　本	720×1000　1/16
印　张	14
字　数	28万
版　次	2021年1月第1版
印　次	2021年1月第1次印刷

ISBN 978 - 7 - 5486 - 1620 - 7/H·130
定　价　68.00元